艺术启蒙：

学前儿童音乐教育理论与实践研究

YISHU
QIMENG：
XUEQIAN ERTONG YINYUE JIAOYU
LILUN YU SHIJIAN YANJIU

李欣桐 / 著

湖南大学出版社

·长沙·

图书在版编目（CIP）数据

艺术启蒙：学前儿童音乐教育理论与实践研究/李欣桐著 . —长沙：湖南大学出版社，2023.8

ISBN 978-7-5667-2528-8

I.①艺…　Ⅱ.①李…　Ⅲ.①学前儿童—音乐教育—教学研究　Ⅳ.①G613.5

中国版本图书馆 CIP 数据核字（2022）第 090056 号

艺术启蒙：学前儿童音乐教育理论与实践研究

YISHU QIMENG：XUEQIAN ERTONG YINYUE JIAOYU LILUN YU SHIJIAN YANJIU

著　　　者：李欣桐
策划编辑：胡建华
责任编辑：刘　旺
印　　装：长沙创峰印务有限公司
开　　本：787 mm×1092 mm　1/16　　印　　张：15.75　　字　　数：352 千字
版　　次：2023 年 8 月第 1 版　　　　　印　　次：2023 年 8 月第 1 次印刷
书　　号：ISBN 978-7-5667-2528-8
定　　价：56.00 元

出 版 人：李文邦
出版发行：湖南大学出版社
社　　址：湖南·长沙·岳麓山　　　　　邮　　编：410082
电　　话：0731-88822559（营销部），88821343（编辑室），88821006（出版部）
传　　真：0731-88822264（总编室）
网　　址：http：//press.hnu.edu.cn
电子邮箱：820178310@qq.com

前 言

步入新的世纪以来，我国的幼儿教育事业蓬勃发展，特别是儿童音乐教育受到了前所未有的关注。当"奥尔夫音乐教学法""柯达依体系""铃木音乐"以及"蒙氏的音感教学"等多种外国音乐教学的名词被国人所熟知时，有的幼儿园音乐教育还在实行固有的传统教学模式。教师预设好一个标准来要求、评价幼儿，幼儿完成同样的任务，形成同样的技能，完成"成品"的灌输，导致幼儿无法在音乐活动中发挥主动性。鉴于此，在音乐教学中进行一定的尝试，通过老师引导幼儿自主的感受从而获得对音乐的理解、体现，更能发展幼儿的创造力、想象力，促进幼儿的全面发展。

本书共两大篇，篇一为学前儿童音乐教育理论构建，篇二为学前儿童音乐教育实践与培养，共从八章对儿童音乐教育进行了研究讨论。篇一包含了前四章。第一章绪论，从研究背景、研究目的与意义、理论依据、研究方法与创新四个方面对本书做了简单的介绍。第二章学前儿童音乐教育概述主要论述的是学前儿童音乐教育的价值，学前儿童音乐能力发展具有哪些特点，学前儿童音乐教育的目标，学前儿童音乐教育活动的结构，学前儿童音乐教育活动实施的原则、方法和途径。第三章学前音乐教育的相关原理研究的是学前儿童发展原理、认知心理学和3—6岁儿童的音乐发展。第四章对多元智能理论进行了探讨，从怎样促进多元智能理论与儿童音乐教育的融合提出了论点。

篇二为后四章。其中第五章探讨的是对学前儿童音乐能力培养和对幼儿园音乐教学变革的思考，包括培养学前儿童的音乐听觉能力和记忆能力，并对具体的培养内容进行了研究。第六章对目前全世界著名的学前儿童音乐教育四个流派进行探讨，以及论述了各流派中是如何开展教育活动的。第七章具体研究目前学前儿童音乐教育教学的实践活动，研究了歌唱活动、韵律活动、音乐欣赏活动、打击乐活动；针对不同的教学内容，根据不同年龄阶段学前儿童的特点，对内容作出不同的设计，具体设计出12周适合4岁儿童的音乐综合课程。最后一章是关于学前儿童音乐教育的评价，这种评价主要是为了优化学前儿童音乐教育活动。通过对教师和儿童音乐教育评价内容的反馈，及时调整音乐教育的内容以及形式，从而提升教师的音乐教育水平，培育学前儿童健康的审美。

在开展学前儿童音乐教育活动时，要时刻根据学前儿童的特征进行活动规划。在本书中，将学前儿童按不同年龄段分类，包括小班学前儿童、中班学前儿童以及大班学前儿童。研究的主要是七岁以下的学前儿童，并根据发育神经学、认知心理学、音乐发展以及多元智能理论的结合，开展具有针对性的研究。

本书以《3—6岁儿童发展指南》为依据，以《幼儿园教师专业标准》为准则，在教育部《关于推进学校艺术教育发展的若干意见》《关于切实加强高校美育工作的意见》《关于全面加强和改进新时代学校美育工作的意见》等文件的指导下，落实立德树人的根本任务，推进教育现代化。以社会主义核心价值观为引领，以提高儿童审美和人文素养为目标，弘扬中华美育精神，以美育人、以美化人、以美培元，把美育纳入人才培养全过程，贯穿学前教育各学段。全文以学前儿童音乐教育为研究对象，综合运用国内外的多种相关研究理论和方法，发现在全面深化教学改革背景下的学前儿童音乐教育所存在的问题，并分析产生这些问题的原因，找到学前儿童音乐教育的正确方向，在此基础上有针对性地提出对策。

作　者

2023 年 2 月 18 日

目 录

篇一
学前儿童音乐教育理论构建

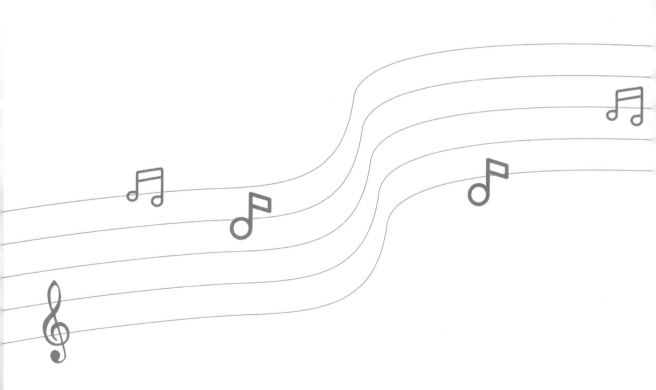

第一章　绪　论

一、研究背景

1923 年，陈鹤琴先生创办了中国第一所幼儿园——南京鼓楼幼儿园，后又历经艰辛创建了江西省立实验幼稚师范学校。他结合中国国情创造性地提出了一套幼儿教育理论和方法，在我国幼儿教育界形成共识，使我国幼儿教育朝着中国化、现代化、科学化的方向前进。近年来，学龄前儿童在园数量和入园率均呈递增式增长（图 1—1）。

图 1—1　2015—2019 年中国学前教育在园幼儿数量和毛入园率

至 2020 年，根据教育部全国教育事业统计结果发现：全国共有幼儿园 29.17 万所，入园儿童 1791.40 万人，在园幼儿 4818.26 万人。其中，普惠性幼儿园在园幼儿 4082.83 万人，普惠性幼儿园覆盖率达到 84.74%。幼儿园共有专任教师 291.34 万人。学前教育毛入学率 85.2%，比上年增加 1.8 个百分点。

在幼儿园入学率稳步上升的同时，越来越多的学者参与到学前教育领域相关课程的研究中。有研究者发现，学前阶段是快速学习和获得知识的时期（Bloom，1964）；学习环境对正常认知和社会行为的发展等均产生最深远的影响（Kandel，1985）。

近十年来，在教育部、各个地方教育主管部门印发的关于儿童发展的文件中，《国务院关于当前发展学前教育的若干意见》、2012 年教育部《3—6 岁儿童学习与发展指南》等文件明确艺术领域是学前教育的五大领域之一，它与健康、语言、社会、科学四个领域形成合力，共同促进幼儿的学习与发展。2020年，教育部在《关于推进学校艺术教育发展的若干意见》《关于切实加强高校美育工作的意见》《关于全面加强和改进新时代学校美育工作的意见》等文件中指出，要落实立德树人的根本任务，推进教育现代化。以社会主义核心价值观为引领，以提高儿童审美和人文素养为目标，弘扬中华美育精神，以美育人、以美化人、以美培元，把美育纳入人才培养全过程，贯穿学校教育各学段。2021年9月，国务院印发的《中国儿童发展纲要（2021—2030）》强调，应遵循儿童身心发展的特点和规律，保障儿童身心健康，促进儿童在德智体美劳各方面实现全面发展。明确提出要改进美育教学，提升学生审美和人文素养。此外，各专家学者在大众媒体、网络和杂志上发表的关于儿童发展的文章，引起了人们对学前教育这一研究领域的极大兴趣。父母希望为孩子提供可以促进他们发展的环境，这也促使更多的学者反思并探索如何促进儿童的发展。

在过去的几十年里，专家学者开始研究音乐教育在儿童发展阶段和关键时期的重要性，哲学家和心理学家等为此提供了相对全面的解答。然而这一概念并没有得到普遍认同，没有音乐专业背景的家长和老师可能难以意识到早期音乐教育的价值，或者对如何开展音乐活动感到茫然。

要解决的第一个问题是：你对教育目的的定义是什么？你所秉持的教育哲学态度及对其的理解是什么？一种理解是将学到的知识应用于新情况或新问题的能力（加登纳，1991）。这种观点强调通过更高层次的思考来学习，音乐是实现这一目标的绝佳途径，并提供了其他学科无法给予的独特认知。有人认为，音乐是最直接的思考途径，因为它既不需要文字也不需要符号来感知。许多音乐教育家都在关注音乐在学前教育中发挥的突出作用，他们发现早期的音乐体验使学龄前儿童对音乐持积极态度，并能获得更好的理解力和用音乐表达自己的能力。近二十年来国内已开发许多学前音乐课程，然而，对这些课程的考察表明，它们在三个重要领域的范围有所限制。

首先，虽然这些课程力求证明学龄前是幼儿发展的关键时期，但是又缺乏足够的理论依据来证实，且似乎很少有人尝试将这种关键性环节融入学前音乐教育的规划中。

其次，基于学习理论和其他发展心理学理论（安德斯，1984年；格柏，1982年；伍兹，1982年；萨姆斯，1988年），许多学前音乐课程声称自己是"发展性的"。然而，对于发展性，在许多建议的音乐活动中未能体现。

最后，虽然这些课程中大多提到了音乐理解能力、兴趣和学习风格差异的重要性，但在学前音乐教育领域中，关于这些差异在不同年龄段学龄前儿童之间的具体表现的研究仍为空白。

以上表明，在现有研究中，缺乏对学龄前儿童早期学习和体验重要性的现实依据的研究、对学龄前认知发展的理解的研究，缺乏针对不同年龄段学前儿童音乐学习过程和技能水平认识的学前儿童综合课程。

二、研究目的与意义

1. 研究目的

本书选取学龄前儿童音乐课程为研究对象，从发育神经生物学、认知心理学、音乐发展三个研究领域来区别于其他学前音乐课程。旨在通过这些领域的研究为学前音乐教育提供可靠的理论与实践支持，从而开发学前音乐领域的歌唱活动、韵律活动、音乐欣赏活动、打击乐活动和4岁年龄儿童周音乐综合课程，使学前音乐教育呈现智能化、多元化、个性化和系统化的特征。

本研究还设计和实施针对幼儿身心发展的最有效的音乐教育活动，以及如何通过适1996）已经证明不同年龄段学龄前儿童之间存在兴趣和音乐才能等差异，所以本研究也特意选取4岁的儿童为对象设计12周的音乐综合课程。那么为什么是12周呢？首先，英国学者科伦堡和布里奇斯建议将课程开设时间定为10—12周，并认为该时间将为孩子未来当的音乐体验促进儿童的认知与行为发展，在实践中寻求真理。同时，因为（皮亚杰，的发展提供一个有效的起点。其次，是研究人员进行这项研究的观察周期和时间需要。

2. 研究意义

马克思认为："一个时代的迫切问题，有着和任何在内容上有根据的因而也是合理的问题共同的命运：主要的困难不是答案，而是问题。因此，真正的批判要分析的不是答案而是问题。"任何教育研究都源于现实的需要与理论的不足，研究的目的在于弥补已有理论的缺陷，探索新的理论见解，从而为教育实践中存在的问题提供可能的解决途径。因此，本研究的意义体现在理论与实践两个方面。

（1）理论意义

有理论表明，应将音乐纳入早期教育中。音乐从人出生前四个半月开始（纳什，1995年），贯穿人的一生，是人类思考和与世界交流的一种基本方式。它在语言之前就存在了，存在于各种文化中。

雷默（1989）指出："人们日益增长的认识到认知是多元的而不是单一的，这已经开始对教育产生影响。"加登纳（1983）将"音乐"定义为智力的基本形式之一。情绪、情感和感官输入对认知发展的影响正成为众多研究的焦点。

20世纪以来，在工业文明意识形态和认识论的影响下，我国儿童音乐教育向系统化、规范化发展；同时受技术理性的影响，也沾染了浓重的工具性色彩，凸显一系列问题。本研究着眼于探寻儿童音乐教育的本真价值，关注儿童的生命与成长，力求通过文献探讨、历史回溯、实践探寻与理论阐释，解决当下儿童音乐教育的异化问题，以及音乐教育理论与实践脱节等困境。具体而言，本研究将以神经生物学、认知心理学、哲学、教育学、美学等多学科交叉的视角和相关的理论作为基础，以"儿童""教师""音乐"三者的和谐共生为本，力图创建和谐幸福的儿童音乐教育；使音乐教育的观念、教育的内容、教育的方法等与儿童的天性、儿童的文化、儿童的生活世界保持良好对接与平衡，使分裂重新走向融合。这不仅可以丰富和延伸儿童音乐教育领域的研究空间，更有助于儿童音乐教育理论研究的纵深推进，为我国儿童音乐教育的本真回归提供新的视角和新的思考路径，使音乐教育真正成为着眼于儿童成长的教育、关注儿童心灵的教育。

（2）实践意义

本研究主要采用质性研究的范式，面向真实的教育情境，注重田野考察的实践价值和实践意义。为避免以研究者为中心的研究倾向，本研究借鉴人类学研究的路向，坚持"在实践中调查，在调查中思考"的研究理念。通过田野考察和参与式访谈的方式，对儿童音乐教育活动进行观察，对教师、儿童进行访谈和了解，获取第一手资料，并以此为基础进行分析和思考，揭示音乐教育改革背景下儿童音乐教育的现状，审视儿童音乐教育中成人的教育观念及行为。通过对儿童音乐教育发展的新思考和实践探索，为教师音乐教学能力与专业素养的提高提供一种可能的、建设性的途径；为改良音乐教育行为提供借鉴，从而利于教师在教育实践场域中更积极、更有效地推进儿童音乐教育活动的开展，实现教师与儿童作为"人"的存在和发展意义，使音乐教育成为让师生感受到幸福和快乐的教育。此外，本研究对提升儿童音乐教育的认识理解水平以及科学研究能力亦有重要意义。

三、理论依据

1. 发育神经生物学

学龄前阶段是学习发展的一个非常重要的时期，发育神经生物学领域的研究表明，发育的早期是神经元生长最快的时期（格林诺、布莱克和华莱士，1997），经验将对正常的大脑发育以及由此产生的行为产生深远而持久的影响。这项研究表明，在这个神经元快速发育的时期存在一个"敏感"或"关键"时期，这可以比作一扇窗户的短暂打开，当这扇窗户打开时，环境的影响最大（贝特森，2015）。在这个敏感时期，学习经历对行为发展的影响比任何时候都大。以上结论引发了研究者对在学龄前开展音乐教育的最佳时期，如何组织和计划音乐教育活动等方面进行探讨。

2. 认知心理学

认知心理学是20世纪50年代中期在西方兴起的一种心理学思潮，20世纪70年代开始成为西方心理学的一个主要研究方向。它研究人的高级心理过程，主要是认识过程，如注意、知觉、表象、记忆、思维和言语等。认知被定义为最广泛意义上的认识过程。皮亚杰对思想、语言和知识等智能行为的现象如何逐渐演化成行为和认知提供了许多有价值的见解。我们可以根据学前音乐教育对儿童的影响来讨论学龄前儿童的发展。本书将探讨如何根据3—6岁儿童的认知行为特征进行学前音乐教育，以及适当计划的音乐体验如何促使或促进这种行为的发生与发展，这次研究的结果将为正在制定的课程提供哲学基础。

3. 音乐发展

音乐发展也可以描述为音乐能力或学习音乐技能的潜力的发展（舍罕，1996）。在过去的30年里，对幼儿音乐发展的系统调查越来越多。由于本研究涉及3—6岁儿童的音乐行为，因此笔者将对此年龄阶段儿童的听力、歌唱、节奏与运动，以及创造力等领域进行详细调查。这次研究的结果将为怎样制定课程、选择活动，以及如何开展这些活动提出建议。以上调查将为学前音乐课程的决策奠定基础。本书将研究为学龄前儿童提供适当计划的音乐体验的重要性，以及如何为 3—6 岁儿童开发 12 周音乐课程。

4. 多元智能理论

多元智能理论由美国心理学家、哈佛大学教授哈沃德·加登纳于 1983 年创立。这种学习理论的发展是为了扩展智力的概念，扩展一个只使用标准智商测试计算的概念。加登纳认为智商测试过于局限，忽视了人类潜力的广泛范围（阿姆斯特朗，2010）。

目前该理论将人类能力分为八种智能，包括逻辑数学、语言、音乐、空间、身体动觉、人际关系、自我认知、自然主义。另外两种智能，精神智能和存在智能，可能最终会被包括在内，但目前还没有（伍尔福克、温纳和佩里，2009）。儿童和成人拥有所有的八种智能，基于遗传和环境因素，常在不止一个领域认同并表现出优势，每个个体的智力水平都有所不同（加登纳，1989）。

多元智能理论可以应用于任何教育环境，包括从幼儿教育到成人教育。设计包含多元智能的学习环境的教育者认识到学生给课堂带来的各种能力和才能。这个框架使学习更加个性化，并允许学生以符合他们最强智能的独特方式学习和展示他们的知识。它还为教师使用各种教学方法提供了一个参考点，允许更多的学生对概念有更深的理解；它有各种方法来诠释多元智能，包括挖掘教育技术的潜力，向 21 世纪的学习者传授 21 世纪的技能。（多元智能研究所，2011）

四、研究方法与创新

1. 研究方法

（1）文献研究法

教育思想观念的变革和创新是教育实践的先导性因素。对此，本研究沿着古今中外教育历史的足迹，对关涉的理论和文献进行历史回溯与分析整合，为儿童音乐教育的本真回归与价值重塑探寻坚实的、可资借鉴的理论根基。此外，本研究将对立论之本"价值""音乐价值"以及"儿童""音乐教育"等概念进行较为详尽的阐释和剖析，力图在借鉴相关研究成果的基础上，明确儿童音乐教育价值的基本要素与含义，明确各要素在儿童音乐教育价值体系中的地位，以及它们之间的相互关系等，从而实现儿童音乐教育价值的当代重塑。

（2）访谈法

本研究通过参与式访谈的方式，对教师、儿童、家长进行访谈，了解访谈中幼儿园的音乐教育基本现状，了解教师与家长对音乐教育的认识，弄清教师在活动实施上面临的困难和需要，以及 3—6 岁幼儿在音乐活动中的参与度与认知能力。

（3）观察法

本研究通过田野考察的方式，对儿童音乐教育活动进行观察，获取第一手资料，并以此为基础进行分析和思考，揭示音乐教育改革背景下儿童音乐教育的现状，审视儿童音乐教育中成人的教育观念及行为，分析儿童音乐教育面临的问题与困境。

（4）定性分析法

本研究运用归纳与推理、分析与综合、抽象与概括等方法对研究对象开展"质"的分析，处理各种资料，从中提炼本质，揭示内在规律。

（5）经验概括法

本研究在音乐教育实践中，依据教育学、心理学理论等有目的地整理、抽取和提炼教育过程中所包含的教育教学规律及方法。通过归纳与分析，使实践活动的内容上升为经验。

2. 研究创新点

本研究在以往相关研究的基础上，以认知发展理论和多元智能理论为基础，展示对发育神经生物学、认知心理学、音乐发展三个领域的融合。根据3—6岁儿童的认知行为特征以及适当的音乐体验，研究如何促进儿童的行为发展，创设与开发学前音乐领域的综合课程，构建更加智能化、多元化、科学化的学前音乐教育体系。本课程将专门针对3—6岁儿童，为这一年龄段的儿童提供更加科学、合理的音乐教育活动，以培养儿童的运动技能和音乐才能，丰富现有的相关研究。

本研究主要的创新点如下：

①以发育神经生物学、认知心理学、音乐发展为研究对象，探讨这三个因素在3—6岁儿童的认知行为发展中的作用，创设学前音乐教育领域课程，在一定程度上丰富了现有的学前音乐教育研究。

②本书共分为两篇、八章，篇一从理论上深入探讨了有关学前音乐教育的艺术教育原理、特点、总目标及特殊性。通过一系列的相关文献、案例全面分析学前音乐教育的特殊功能，对前人和本次研究的论点做一个完整的总结。篇二为实践研究，通过大量的教学活动实践案例，做到真正落地实施，为幼儿园音乐活动提供参考价值。

③分别从学前音乐教育的流派到教育实践等方面展开论述，研究学前儿童音乐发展能力的发展路径，期望验证3—6岁这一年龄段儿童的音乐课程对儿童智力发展的作用，力求完善理论框架和丰富实践。

④从皮亚杰认知发展理论和多元智能理论的角度，搭建3—6岁儿童音乐智力发展的理论框架，为探究学前儿童音乐教育提供了一种新的思路和视角，有助于获得更加丰富多元的音乐教育路径。

第二章 学前儿童音乐教育概述

第一节 学前儿童音乐教育的价值

在幼儿园中实施音乐教育不仅能提升学前儿童的音乐能力，对学前儿童的全面发展也有积极影响。

一、提升音乐能力

音乐能力是指个体在从事表演、编创等音乐实践活动时表现出来的操作水平。这些操作水平体现在对节拍、节奏、旋律、音色、力度、速度、和声、结构等音乐形式元素及对情绪情感、风格等音乐文化元素的表现能力上。学前儿童音乐教育就是引导学前儿童进行各项音乐实践活动，并使学前儿童在进行音乐实践活动的过程中发展其音乐能力的一种教育。学前儿童的音乐发展集中体现在节奏、旋律与辨别音乐性质三种能力上。

（一）促进学前儿童节奏能力的发展

培养学前儿童的节奏感可以通过音乐活动来实现，例如舞蹈活动、律动活动以及打击乐活动等。当人们听音乐时，需要积极投入的不只是听觉，还有运动觉。没有肌肉活动的加入，人们对旋律的感受性会有很大局限。所以，说"听音乐"可能不太准确，事实上人们在用耳朵听的同时，肌肉也在积极地感受它。对学前儿童节奏能力的发展而言，身体的肌肉活动是不可缺少的。提供给学前儿童大量随音乐做身体动作的机会是发展学前儿童节奏能力的前提。律动、舞蹈是随音乐做出各种身体动作的音乐实践活动；打击乐则是听着歌曲或乐曲，用乐器敲击出节拍或节奏型音乐的实践活动。律动、舞蹈、打击乐这些音乐活动都与运动觉有密切的联系，这些音乐实践活动可以促进学前儿童节奏能力的发展。当然，在活动中，感受节奏不仅需要肌肉活动，还需要参与活动时做出一系列动作。

（二）促进学前儿童旋律能力的发展

人们的听觉器官之所以能得到发展，是因为人们的听觉器官长期处于使用的状态，并且这种使用是自觉的。人们在欣赏音乐时，也同样在使用听觉器官。因此，音乐可以推动人们听觉能力的发展。在不同的年龄阶段，人们的听觉能力也是不同的，听觉能力发展最快的阶段是学前儿童阶段。有研究对成年专业音乐家的绝对音高感培养期做了相关的调查。将这些音乐家按照开始接受音乐教育的年龄进行分组，可分为2—4岁组、4—6岁组、7—9岁组及14岁组。研究结果显示：在2—4岁组中具有绝对音高感的人占比高达92%；在4—6岁组中具有绝对音高感的人数开始下降，所占比例为68.4%；在7—9岁组中，具有绝对音高感的人数占比持续下降至41.9%；而14岁组中具有绝对音高感的人数最少，所占比例已降低至6.5%。由此可见，虽然听觉能力会受到先天因素的影响，但对孩子越早进行音高训练，其成年后的绝对音高感获得概率就越高。

苏联的著名心理学家列昂列夫为证明音乐会对人们的听觉能力产生影响，曾找到一些学前儿童做过相关的研究。为此，他专门设计了可以推动音乐听觉发展的方法，并利用该方法，找到缺少音乐天赋的学前儿童对他们进行训练。研究结果为：这些学前儿童最后都拥有了基本的音乐能力。

综上所述，如果学前儿童拥有参与音乐活动的机会，或者成人对学前儿童进行正确的指导，让学前儿童对音乐的旋律进行学习和听辨，他们对于旋律的辨别能力是能够提升的。经过长期的学习，学前儿童辨别音乐旋律这件事会变得更加自觉。

（三）促进学前儿童辨别音乐性质能力的发展

在音乐中，最重要的一项元素就是声音，由于不同的音乐的音调高低、速度快慢以及音响强弱的不同，其表现出的整体音乐特征与性质也是不同的。例如，用音乐表达狗熊走路和表达飞鸟翱翔，从声音的音调来比较，前者的声音更低，后者的声音较高；从声音的音调的速度来比较，前者的速度更慢，后者的速度更快；从声音的力度来看，前者的力度更强，后者的力度更柔和。在跟随音乐做动作时，人也会因音乐的不同表现出不同的动作，比如有关狗熊走路的音乐所搭配的动作会更慢且具有力度，有关飞鸟的音乐所搭配的动作会更快且更柔和。对于学前儿童来说，辨别音乐性质的方法可以通过不同的身体动作进行，因此多参与音乐实践活动，其音乐性质的辨别能力也会得到提升。

二、促进全面发展

接受音乐教育的学前儿童，不仅其大脑的各项功能会得到发展，其智力、身心以及语言能力等也都会得到发展。

（一）促进大脑右半球活动，增进大脑功能

为证明脑部神经的发展会受到音乐的影响，劳舍尔（Rauscher）与肖（Shaw）博士曾做过相关的实验研究。该研究选取36名非音乐专业的大学生，并将这些学生分成三组。实验研究的设计使用的是不等组后测时间序列，实验中的自变量为没有音乐刺激、通俗音乐、莫扎特的《D大调双钢琴奏鸣曲》，实验时间为10分钟。实验结束之后再利用斯坦福-比纳智力量表对36名学生进行测验。测验结果显示，自变量为莫扎特《D大调双

钢琴奏鸣曲》的实验组其测验成绩比其余两组要高出许多，并且该实验所带来的效果持续时间为 1015 分钟。"莫扎特效应"也随此实验的公布被汤玛提斯（Tomatis）提出。[①] 于是，人们正式开始了对音乐和脑部神经之间关系的探索。

在对人脑进行的研究中有这样的一个发现：人脑的不同区域具有不同的功能，并且在人脑中有一个区域是专门负责聆听音乐的。该区域包含左脑和右脑，左脑主要负责的是音乐的节奏与音的定位，右脑主要负责的是音色和旋律，对音乐进行处理的区域一部分也负责空间思维。据此人们推断，对音乐的学习有助于发展人们的空间思维。

爱因斯坦的脑组织曾被美国脑科学家用于切片研究，研究结果发现，同普通人相比，爱因斯坦的棘突触更多。人们对此进行了推测，认为出现这种现象的原因在于爱因斯坦从小开始学习音乐，并始终坚持参加音乐活动。棘突触作为一种物质基础，对思维能力具有一定的影响，有学者认为爱因斯坦具有更优秀的思维能力是因为音乐活动活跃了他的左脑和右脑，从而为他提供了更多的科学灵感。

（二）促进心理的发展

1. 促进听觉的发展

听觉器官是人类比较高级的器官之一，并且经过有声语言的影响，人的听觉器官还在不断地发展。人们在交流的过程中需要运用耳朵来倾听，人们在欣赏音乐的过程中也同样需要运用耳朵来倾听。人的听觉最为灵敏的时期就是学前儿童阶段，其灵敏程度取决于自身的先天因素。随着年龄的不断增长，听觉能力不断衰退，因此后天的训练就变得尤为重要。在学前儿童时期培养对声音的辨别能力可以通过聆听音乐或者参加音乐活动来实现，如果在这一阶段进行了比较专业的音乐教育，还能培养出学前儿童的绝对音高能力。

2. 促进记忆的发展

在参加音乐活动时，需要有两个方面的内容参与进来，一个是耳朵的倾听，另一个是头脑的记忆。因此，参与音乐活动不仅能推动听觉的发展，还能推动记忆的发展。学前儿童在音乐活动中需要记忆的内容包括音乐的曲调、歌曲的歌词、舞蹈的动作和顺序、游戏的规则以及不同音乐的节奏等。

在一次对小班学前儿童有关模仿动作的测查中，曾出现这样的现象：当他们听到模仿动作曲调最后一句的头几个音，甚至仅听了一两个音时，就能立即辨别，再认出是哪个模仿动作，并马上做好准备动作。例如，听出是兔跳音乐，就把手放在头上方当兔耳朵。对所测的鸭走、兔跳、猫走、拍球、鸡走及踏步六项内容，接受测试的全体学前儿童几乎没有什么困难就能一一分辨出来。可见，音乐记忆在这些学前儿童身上已经有了较好的发展。

---

① 侯建成.《莫扎特效应》的认知神经科学研究［J］. 中国特殊教育，2007（3）：85—92.

3. 促进情感与个性的发展

南斯拉夫一所实用音乐学校经过多年的实验研究发现：在该校受过良好音乐启蒙的孩子，到了成年以后，仍然能保持强烈的好奇心，对周围的音乐活动及所有富有创造性的活动持较大热情，在生活中勇于克服困难，不怕失败。更重要的是，这些孩子都成了独立的、多才多艺的、全能的社会成员，而不是一群缺乏个性的人。研究者认为，这就是音乐启蒙的成就。音乐启蒙的意义就在于保护和不断发展学前儿童的创造能力与个性，使它们不至于随着年龄的增长而丧失。

（三）促进语言的发展

英国音乐心理学家弗伦奇（French）认为，有音乐才能的学前儿童在学习外语时有一定的优势。另有研究认为，对于在西肖尔音乐能力测试中获得成功的人，可预测他的外语学习也会成功。英国音乐心理学家汉利（Hanley）发现，语言能力和西肖尔音乐能力测试中的两个因素（音调记忆和音高）成正相关。[①]

学前儿童的语言发展在接受音乐教育之后会得到推进，如果将学前儿童学习的歌曲看作是诗歌，学生在学习歌曲的过程中也就学会了有节奏地诵读诗歌。而这一过程，也是学前儿童丰富知识词汇的过程，并且其语言理解能力和运用能力同样得到了提升。可见音乐的学习和语言的学习都是锻炼听辨能力、记忆能力以及对再现声音符号的学习过程。在音乐教学活动中，学前儿童学习的内容都来自教师。因此，教师正确地吐字和发音对培养学前儿童的口齿清晰具有重要的影响作用。口语所表达的不仅是文字内容，还表达了人们的情感，音乐同样也会表达出人们的情感，其表达的方式是通过音速的快慢、音调的高低以及音色的变化来实现的。因此，在音乐教学活动中，教师可以带领学前儿童来感受这些情感，从而促进学前儿童口语表达能力的发展。

（四）促进智力的发展

英国音乐心理学家萨金特（Sergeant）和撒切尔（Thatcher）采用本特利的音乐测试，把测试分数与学生在斯科内尔基本智力测验中的分数进行对照，发现学生的智商与音乐测试的得分（总分和分项得分）有较高的相关性。

美国音乐心理学家戈登（Gordon）的学前儿童音乐能力初级水平测验适用于5—8岁的学前儿童。测验只有两项：音调和节奏。每项测验都是40道题，测验内容为比较两个声音模式的异同。测验发现，节奏测验成绩与智力水平关系最密切，音调测验成绩与智商的关系次之。

---

① 张奇. 学前儿童审美心理发展与教育 [M]. 北京：北京师范大学出版社，2000：76.

（五）促进身体的发展

1. 促进学前儿童动作协调能力的发展

人的一生中，最为重要的阶段就是学前儿童阶段，这一阶段是人们身心各个方面都在发展的重要阶段，同时也是动作发展的重要阶段。学前儿童的动作发展过程是一个从简单向复杂方向发展的过程，从一开始的一些基础上肢动作，到后来需要四肢相互配合、手眼相互协调；从一开始较慢的音乐速度，或中等的音乐速度，到后来的较快的音乐速度，或快慢相结合的音乐速度。最有助于学前儿童练习动作的方法是参与打击乐活动。先从简单的节奏开始，再发展到复杂的打击节奏，学前儿童跟随着这样的节奏进行动作练习，会使肢体变得更加协调，动作更加优美和流畅。

2. 促进学前儿童运动能力的发展

学前儿童在学习音乐的过程中，通常会伴有肢体动作，尤其是在表演活动和演奏活动的过程当中。通过这些动作，学前儿童可以有效地锻炼肌肉，强健身体各部位的韧带及骨骼，并且可以协调促进肢体能力，提高神经反应能力及心肺功能，等等。如果学前儿童参加的音乐活动只是单纯的唱歌活动，那么促进学前儿童发展的就是唱歌过程中所使用到的各个器官；如果学前儿童参加的音乐活动还包含了舞蹈表演等，那么学前儿童就会通过各个表演动作养成优良的姿态并获得良好的发育。因此，教师在对学前儿童进行教育的过程中，要注意充分利用音乐教育，促进学前儿童身心的发展以及运动能力的发展。

三、学前儿童音乐教育价值实现的条件

若一个客体能够满足主体的各项需求，则称该客体具有有用性，而这种有用性就是它的价值。这种概念是存在于关系范畴之内的。在学前儿童音乐教育价值中，主体和客体分别为学前儿童和学前儿童音乐教育。判断学前儿童音乐教育是否存在价值，主要在于判断该音乐教育是否具有可以满足学前儿童需要的属性，尤其是学前儿童在自我成长方面的需要。如果具备这种属性，则证明该学前儿童音乐教育是存在价值的，其价值表现为提升学前儿童的音乐能力以及促进学前儿童的全面发展，并且前提是这种价值是可以实现的。

所以，学前儿童音乐教育价值的实现取决于学前儿童音乐教育是否具有满足学前儿童人格发展需要的属性或特征，这些属性或特征就是实现学前儿童音乐教育价值的条件。

能够实现教育价值的学前儿童音乐教育应该具有以下四种特征：能提供一种使音乐挑战与学前儿童应对音乐挑战之间达到平衡的音乐教育环境；能使学前儿童完全置身于音乐实践活动之中；具有促进学前儿童专注于音乐实践活动的明确的任务导向与及时有效的反馈；学前儿童专注从事音乐实践活动的动机来自音乐活动本身，而非音乐活动之外。

第二节　学前儿童音乐能力发展的特点

在描述学前儿童音乐能力发展的特点时，笔者以哈佛大学心理学家加登纳教授关于学前儿童发展的制作、知觉与感受三大系统为框架，分别对学前儿童的音乐制作、知觉与感受特点进行讨论。

一、学前儿童音乐能力发展的三大系统

加登纳，曾将人们的生命过程分解为三大系统，分别为制作系统、知觉系统以及感受系统，并提出对学前儿童艺术发展的理解，首先就需要对这三大系统进行理解。[①] 这三大系统分别具有不同的功能：人们的各项行动是通过制作系统来完成的，但是这里的行动指的并不是通常意义上的一些动作，而是带有目的性的行为活动。人们的识别能力是通过知觉系统来实现的，如果将这种能力运用在音乐活动中，可以看作是对音乐中不同元素的辨认。人们的情感是通过感受系统而形成的，在音乐教育活动中，这种情感指的就是学前儿童在音乐活动中所产生的各种情感反应，而在这一系列的情感反应过程中，注意力是全程参与的。在音乐教育中，通过这三大系统的相互整合、作用以及动态合力，可以推动学前儿童在艺术方面的发展。

二、学前儿童音乐能力发展的三阶段

除了上述的三个系统，加登纳还将人们的审美感知分成了五个阶段，这五个阶段包括从人们的学前儿童阶段到青年阶段，从年龄来讲是0—20岁。在这里我们只研究学前儿童早期阶段。而关于学前儿童的艺术感知，加登纳又将其分为了三个阶段。

（一）第一阶段（0—1岁）：前符号阶段

学前儿童艺术感知的第一个阶段为前符号阶段，该阶段的学前儿童年龄为0—1岁。学前儿童对于艺术作品还无法理解，对某一种艺术的喜爱是感觉所决定的，并且带有一定的本能，即处于感官原动性阶段。

（二）第二阶段（2—7岁）：符号运用阶段

学前儿童艺术感知的第二个阶段为符号运用阶段，该阶段的学前儿童年龄为2—7岁。在符号运用阶段中又包含三个阶段。其一，学前儿童开始对符号媒介产生兴趣，符号系统也因此产生。在学习音乐的过程中，对于不是核心的音乐元素，例如速度、力度、音色等，以及在音乐中与经验情境之间存在一定关系的音调与一些简单的节奏，学前儿童也可以在这一阶段进行学习。其二，学前儿童开始对这些符号进行探究，开始灵活地歌唱，可

---

① 加登纳. 艺术与人的发展 [M]. 兰金仁，译. 北京：光明日报出版社，1988：49.

以完成一些演奏，对于音乐的主题也开始理解并掌握。其三，关于音乐元素中的许多特质，学前儿童都可以掌握，即便对于内容的理解缺乏直接经验，他们也可以通过符号对内容进行理解。这表明了学前儿童的审美形式感在这一阶段已经形成，对于音乐他们主要关注的点在于音乐所表达的内容以及音乐的主题，至于音乐的风格以及音乐的个性他们还没有太多意识。

（三）第三阶段（8 岁及以后）：继续进步与可能的退步阶段

学前儿童艺术感知的第三个阶段为继续进步与可能的退步阶段，该阶段的学前儿童年龄为 8 岁及以后。在学前儿童艺术发展的过程中，8 岁是最为重要的一个年龄节点，处在这个年纪的学前儿童，有些会继续发展他们的艺术感，而有一些艺术感呈逐渐退化的趋势。上述的三大系统如果在学前儿童 8 岁之前已经提供了足够的音乐经验，则在 8 岁之后，学前儿童的音乐能力还能得到继续提升，并且会对音乐的理解与把握充满信心。随后，学前儿童的音乐经验则朝着深层次的方向发展。当学前儿童得到了最基本的音乐经验之后，可以完成一些简单的音乐制作活动。对不同音乐元素进行辨认之后，这些音乐制作活动可能源自学前儿童对于音乐的兴趣，也有可能源于学前儿童对音乐的感受。

针对 8 岁这个分水岭，一些人将 8 岁前后学前儿童的不同学习过程进行了比喻，认为其学习的过程就好比制作陶瓷的过程。最开始利用泥坯定型的过程，就是前期积累音乐经验的过程；在定型的泥坯上添加细节使其变得更为精致的过程，就是后期对得到的音乐经验进行深化的过程。虽然判断一件陶瓷是否为精品，主要在于分析其细节，但实际上，在泥坯定型之后，就可以判断其是否为一件陶瓷了。随着年龄的增长，学前儿童的人格在不断发展、自我意识在不断形成，同时还出现了自我批判意识。这使得一部分学前儿童在 8 岁之后开始对艺术丧失兴趣、艺术能力开始退化，并且逐渐丧失对于艺术的感知觉能力，渐渐地不再或少接触艺术。这种艺术感发生退化的主要原因在于 8 岁之前并没有获得足够的音乐经验，或者说在 8 岁之前通过音乐制作等活动获得的音乐感知没有成功地转化为音乐经验。

三、学前儿童音乐能力发展的特征

在对学前儿童音乐发展的特征进行论述之前，笔者首先对早期学前儿童的音乐能力发展的一般年龄特征进行讲解，这一特征是由舒特·戴森（Shute Dyson）总结出来的。[①] 对于一般年龄特征的了解，将有助于了解能力发展的一般趋势。笔者最后将对学前儿童音乐三系统的相关发展特征进行论述。

（一）学前儿童早期音乐发展能力特征

舒特·戴森提出的一般年龄特征，主要研究对象是 0—7 的学前儿童。他认为处于 0—

---

① 张奇. 学前儿童审美心理发展与教育 [M]. 北京：北京师范大学出版社，2000：85.

1 岁的学前儿童可以对不同的声音做出各种各样的反应；处于 1—2 岁的学前儿童可以对一些歌曲进行演唱，这种演唱是自发的，也可以简单地哼唱出自己"创作"出来的歌曲；处于 2—3 岁的学前儿童开始模仿并唱出自己所听过的一些歌曲，但大多只有一小段的片段；处于 3—4 岁的学前儿童对于音乐旋律的轮廓有了感知与记忆能力，在该阶段培养学前儿童的绝对音高感可以通过乐器来实现；处于 4—5 岁的学前儿童开始可以区分音乐中的音高以及不同音区，对于音乐中一些简单的节奏也可以重复；处于 5—6 岁的学前儿童开始可以将声音的响亮与柔和区分开来，如果给出一些简单的旋律或者节奏，学前儿童也可以从中发现一样的内容；处于 6—7 岁的学前儿童已经具备了准确的音高感，并且意识到音乐必须拥有调性才能变得更好听。

（二）学前儿童音乐能力三系统的发展特征

人的知觉实际上就是心理活动，并且这种心理活动都是通过行为表现出来的，在学前儿童音乐能力三系统中，代表行为的系统为制作系统。因此，在对学前儿童知觉系统的发展进行研究时，需要同制作系统结合进行。以下将知觉系统与制作系统相结合进行论述。

1. 学前儿童音乐知觉系统与制作系统的发展特征

学前儿童音乐能力的发展与学前儿童在其他学科、其他艺术门类能力上的发展具有显著的差异性，即音乐智能的先天[①]成分比较明显。音乐中的节奏与旋律感受力，音高、音色、音强辨别力，音乐记忆力都属于感性认知能力的范围，较多受先天影响。而情感感受力、音乐理解力则属于理性认知能力的范围，较多受后天个人经历和文化积淀的影响[②]。

在一般的学科当中，人们在学前儿童时期都没有充足的知识储备与成熟的技术能力，和成年人相比具有很大的差距。但是在歌唱与音乐制作方面，会有三岁的学前儿童超越成年人的情况，我们通常称这类学前儿童为天才学前儿童。在幼儿园中，发现这些天才学前儿童是教师的责任。但是，天才学前儿童只占少数，多数学前儿童只是普通学前儿童。幼儿园教师的核心工作是让这些普通学前儿童能够获得属于他们的音乐经验与能力，得到个性的发展。在学前儿童音乐能力的研究中，主要的研究对象是普通学前儿童，其能力发展的水平指的是常模水平。下面将主要对学前儿童在音乐能力方面的发展所表现出来的心理特征进行详细论述。

（1）音乐旋律知觉与歌唱的发展

旋律知觉能力具体指的是对于音高的辨别（3—8 岁）。歌唱制作能力包括两个方面的

---

① 这里的"先天"指遗传加 3 岁前的教育。
② 张奇. 学前儿童审美心理发展与教育［M］. 北京：北京师范大学出版社，2000：73.

内容：一方面为按音高歌唱方面（12 个月—2 岁半左右）；另一方面为按旋律轮廓线歌唱①方面（3 岁半—5 岁）。对于音高的辨别，不同年龄阶段的学前儿童辨别的能力是存在差异的。八度以及八度以上音高距离的音是 3—4 岁学前儿童可以辨别的音高，音符与音符之间的"空间"差异比较明显。五度以及五度以上音高距离的音是 4—5 岁学前儿童可以辨别的音高，音符与音符之间的"空间"差异比较明显。并且，处于该阶段的学前儿童已经可以通过前奏，将自己比较熟悉的歌曲辨别出来。三度音高距离的音是 5—6 岁的学前儿童可以辨别出来的音高，音符与音符之间的"空间"差异依旧比较明显。除了前奏，这个年龄阶段的学前儿童通过间奏也可以将自己熟悉的歌曲辨别出来。对于 7—8 岁的学前儿童，不仅上述的音高都能进行辨别，对于全音、半音以及四分之一音之间的音高差别也可以进行分辨。通常在 7—8 岁这个年龄阶段，学前儿童辨别音高的能力较为成熟。

针对音高歌唱，12—18 个月的学前儿童已经可以开始歌唱，但这个阶段歌唱过程中的音高并不明显。从第 19 个月开始，学前儿童在歌唱过程中会出现比较清晰的音程，主要为二度音程和小三度音程，并且音高开始分离。随着年龄的增长，音程的跨度不断加大。因此，从第 17 个月开始到第 23 个月，音程逐渐清晰，但二度音程依旧是所有音高中最为清晰的一个。四度与五度音程是在学前儿童 2 岁半左右的时候出现的，在该阶段，歌唱过程中比较清晰的音程为大度与小三度。针对旋律轮廓线歌唱，可以唱出旋律轮廓线的年龄在 3 岁半左右，并且这个阶段的学前儿童所演唱的旋律轮廓线是规则的。具备对旋律轮廓线进行辨别的能力是在 5 岁左右，虽然对不同的旋律轮廓线都可以进行辨认，但是对于音程的辨别依旧不够准确，在这种条件下所进行的歌曲演唱并没有稳定的音程调度。

英国著名的音乐心理学家塞拉菲尼（Serafine）、克劳德（Crowder）和雷普（Repp）曾在 1984 年做过一个研究，其研究结果表明：学前儿童是将旋律与歌词作为一个整体来学习歌曲的，而并没有将它们看作一个个独立的个体。② 同时，学前儿童对于一首歌曲的掌握是需要一个过程的，即先学歌词，再学节奏，最后学习歌曲的旋律轮廓以及歌曲内的音程，这是学前儿童在学习歌曲的过程中所表现出来的最普遍的特点。该过程主要由四个阶段组成：掌握歌词的阶段、掌握节奏的阶段、掌握音高轮廓的阶段、调性感刚刚形成的阶段。

掌握歌词的阶段主要表现为对于歌词的理解以及对于乐段结构的掌握，在这个过程中，学前儿童对于歌曲的节拍以及歌曲的速度都建立起了一定的感觉。掌握节奏的阶段主要表现在两个方面：一方面是对歌曲的演奏，另一方面为对歌曲的演唱。前者是可以利用一些打击乐器对歌曲进行演奏，后者是在演唱的过程中可以保证节奏与句读的准确性，至

① 达到准确歌唱需经历三个水平。水平一，念歌，指完全没有音的高低概念，所有音都在一个高度上，像语言一样被念出来。水平二，旋律轮廓线歌唱，指有意或本能地理解音与音之间有高低差别，通过模仿能近似地歌唱，但不理解也唱不出每个音所具有的准确位置。歌唱时表现为以句子为单位，唱一句时有音的高低走向（旋律轮廓线），但换句时就跑调了，学前儿童的歌唱水平主要处于这个层面。水平三，准确歌唱，已建立音准概念，理解每个音所处的音位并能歌唱。

② 张奇. 学前儿童审美心理发展与教育［M］. 北京：北京师范大学出版社，2000：95.

于音高和音程还不能做到正确；并且演唱的歌曲不存在调性，音程调度也并不稳定。掌握音高轮廓的阶段主要表现为演唱的歌曲已具备音高的轮廓，但是乐句之间的调性依旧不稳定；并且在乐句或乐段转换的过程中，会有音程变化的现象出现。只有在前三个阶段都已经发展成熟的条件下才会进入第四个阶段，即调性感初步形成的阶段，在这个阶段中音程依旧不够准确，但是歌曲已经具有调性并且比较稳定。学前儿童也可以将节拍从节奏中分离出来，并根据自己的理解加入自己的情感，其情感的表达方式是通过速度的快慢来体现的。

（2）音乐节奏知觉和身体动作的发展

该部分的内容主要包括三个方面：关于节奏的知觉能力以及对于身体动作的制作能力，即节奏型发展方面；关于音乐的节拍所产生的知觉以及身体动作对节拍产生的反应能力，即用身体动作合拍方面；关于音乐的节奏所产生的知觉能力和制作能力，即学前儿童在节奏感发展状态的方面。

第一个方面的内容主要针对的是 18 个月到 6 岁的学前儿童。学前儿童从 18 个月开始就已经能够根据自己听到的歌曲做出一些相应的身体动作，并努力地做到合拍；在 4—5 岁阶段，学前儿童开始对于一些简单的节奏可以模仿着打出来，通常这些简单的节奏只包含了 2—4 个音符；在 6 岁左右，学前儿童可以模仿着打出由更多的音符组合而成的节奏。

第二个方面的内容主要针对的是 3—5 岁的学前儿童。在学前儿童 3 岁左右，他们所参加的音乐活动其表演的主体通常为教师，学前儿童多数是在聆听音乐和欣赏表演。学前儿童会随着教师所演唱的曲目做一些动作，通常这些动作都是为了增加学前儿童的兴趣而设计的，常见的就是根据歌曲的具体内容对自己的身体做一些拍打动作；如果需要移动位置，则是简单的走路动作，或者是在队列中按照一定的队形以及节拍进行走动；在这个阶段最常使用的队形是圆形。在 4 岁左右，学前儿童的动作不再是简单的身体打击动作，其动作的内容变得稍微复杂一些，包括弯腰和转向等；跟随队列做行走动作时也加入了一些复杂的内容，比如更改队列的方向；队列也出现了比较复杂的形状。在 5 岁左右，学前儿童开始能够根据歌曲的内容做一些扮演类的小游戏，并且涉及的游戏内容是带有情节的，每一名在游戏中的学前儿童都是带有角色的，跟随音乐所做的动作以及队列的形状都变得比较复杂，并且做动作时所占用的空间更大。[①]

第三个方面的内容为学前儿童对于节奏感的发展状态，其主要针对的是 3—6 岁的学前儿童。在 3—4 岁的阶段，学前儿童在节拍感方面的稳定性主要来自两类表演，一类是身体动作的表演，另一类是利用打击乐进行演奏的表演。在 4—5 岁的阶段，学前儿童开始对歌曲的节拍有了自己的理解，其理解的表现在于快慢速度的配合，对于歌曲的节奏也有了自己的理解，其理解的表现在于对歌谣的朗诵。在 5—6 岁的阶段，学前儿童不仅能准确地理解歌曲的节奏，对于节奏的主题和动机也能够准确地理解，在变换节拍的快慢时可以做到自己独立完成。

---

① 杨立梅. 柯达伊音乐教育思想与匈牙利音乐教育 [M]. 上海：上海教育出版社，2011：101—104.

（3）音色、力度、速度知觉与制作的发展

针对学前儿童的音乐要素主要分为非核心要素和核心要素两种，前者所包含的内容有音乐的音色、力度以及速度等，后者所包含的内容有音乐的节奏、旋律以及和声等。1972年格林伯格曾做过一项研究，研究表明，学前儿童在拍子、速度以及力度方面的发展要快于在音高、旋律、节奏以及和声等方面的发展。该研究结果证明了学前儿童音乐能力发展的三大系统在非核心要素的发展上比在核心要素的发展上要更快；且研究发现，在核心要素中，最早开始发展的要素为拍子。因此，拍感的稳定性是人们在学前阶段就要建立起来的重要内容。

关于音色，人们最早开始注意到它的阶段是学前阶段，在该阶段能够产生知觉的音色主要来自人们的日常生活，而并非音乐中或音乐设备中所带有的音色。比如，学前儿童玩耍的玩具如果能发出声音，他们则会对该玩具产生比较大的兴趣以及好奇心。准确来说，能够使学前儿童产生知觉的音色主要是比较生动并且具有较大反差的音色，如果让学前儿童分辨乐器的音色，或者是音乐中的一些音色，学前儿童的兴趣会明显低于分辨其他生物的音色，例如不同的动物所发出的音色。

关于学前儿童的音色知觉，曾有两名学者对其进行过研究，分别为穆希德（Muhid）和庞德（Pound），并且根据研究内容和结果发表了自己的看法。[①] 二人最感兴趣的作品为《彼得与狼》，该作品是由苏联的音乐家普罗柯菲耶夫创作而成的，在作品中不同类型的乐器所代表的人物角色都是不同的。例如，用于表示狼的演奏乐器为法国号，用于表示鸭子的演奏乐器为双簧管，用于表示老爷爷人物形象的演奏乐器为大管，这样的表示方式不仅令穆希德和庞德，而且令学前儿童对于该表演作品的记忆也更深刻。但是在该演奏中有一个角色是猫，在对其的渲染和演奏上所使用的旋律比较婉转，没有前面提到的几个角色表现得那么直接，因此，学前儿童对于猫这个角色并没有过多的知觉。除了表现更加直接，学前儿童容易记住的角色相对应的乐器都是具有自身明显特点的乐器，在同其他乐器的音色进行比较时，学前儿童也更容易分辨出这些乐器。同样，在分辨人声时，对于对比比较强烈的音色学前儿童通常是最先感知到的，例如男低音和花腔女高音等。

从年龄阶段上来看，对于音色的知觉，3—4岁的学前儿童可以对有明显对比度的人声以及乐器声进行辨别，但其辨别的数量有限，一般只有两三种；4—5岁的学前儿童对于人声与乐器的声音可以进行辨别；5—6岁的学前儿童可以辨别出来的声音就更多了。

对于力度的知觉以及制作能力，3—4岁的学前儿童就已经拥有了辨别的能力，同时能了解到说话、说悄悄话、唱歌与喊叫之间的区别，并且可以通过嗓音对这些内容进行准确表达；4—5岁的学前儿童对于歌曲中的强弱、打击乐的强弱以及说话过程中的强弱都可以进行分辨，除此之外还可以对强弱进行表达，表达的方式包括歌唱和演奏打击乐器等多种不同的制作方式；5—6岁的学前儿童对于强弱已经有了成熟的理解，对于强弱变换之间的关系也同样能准确理解。

---

① 尹爱青，曹理，缪力. 外国学前儿童音乐教育 ［M］. 上海：上海教育出版社，2011：16—24.

对于速度的知觉以及制作能力，3—4岁的学前儿童在面对中速的音乐时，可以通过一些简单的身体动作，同音乐进行完美的配合；4—5岁的学前儿童在面对逐渐加快或逐渐减慢的音乐时，能够将速度区分出来，并通过一些简单的身体动作，同音乐进行完美的配合；5—6岁的学前儿童对于快慢之间的关系可以准确把握，但是这个阶段的学前儿童也有处理起来比较困难的方面，即匀速。无论是在辨别上还是操作上，匀速对于这个阶段的学前儿童还是具有一定的难度。因此，学前儿童在演唱的过程中就会很容易出现速度逐渐加快或逐渐减慢的现象。

2. 学前儿童音乐感受系统的发展特征

感受系统的结果是情感，那么能被学前儿童感受到并激发出其情感的东西是什么？苏联音乐心理学家苏菲·艾克塞姆普拉斯基的研究结论表明，以下三种要素是激发学前儿童兴趣与本能的关键①。

首先是音量，学前儿童对于音乐产生兴趣最主要的原因就是音量。一般意义上的音量，指的就是音的强弱以及音的大小，这里所说的音量除了这些内容，还包括音乐是否完美、是否动听，内容是否丰富，以及是否能给人带来愉悦的感觉。简单来说，播放的音乐动听，是学前儿童对此音乐产生兴趣的主要原因。比如，大多数的学前儿童对于钢琴都有较强的兴趣，主要是因为钢琴所发出的声音是能够吸引学前儿童的好听的声音。针对这一内容，在对学前儿童进行音乐教育的过程中有四点是我们要格外注意的：第一，为学前儿童播放音乐作品所使用的工具需要有优质的音响效果，学前儿童会因劣质的音响效果而失去对音乐的兴趣。第二，在教育教学以及播放作品的过程中，教师需要多多利用音响效果来吸引学前儿童的注意力，并提升学前儿童的兴趣，教师过多的言语和演唱会降低学前儿童对音乐的兴趣。第三，教师在演唱教学的过程中，要保证其自身的声音是悦耳的，这样才能对学前儿童产生吸引力，从而让学前儿童对于歌曲的学习产生兴趣。如果教师的声音是沙哑的，或者是对学前儿童没有吸引力的，那么在教学的过程中会使学前儿童失去学习歌曲的兴趣。第四，在教学前儿童使用打击乐器时，需要先由学前儿童自己来探索，怎样才能使手中的乐器变得更好听，切忌让学前儿童必须按照教师的要求拿乐器或打击乐器。

其次是运动，这里所说的运动是学前儿童在音乐活动中所做的身体动作。让学前儿童以运动的方式对音乐进行感受，是使学前儿童对音乐产生兴趣的一个比较有效的方式。在音乐教育界已经形成了一个共识，即身体的肌肉感可以带动学前儿童获得音乐感。在感知音乐的过程中，让学前儿童一直静静地坐在那里是无法获得感知的，学前儿童在音乐活动中所做的各种身体运动，其过程实际上就是对音乐进行感知和理解的过程。为学前儿童播放一段节奏时，他会随着节奏做出动作，而只有感知到了节奏，学前儿童才会做出肌肉动作；为学前儿童播放一段旋律时，他会哼唱出这段旋律，而只有感知到了旋律，学前儿童才能将其哼唱出来。

---

① 穆塞尔，格连. 中小学音乐教学法 [M]. 章枚，译. 成都：四川人民出版社，1983：22—28.

最后是音乐所表达的内容，这些内容会决定学前儿童喜欢哪一类型的音乐作品。例如关于星星的音乐、关于小动物的音乐、关于小故事的音乐等，都会引起他们的兴趣。总而言之，只有贴近学前儿童生活的音乐作品，才会对学前儿童产生较大的吸引力。分析音乐本体的特性，学前儿童喜欢的音乐其本体通常具有再现性的主要特性，也就是说，带有故事情节内容，或对某件事物进行描述的音乐对于学前儿童来说更具吸引力。而在这些音乐中，学前儿童最感兴趣的歌曲则是带有故事情节的歌曲，学前儿童可以在演唱的过程中进行表演，通过扮演不同的角色，体会音乐所带来的乐趣。如果向学前儿童展示的是器乐曲，一般要选择带有题目的一类，学前儿童通过题目就可以了解到音乐的主要内容。同时，还可以根据器乐曲的题目让学前儿童进行想象，将他们认为在音乐中可能会讲述的故事编出来。

四、学前儿童音乐教育的特点

众所周知，音乐教育是审美的教育。它主要通过音乐传递美，使人们学会感受美、表现美、创造美。学前儿童音乐教育和基础音乐教育同样是以审美为核心，但由于教育对象及其年龄特点的差异，它与基础音乐教育还是有一些不同。学前儿童音乐教育的特点主要是寓音乐教育于活动、游戏之中。音乐艺术是实践性很强的艺术，它需要在音乐实践活动中进行。因此，学前儿童需要积极地融入音乐活动中，方能体验、感悟其中的美好。同时，学前儿童活泼好动、好玩、好模仿的特殊性要求学前儿童音乐教育以活动和游戏的形式为主；而且学前儿童的意志力较薄弱，在教学过程中不能很好地主动支配自己的行为，因此，需要通过音乐活动、音乐游戏等形式激起学前儿童的兴趣，使他们获得愉悦的体验，从而帮助他们全身心投入音乐之中。学前儿童音乐教学的活动形式主要有唱歌、演奏乐器以及随音乐进行身体律动，其中包括听、唱、动、感受音乐、记忆音乐、随音乐做动作等多种活动。音乐游戏的教学通常融入了以上丰富的音乐活动之中。

1. 寓音乐教育于情境、形象之中

"音乐语言"不像"文学语言"那样具有明确的语义性，也不像绘画和雕塑那样有直观可见的视觉形象，它通过声音来传递情感和思想，具有抽象性，这对于学前儿童理解音乐内涵有一定的难度。因此，学前儿童音乐教育需要将抽象的音乐寓于具体的情境、形象之中以帮助学前儿童理解音乐。

2. 寓音乐教育于歌、舞、乐的综合之中

学前儿童早期的音乐学习与人类早期的音乐活动类似，主要以歌、舞、乐结合的形式为主，学前儿童也非常乐意接受这种形式的音乐教学。学前儿童在真正感到愉快的时候，必定是又唱又跳、手舞足蹈的。也许有些学前儿童能够根据教师的要求在教学中只是单单唱歌、跳舞、奏乐，但如果有机会让他们自己做选择，他们仍然会选择丰富多彩、生动活泼的歌、舞、乐综合形式，这种形式的音乐教学能够更充分地调动学前儿童的学习热情，能够帮助学前儿童全身心沉浸于音乐之中。

第三节　学前儿童音乐教育的目标

教育作为一种实践活动，其特性为计划性、目的性以及自觉性，并且这种特性表现在教育的目标上，这种教育目标主要指的是人们在教育活动开始之前就已经产生的一种期望。对学前儿童进行的音乐教育也同样有教育目标，并且该教育目标也是对教育结果预先产生的一种期望，其呈现的形式也是最为标准的形式。

在对学前儿童开展音乐教育的过程中，学前儿童会收获最基本以及最核心的学习经验，该经验就是学前儿童在音乐教育过程中产生的关键经验，主要分为两部分：一部分为学前儿童音乐关键经验，作为一种支撑和节点存在于学前儿童的音乐经验系统之中，并且在音乐领域中带有一定的特殊性；另一部分为学前儿童在音乐学习的过程中所产生的关键经验，该经验的存在证明了学前儿童学习音乐的过程实际上就是从没有音乐经验向具备音乐经验进行转变的过程，并且该经验在形成的过程中是需要非音乐经验参与进来的。

在研究学前儿童音乐的教育目标与学前儿童音乐教育过程中所产生的关键经验之间的关系时，可将其主要分为两点：第一，在学前儿童音乐的教育目标中最为核心的内容就是关键经验，也是最基本的内容；第二，比关键经验更加具体和细化的内容就是学前儿童音乐教育的目标。虽然面对不同的教育活动其所要达到的教学目标是不同的，但是从教育活动中获得的关键经验都是相同的。

关于学前儿童的音乐教育目标，主要分为两个方面：一个为总目标的内容，另一个为年龄阶段目标的内容。

一、学前儿童音乐教育的总目标

关于学前儿童音乐教育的总目标，其具体的内容在教育部《幼儿园教育指导纲要（试行）》中有明确的说明，纲要认为学前儿童对生活的环境以及音乐不仅有感受，还能学会热爱；当学前儿童参加音乐活动时，可以做到不害怕，不怯场，能通过表演将自己的真实情感表现出来，还可以将表演同生活体验结合起来；同时，学前儿童表现的方式是自己所喜欢的方式。

这一总目标是从感受与表现两个维度来表述的，其中感受维度又分为感知维度与情感维度。作为学前儿童音乐教育领域的实践工作者，我们还要熟悉学前儿童音乐感知方面的目标和音乐表现方面的目标。

1. 音乐感知目标

音乐感知目标主要包括节奏、旋律、音色、速度、织体①、力度、结构和风格。其中，节拍是否稳定、节奏型的疏密、拍子的强弱以及休止符都属于节奏范围中的内容。旋律的

---

① 织体：音乐作品横向的句段结构与纵向的和声不停交织后产生的一种音响立体结构状态与织布中的织体状态很像，仅是听觉与视觉的差异，所以音乐领域借用了纺织业的这一术语。音乐领域在使用"织体"这一术语时，一般指横向的句段与纵向的和声交织在一起的音响结构，但也有其他状态的使用情况。

内容包括声音的高低、上行和下行、级进和跳进。音色一共包括四种，即说话、唱歌、喊叫和悄悄话，乐器的音色包括不同打击乐器的音色、钢琴的音色以及吉他的音色等。在自然界和我们的生活中也有许多不同的音色，如机器也是有音色的。速度一共有四种，即速度快、速度慢、速度逐渐加快以及速度逐渐减慢。在舞蹈中，其表现出的多种层次就是织体，在声势中也是一样的，利用织体可以对有伴奏的音乐和没有伴奏的音乐进行比较，还可以比较伴奏的薄与厚。力度是指轻重以及渐弱、渐强。结构包括模仿句、问答句、重复句、主副歌、三段体和回旋体以及引子。风格包括摇篮曲、进行曲和舞曲。

2. 音乐表现目标

节奏包括：稳定的节拍——用身体移动动作表达；疏密节奏型——用手的动作、身体动作、歌唱三种方式表达；强拍与弱拍——用身体移动动作、歌唱方式表达；休止符——用身体移动动作、歌唱方式表达。

旋律包括：声音的高与低——用讲故事、身体动作、歌唱三种方式表达；上行与下行——用身体动作、歌唱方式表达；级进与跳进——用身体动作、歌唱方式表达。

音色包括：悄悄话、说话、唱、喊——用说、歌唱方式表达；打击乐器的音色——用说、打击乐演奏、即兴创作三种方式表达；生活环境中的音色——用说、打击乐演奏、即兴创作三种方式表达；自然界中的音色——用说、打击乐演奏、即兴创作三种方式表达；机器的音色——用说、打击乐演奏、即兴创作三种方式表达；乐器音色——用说、身体动作、打击乐演奏三种方式表达。

速度包括：快与慢——用身体动作、打击乐演奏、即兴创作三种方式表达；渐快与渐慢——用身体动作、打击乐演奏方式表达。

织体包括：声势、舞蹈中的多层次——用说、身体动作方式表达；有伴奏与无伴奏的比较——用身体动作、即兴创作方式表达；伴奏厚与薄的比较——用身体动作、即兴创作方式表达。

力度包括：轻重——用身体动作、歌唱、演奏打击乐、即兴创作四种方式表达；渐弱渐强——用身体动作、歌唱、演奏打击乐、即兴创作四种方式表达。

结构包括：模仿句——用歌唱、身体动作、打击乐演奏三种方式表达；问答句——用身体动作、歌唱、打击乐演奏三种方式表达；重复句——用身体动作、歌唱、打击乐演奏三种方式表达；主副歌——用身体动作、歌唱方式表达；引子——用打击乐演奏、即兴创作方式表达。

风格包括：摇篮曲——用身体动作、歌唱、说三种方式表达；进行曲——用身体动作、歌唱、说三种方式表达；舞曲——用身体动作、歌唱、说三种方式表达。

二、学前儿童音乐教育年龄阶段目标

教育部《3—6岁儿童发展指南》中艺术领域提到的目标包括以下几个方面。

（一）感受与欣赏

感受与欣赏方面的目标如表 2—1、表 2—2 所示。

表 2—1　目标 1：喜欢自然界与生活中美的事物

年龄段	3—4 岁	4—5 岁	5—6 岁
目标	1. 喜欢观看花草树木、日月星空等大自然中美的事物 2. 容易被自然界中的鸟鸣、风声、雨声等好听的声音所吸引	1. 在欣赏自然界和生活环境中美的事物时，关注其色彩、形态等特征 2. 喜欢倾听各种好听的声音，感知声音的高低、长短、强弱等变化	1. 乐于收集美的物品或向别人介绍所发现的美的事物 2. 乐于模仿自然界和生活环境中有特点的声音，并产生相应的联想

表 2—2　目标 2：喜欢欣赏多种多样的艺术形式和作品

年龄段	3—4 岁	4—5 岁	5—6 岁
目标	1. 喜欢听音乐或观看舞蹈、戏剧等表演 2. 乐于观看绘画、泥塑或其他艺术形式的作品	1. 能够专心地观看自己喜欢的文艺演出或艺术品，有模仿和参与的愿望 2. 欣赏艺术作品时会产生相应的联想和情绪反应	1. 艺术欣赏时常常用表情、动作、语言等方式表达自己的理解 2. 愿意和别人分享、交流自己喜爱的艺术作品和美感体验

（二）表现与创造

表现与创造方面的目标如表 2—3、表 2—4 所示。

表 2—3　目标 1：喜欢进行艺术活动并大胆表现

年龄段	3—4 岁	4—5 岁	5—6 岁
目标	1. 经常自哼自唱或模仿有趣的动作、表情和声调 2. 经常涂涂画画、粘粘贴贴并乐在其中	1. 经常唱唱跳跳，愿意参加歌唱、律动、舞蹈、表演等活动 2. 经常用绘画、手工制作等多种方式表现自己的所见所想	1. 积极参与艺术活动，有自己比较喜欢的活动形式 2. 能用多种材料或不同的表现手法表达自己的感受和想象 3. 艺术活动中能与他人相互配合，也能独立表现

表 2—4　目标 2：具有初步的艺术表现与创造能力

年龄段	3—4 岁	4—5 岁	5—6 岁
目标	1. 能模仿或学唱短小歌曲 2. 能跟随熟悉的音乐做身体动作 3. 能用声音、动作、姿态模拟自然界的事物和生活情景 4. 能用简单的线条和色彩大体画出自己想画的人或事物	1. 能用自然的、音量适中的声音基本准确地唱歌 2. 能通过即兴哼唱、即兴表演或给熟悉的歌曲编词来表达自己的心情 3. 能用拍手、踏步等身体动作或可敲击的物品敲打节拍和基本节奏 4. 能运用绘画、手工制作等表现自己观察到或想象的事物	1. 能用基本准确的节奏和音调唱歌 2. 能用律动或简单的舞蹈动作表现自己的情绪或自然界的情景 3. 能自编自演故事，并为表演选择和搭配简单的服饰、道具或布景 4. 能用自己制作的美术作品布置环境、美化生活

呈现学前儿童音乐教育年龄阶段目标时，需要做出两点说明：第一，因为感知目标与表现目标的内容指向是相同的，而感知是意识内的东西，很难评价，所以本书只呈现表现目标。第二，因为学前儿童获得音乐经验的成熟条件与获得数理逻辑经验的成熟条件不同，数理逻辑经验有明确的年龄成熟条件与年龄界限，而获得音乐经验的成熟条件在 4 岁前后这段时间可能有比较明显的区别，在 5 岁前后没有非常明显的区别，所以本书只把幼儿园阶段音乐教育的年龄目标分为两个阶段：3—4 岁（小班）与 4—6 岁（中、大班）。如表 2—5 所示。

表 2—5　学前儿童分年龄音乐教育的表现目标

年龄段		3—4 岁	4—6 岁
节奏	稳定的节拍	①用不移动动作合拍 ②用移动动作合拍 ③按二拍韵律进行身体摇摆	①用不移动与移动动作合强拍 ②按二拍、三拍韵律对 $\frac{6}{8}$ 拍、$\frac{3}{4}$ 拍进行身体摇摆 ③用不移动与移动动作合弱拍 ④合速度与拍子交替的音乐
	疏密节奏型	①合语言节奏的朗诵与身体打击 ②合音乐节奏的身体打击 ③节奏与节拍的分离	①分辨休止 ②分辨强拍节奏型 ③分辨弱起拍节奏型 ④分辨先紧后松节奏型 ⑤分辨紧凑与舒展节奏型
旋律	声音的高与低	①分辨八度距离声音的高与低 ②分辨八度内声音的高与低	①继续分辨八度距离声音的高与低 ②继续分辨八度内跨度较大的高低声音 ③分辨五度、四度、三度跨度的高低声音
	旋律的上行与下行		①分辨级进上行与下行旋律轮廓线 ②分辨上行与下行旋律轮廓线
	旋律的级进与跳进		①分辨级进旋律轮廓线 ②分辨跳进旋律轮廓线
音色	日常音色	①探索生活环境中的音色 ②探索自然现象中的音色 ③探索各种动物的音色 ④探索机器的音色	①进一步探索生活环境中的音色 ②进一步探索自然现象中的音色 ③进一步探索各种动物的音色 ④进一步探索机器的音色
	打击乐器的音色	①玩木质打击乐器 ②玩塑料质地打击乐器 ③玩铁质打击乐器 ④玩有固定高音的打击乐器	①分辨木质打击乐器的音色 ②分辨塑料质地打击乐器的音色 ③分辨铁质打击乐器的音色 ④分辨特殊音色打击乐器的音色

续表 1

年龄段		3—4 岁	4—6 岁
音色	人声	分辨说、唱、悄悄话与喊叫	①分辨童声与成人声 ②用嗓音模仿童声与成人声
	乐器音色		①分辨中国乐器的音色 ②分辨西洋乐器的音色
速度	快与慢	①用不移动与移动动作合中速音乐 ②用不移动动作合快速音乐 ③用不移动动作合慢速音乐	①用移动动作合快速音乐 ②用移动动作合慢速音乐 ③在快速中完成二拍与三拍的身体摇摆 ④在慢速中完成二拍与三拍的身体摇摆 ⑤用移动动作合快、慢速交替音乐
	渐快与渐慢		①用身体动作表达渐快 ②用身体动作表达渐慢 ③用身体动作表达渐快与渐慢的交替
织体	打击乐（包括身体打击与乐器打击）、舞蹈中的多层次		①分辨身体打击乐合作中的层次 ②分辨踢踏舞、领圈舞中的层次 ③独立完成身体打击的多层次
	有伴奏与无伴奏比较		①分辨歌唱的有伴奏与无伴奏 ②歌唱与打击乐伴奏的合作 ③合作多层次的打击乐伴奏
	织体厚与薄的比较		①分辨钢琴伴奏与管弦乐伴奏的不同 ②分辨独奏与合奏 ③合作回旋曲的打击乐表演
	多声部歌唱		①分辨领唱与齐唱 ②合作二声部歌唱
力度	轻与重	①用身体动作表达轻与重 ②用打击乐器表达轻与重 ③分辨音乐中的轻与重 ④用说话嗓音表达轻与重	①进一步用身体动作表达轻与重 ②进一步用打击乐器表达轻与重 ③用歌唱嗓音表达轻与重
	渐强与渐弱		①用身体打击表达渐强与渐弱 ②用打击乐器表达渐强与渐弱 ③用嗓音表达渐强与渐弱

续表2

年龄段		3—4岁	4—6岁
结构	模仿句	能模仿教师歌唱	用打击乐器表达模仿句
	重复句	能模仿教师歌唱	①用打击乐器表达重复句 ②为重复句创编不同的歌词并自如歌唱 ③为器乐曲的重复句创编同样的动作
	问答句	能模仿教师歌唱	①用打击乐器表达问答句 ②为问答句创编歌词并自如歌唱
	主副歌		①为主副歌创编不同风格的动作 ②分辨主副歌歌曲中的主段与副歌 ③为主副歌配不同风格的打击乐伴奏
	三段体、回旋体		①以重复动作的方式找出三段体中的重复段 ②为三段体乐曲配伴奏 ③以重复动作的方式找出回旋体作品中的重复段 ④即兴合作打击乐回旋曲
	引子		①分辨歌曲中的前奏 ②分辨乐曲中的引子 ③为歌曲配前奏 ④即兴创作打击乐合奏引子
风格	摇篮曲	在教师鼓励下，能抱娃娃唱摇篮曲	①独立唱二拍摇摆的摇篮曲 ②独立唱三拍摇摆的摇篮曲 ③理解没有歌词的摇篮，即抒情乐曲
	舞曲		①理解舞曲一般是活泼的乐曲 ②能用二拍、三拍身体摇摆的方式跳几类典型的舞蹈 ③能把舞曲中一些典型的节奏型迁移到打击乐演奏中
	进行曲		①理解进行曲一般都是适合行进的 ②理解进行曲本身也有多种风格

第四节　学前儿童音乐教育活动的结构

目前，学前儿童音乐教育活动的结构主要有两种：三段式和一竿子式。所谓"三段式"，即一节课被明确地分成三个部分：开始部分、基本部分和结束部分。学前儿童在每一部分都会接触到不同的音乐作品。所谓"一竿子式"，即一节课只是围绕一个音乐作品展开。一般来说，三段式结构适合一般的常态课的设计，而一竿子式结构适用于研究型公开课的设计。

一、三段式结构的音乐教育活动

一节课被明确分成三部分。开始部分：可以是教师带领学前儿童做律动进教室，或进行座位上的律动，然后进行练声，复习前面已经学过的歌曲。基本部分：学习尚未接触过的新内容。结束部分：复习新授内容，教师进行小结后结束或者加上律动出教室。对于律动进教室和律动出教室，教师可以根据整节课的活动量进行选择和调整。

例如，教师在教授《小青蛙》之前，可以先复习之前学习过的有关其他动物的音乐内容，并引导学前儿童在头脑中形成青蛙的形象与特点，进而开始本节课《小青蛙》的教学活动。在授课过程中先教授学前儿童《小青蛙》的歌曲内容；再让学前儿童结合自己头脑中关于青蛙的形象根据歌词内容做出相应的动作；最后让学前儿童将动作同音乐结合起来，并对整节课堂做出总结。《小青蛙》曲谱如下所示：

小青蛙

佚名 词曲

二、一竿子式结构的音乐教育活动

这是不含复习活动的研究型公开课，教师面对一群陌生的学前儿童教授新的内容。这种形式的教学活动程序比较细致，每一个小步骤都很注重利用学前儿童已有经验和刚刚形成的新经验。一竿子式的音乐教育活动一般一节课只包含一个音乐或舞蹈作品。

一竿子式音乐教育活动的组织形式有三个部分。开始部分：选择适当的导入方式，可以采用和学前儿童经验相关的导入活动，激发学前儿童的兴趣，集中学前儿童的注意力。基本部分：学习新的教学内容。结束部分：利用学前儿童刚刚形成的新经验，使其获得愉快舒适的身心体验。

例如，教师在进行《小鱼游月球》的教学活动时，可以在课堂的开始部分组织学前儿童观看小鱼游动的相关视频，或让学前儿童直接观察鱼缸中的小鱼是如何游动的。接着为学前儿童播放《小鱼游月球》的音乐片段，让学前儿童试着在音乐中加入小鱼游动的动作，教师还可以让大家模仿小鱼游动的动作，教学前儿童演唱《小鱼游月球》；然后重新播放《小鱼游月球》的音乐，并为学前儿童打节拍，让学前儿童按音乐的旋律做动作，并跟唱《小鱼游月球》；最后对课堂做出总结。《小鱼游月球》曲谱如下所示：

小鱼游月球

张冰　词曲

1=G 2/4

天真地

第五节　学前儿童音乐教育活动实施的原则、方法和途径

一、学前儿童音乐教育活动实施的原则

学前儿童音乐教育活动设计和实施的原则是指在音乐教育活动中应遵循的基本准则。在设计和实施学前儿童音乐教育活动时需要考虑到学前儿童身体发展的特点，为了确保活动质量和学前儿童的发展需要遵循以下几条原则。

（一）发展性原则

维果斯基是苏联著名的教育家，他曾将学前儿童的发展水平分为两种，即现有水平和可能的发展水平，前者是指学前儿童可以自行在活动过程中将问题解决的一种水平，后者则是一种潜力，并且这种潜力是经过教育和学习之后所得到的。这两种水平之间存在着一种差异，该差异被称作最近发展区。在教育学前儿童的过程中，教育的主要内容就是由学前儿童的最近发展区来决定的。因此教育学前儿童不仅需要调动其学习的积极性，还要充分发挥其潜能，将最近发展区中的内容推进下一阶段的水平之中。

在设计和实施学前儿童音乐教育活动时要把握学前儿童现有的发展水平，教学的内容应选择在学前儿童的"最近发展区"内，要考虑活动对学前儿童的发展有什么作用以及如何通过活动促进学前儿童的发展。

（二）有重复、有变化、层层深入、不断提高的原则

幼儿园音乐教学活动过程中，为了帮助学前儿童熟练掌握新授内容，教师需要带着学前儿童不断对音乐材料进行重复练习。在音乐教育活动中，重复是非常必要的。但是如果每一次的重复都一样，比如教师一遍又一遍地说"我们再唱一遍"或者"我们把这个动作再做一遍"，学前儿童很容易因为单调的重复而疲劳厌烦。所以，每一次重复应该是有变化的、加入了新鲜感的。例如，在歌唱活动中的重复可以处理成不同的形式演唱，如分角色演唱、歌词创编演唱、加入身体动作演唱等。重复不是同一水平的，而是逐步提高的。以歌唱活动为例，当学前儿童对歌曲不熟悉时，可以采取教师大声唱学前儿童小声唱，教师小声唱学前儿童大声唱；加钢琴伴奏演唱、加动作演唱、加入歌词创编或者分角色表演唱。

（三）有动有静、动静交替的原则

学前儿童音乐教育活动也是需要学前儿童身体动起来的。所以，和幼儿园健康教育活动一样，在设计和实施音乐活动时也要考虑到动静交替的原则。学前儿童很容易疲劳，也很容易恢复。因此，如果在设计和实施音乐教育活动时，能考虑到动静交替，在学前儿童

活动量很大时安排一些放松的环节，就可以保证活动时间内的教学效果。

二、学前儿童音乐教育活动实施的方法

学前儿童音乐教育活动是一个教师教和学前儿童学的双边活动。为了达到一定的教学目标、完成一定的教学任务，在教学中需要采用一定的教学方法。在音乐教育活动过程中，教师要为学前儿童音乐素质和能力的发展，为达到促进学前儿童全面发展的目的，使用一定的教学指导方法。同时，学前儿童也在教师的启发引导下，在与音乐环境和材料进行对话、交互作用的过程中采用一定的学习方法从而达成学习目标。所以在任何一个教育活动中，教法和学法的关系是辩证统一的。从某种意义上说，教师的教法决定了学前儿童的学法，学前儿童的学法也促进了教师对教法的反思和实践。

（一）教师的教学方法

1. 直观形象的方法

直观形象是一种古老的教学方法，最早由夸美纽斯提出，它是教师的示范和教师演示直观教具的总称。

（1）示范

在学前儿童音乐教育中，教师的示范是必不可少的，无论是歌唱活动、韵律活动、打击乐演奏活动还是音乐欣赏活动，教师的示范都可以帮助学前儿童更好地感受音乐、表现音乐。教师的示范可以为学前儿童提供更加形象、具体、直接的指导，为学前儿童提供榜样和追求的目标。教师在使用示范这种方法的时候，要注意几点：第一，示范者不一定只能是教师，只要教学需要，其他的成人、本班学前儿童或者本园学前儿童都可以成为示范者。例如，在小班《小小蛋儿把门开》的歌曲教学中，教师和班上一个小朋友事先做好准备，教师先教会这个小朋友演唱这首歌曲，等到上课时请这个小朋友身着小鸡的造型服装上台表演。第二，教师的示范应该准确熟练、富有感染力，示范时的站位要考虑到让全班学前儿童都能看见。第三，示范应考虑到学前儿童的年龄特点，注意适度、适时。例如，在歌唱示范时，教师可以适当放慢速度，口形夸张一些，还可以加上动作、图片。另外，动作示范应辅以一定的语言讲解和提示。第四，教师在示范之前要创设问题情境，即教师应该让学前儿童知道观察教师示范的重点是什么、明确示范的目的，并让学前儿童明确应该如何观察示范以及在观察后如何做出反应。在示范结束之后，教师应该及时检查学前儿童是否认真观看了示范，教师的示范是否达到了目的，如果没有达到，教师还需要重新提出要求，并再次进行示范。所以，教师的示范肯定不止一次。

（2）演示直观教具

为了达成教学目标，音乐教学时需要借助相应的图片、实物教具、视频等直观的手段来帮助学前儿童理解音乐所表达的内容和情感。如在韵律教学中，教师通过演示事先制作的图谱帮助学前儿童掌握音乐的结构和节奏；在歌唱教学中，教师通过展示事先制作的和歌曲内容相关的图片，帮助学前儿童理解和记忆歌词。教师在演示的时候应该注意：第一，教师制作的图片应该简单明了，只要能实现教学的目的即可，切忌太过于花哨而喧宾夺主。第二，艺术是相通的，虽然是音乐活动，但是教师选择的图片、视频等仍应具有一定的艺术性、具有美感。

2. 运用语言的教学方法

语言是人类最便捷的交流沟通工具，对于幼儿园的教学活动也是如此，它是教师在教学中最普遍、最基本的一种媒体。运用语言的教学方法包括范围比较广，是讲解、提问、反馈和鼓励等与语言相关的教学方法的总称。

（1）讲解

讲解主要是指在音乐活动中对活动的内容、方法、活动程序和规则进行讲解的一种教学方法。教师的讲解可以帮助学前儿童更好地感受音乐、理解音乐，学习音乐的表达技巧。

（2）提问

为了有效地调动学前儿童的学习自主性，增强师生互动，提问是最常用的一种语言辅助方法。通过提问可以了解学前儿童对某一问题的看法、对音乐的理解和感知，对活动要求是否清楚，对一些技能、技巧是否掌握，等等。为了确保良好的教学效果，活动中的提问应该是教师精心设计的。好的提问可以激发学前儿童观察、思考；不好的提问有时候不仅不能起到启发的作用，反而会束缚学前儿童的思维。所以，教师在使用提问这一教学方法时应注意：第一，教师的问题应具有启发性、开放性，多问一些"开放性的问题"，少提或者尽量不提"封闭式问题"。第二，问题的设计既要考虑到与活动内容、要求相适应，也应考虑学前儿童的知识经验和发展水平，问题宜便于学前儿童记忆、理解和回答。另外，教师可以在活动中灵活调整问题的难度，也可以在一个问题的基础上进行追问，层层引出新问题。

（3）反馈和鼓励

为了让学前儿童及时了解自己的学习情况，及时对自己的行为做出调整，久而久之帮助学前儿童养成自我监控、自我调整的学习习惯，在教学中教师对学前儿童学习的及时反馈是非常重要的。教师在反馈的时候也要注意：第一，教师的反馈要考虑到学前儿童的可接受水平、学前儿童的理解能力，通常在对学前儿童的动作进行反馈时还要和语言相结合。例如，在韵律活动中，教师请小朋友创编一个小象赶蚊子的动作，当一名学前儿童把两手打开放在耳朵旁做上下摆动的动作时，教师除了重复了他的动作外还加入了语言："哦，小象是在用耳朵赶走蚊子！"第二，教师的反馈要积极，带给学前儿童正能量。教师的反馈应和鼓励有效结合。教师的鼓励可以帮助学前儿童保持参与活动的热情，帮助学前儿童对自己的活动做出积极的评价，增加自信。

3. 教师角色的变化

教育部《幼儿园教育指导纲要（试行）》中指出，教师应是学前儿童活动的支持者、合作者和引导者。在一个音乐教育活动中，教师的角色不是固定不变的。变换角色的方法，是指音乐教育中教师运用角色身份的变化对活动进行指导，教师可以以活动参与者的身份和学前儿童一起参与音乐活动，成为"平等中的首席"；也可以根据教学的需要及时转换角色，退出活动，还原教师的角色定位。

（1）教师参与活动

在音乐活动中，教师以和学前儿童平等的身份加入活动。音乐活动中有了教师的参与，一方面教师可以充当小朋友的榜样，为学前儿童的音乐探索和表现提供间接的指导，教师参与活动的态度也会使学前儿童受到感染；另一方面，更能够使学前儿童体验并享受到师生共同活动的自由和乐趣。

（2）教师从活动中退出

在幼儿园的音乐教育活动中，教师的"退出"包含三层含义：一是指教师从"参与"的状态中退出，恢复教师的身份和地位，重新对活动施以影响；二是指教师从心理上"退出"，不在活动进程中占据权威的、中心的地位；三是指教师在活动的空间位置上退出，把中心位置让给学前儿童，以观察者、旁观者的身份对活动进行指导。[①] 例如，我们经常会看到，在韵律活动中，学前儿童在圆圈的空间站位下，当学前儿童对动作不太熟悉时，教师通常站在比较中心的位置，如圆圈的中间；当学前儿童对动作逐渐熟悉时，教师通常从圆圈的中间退出站到圈外。

4. 整体教学法

学前儿童对音乐作品学习、感知的过程是一个整体的审美感知的过程。幼儿园的音乐教育活动应该是一个整体性的过程，所以歌唱教学中不采用分句教学，韵律打击乐和音乐欣赏活动都是在学前儿童对音乐作品进行完整感知欣赏的基础上展开的。这种教学方法的阐述会在后面几章具体的音乐教育中展开，这里不再赘述。

5. 游戏法

爱玩游戏是儿童的天性。通过游戏的方式进行音乐教育，能让学前儿童在玩中收获知识的同时，也能在学习的过程中收获快乐。将游戏这种自由、自发的自然活动引入音乐教育，使学前儿童快乐地在游戏中感知音乐，充分体验学音乐的快乐，是当前幼儿园音乐教育活动的总体趋势。在音乐教育中使用游戏的方法，结合学前阶段儿童好动好玩的天性和具体形象的思维特点，能有效地将学前儿童的学习、生活、玩耍融为一体。例如，教师可以让学前儿童通过游戏的方式感受音乐的流动、旋律的起伏、节奏的跳跃、音色不同速度的变换，同时能够随着音乐的变化做出反应。音乐活动材料的选择或者创编要考虑到生动幽默，动作尽可能夸张一些。设计的游戏应有变化、有新意，让学前儿童觉得每一次玩游戏都有新的挑战从而保持兴趣。

---

① 黄瑾. 学前儿童音乐教育［M］. 武汉：华东师范大学出版社，2011：172.

6．练习法

音乐教育中一些基本的、必要的音乐技能的习得是需要大量系统练习的，所以在教学中运用练习的方法帮助学前儿童巩固歌唱、乐器演奏、跳舞的技能是不可缺少的一种方法。在使用练习法的时候特别要注意的是避免机械重复的练习方式，练习的时候要循序渐进，每一次练习或在难度上提高，或在形式上有变化，这样才能提高学前儿童练习的兴趣和主动性。教师在运用练习法的过程中必须注意以下几点：一是教师要交代清楚练习的目的和要求。二是练习的次数和时间要恰当安排。每次练习的时间不宜安排过长，年龄越小，越要采用分散练习的方法。三是在练习的过程中注意调动学前儿童练习的积极性和创造性。四是练习的方式要多种多样。

俗话说："教无定法，贵在得法。"每一种教学方法都有优有劣，教师要根据教学内容、学前儿童的发展水平，合理、灵活地选择和调整教学方法。在教学过程中也可以多种方法综合运用，这样可以更好地发挥教师的作用。

（二）学前儿童学习的方法

1．模仿学习法

所谓模仿学习法，是指在音乐教育活动中，使学前儿童在观察教师提供的活动范例的基础上，对范例进行模仿，在模仿并且练习的过程中记住音乐作品或者掌握音乐技能的方法。模仿学习能够帮助学前儿童较为迅速地、有效地掌握音乐的基本技能。例如，韵律活动中对动作的学习，打击乐演奏活动中对乐器使用方法的学习和对指挥的学习，歌唱活动中对声音表情的学习，都需要学前儿童对教师示范进行模仿。模仿学习法是学前儿童音乐教育实践中被普遍采用的方法。

2．多通道参与法

所谓多通道参与的方法，是在音乐活动中调动学前儿童的各种感官，如听觉、视觉、运动觉、语言、知觉等，在各种感官共同参与的过程中使学前儿童对音乐的感受和理解更加深刻、全面，能更好地感受和享受音乐的美。

享受音乐并不只是通过耳朵的聆听来完成的，要想将享受的内容变得更加丰富多彩，就需要有多条通道参与音乐的享受过程。加登纳曾针对学前儿童享受音乐这件事做出了描述，他认为学前儿童在听音乐时，不仅仅是在用耳朵听音乐，他们的身体也参与其中，呈现出的状态可能是沉醉入迷的，也可能会跟随音乐的节奏晃动自己的身体，还有可能这两种状态交替呈现。由此可见，学前儿童和成人比起来更具备多通道性。学前儿童在感受艺术的过程中不是只有几个感官的参与，他们还会通过自己的表情、肢体语言以及声音等表达自己所感受到的内容。学前儿童在审美的过程中，其最大的特点就是具有多通道性和联觉性。因此，教师要根据学前儿童的这种特点来设计自己的教学，并且要注意使用"多通道参与"的教学模式，以此来充分调动学前儿童的各项感知觉对教学内容进行感受和学习。

例如，在关于打击乐器演奏的教育教学中，最主要的教学内容是乐器演奏，并且该教学对于学前儿童的节奏感有极高的要求。因此，就需要利用"多通道参与"的教学模式，在教学中展示一些舞蹈动作、节奏图示和指挥动作等，让学前儿童充分把握好节奏，从而获得理想的教学效果。

在现在许多的学前儿童的音乐教育过程中，教师会将音乐教育同舞蹈或美术等其他艺术门类相结合，让学前儿童可以通过不同的感知觉对音乐进行体验，并让学前儿童学会自由地表达自己的感受，在音乐活动中充分地表现自己。

三、学前儿童音乐教育活动实施的途径

（一）集体音乐教育活动

集体音乐教育活动是教师有目的、有计划地对学前儿童进行音乐教育的一种教育活动形式。这类活动是有组织的，可以对学前儿童进行较为系统的音乐知识和技能的教育，深化他们平时在生活中获得的音乐经验。例如，学前儿童平时可能也会唱歌，但是可能不会换气，或者有时咬字吐字不是很清晰、唱的音不准、节奏不对等。在教师专门组织的歌唱教育活动中，学前儿童不但能够掌握歌曲的旋律、歌词，在学唱的过程中还可以学会用声音和面部表情来表现自己对歌曲的理解，还能学会和其他小朋友一起演唱歌曲。在教师专门组织的打击乐演奏活动中，学前儿童除了能够正确掌握打击乐器使用的方法之外，还能学会看指挥演奏，甚至自己学习当小指挥。

在进行集体音乐教育活动之前，教师要分析本班学前儿童音乐发展的水平和能力，根据学前儿童音乐活动的特点，确定本次活动的课题，找出活动的重点和难点，选择合适的方法，设计活动过程。幼儿园集体音乐教育活动的时间，一般来说，小班以 10—15 分钟为宜，中班以 15—20 分钟为宜，大班以 30 分钟以内为宜。

（二）音乐活动和其他领域活动的互相渗透

音乐活动和其他领域活动的互相渗透是隐性的，自然而然、潜移默化地与幼儿园各个领域的教育融为一体。

1. 音乐活动和美术活动的互相渗透

音乐和美术都是艺术，艺术是相通的。美术活动中经常会有音乐活动的渗透，如在音乐想象画中，会让学前儿童在感受音乐的基础上把对音乐的感受通过绘画的形式表现出来。在美术活动中学前儿童创作和表现的环节，教师通常都会播放一些和绘画主题相关的音乐作品，如轻快活泼的《菊次郎的夏天》在美术教学中使用较多。再如在进行生日蛋糕制作的手工活动中，教师准备了几首不同风格的生日歌。这样既可以激发学前儿童的想象和创作，也能使学前儿童的音乐体验和情感表达更加深刻和准确。《菊次郎的夏天》曲谱如下所示：

菊次郎的夏天

〔日〕久石让 曲

1 = D $\frac{2}{4}$

2. 音乐活动和语言活动的互相渗透

语言和音乐在构成要素上有很多共同之处，如节奏、句子、重复和音韵等，两者有异曲同工之处。发展学前儿童的语言表达能力，丰富学前儿童的词汇，培养学前儿童大胆进行口语表达的活动可以自然地结合音乐的某些要素进行有意识的渗透。例如，在诗歌教育活动中，在学前儿童理解诗歌、初步会念诗歌的基础上，让学前儿童随着音乐进行配乐朗诵。还有一些诗歌改编成了学前儿童歌曲，如《春晓》，曲谱如下所示，其旋律优美，朗朗上口。

春晓

（唐）孟浩然 词
汪同贵 曲

1 = G $\frac{3}{8}$

♩ = 108

春眠 不觉 晓， 处处 闻啼 鸟。

夜来 风雨 声， 花落 知多 少。

3. 音乐活动和社会、科学、体育领域活动的互相渗透

音乐最大的特点是以情感人、以情动人。在社会活动中，借助音乐能获得更好的教学效果。例如，在小班社会活动"我的好妈妈"中，教师在活动中穿插了几首和妈妈相关的音乐，如《好妈妈》，帮助学前儿童更好地体会妈妈对我们的爱。而且，有些学前儿童歌曲可以帮助学前儿童掌握一些基础的社会常识，如《称呼歌》可以帮助学前儿童厘清与亲戚的关系，知道如何正确称呼。在数学活动中，教师会教小朋友学习数字歌，借助这样的歌曲帮助学前儿童认识数字。在体育活动中，也经常需要借助一些音乐作品，如在做操的环节需要音乐，在比赛的放松环节教师也会相应地播放一些音乐。《好妈妈》曲谱如下所示：

好妈妈

潘振声 词曲

1=F 2/4

（5 5 6 5 | 3 33 3 0 | 5 33 3 2 | 1 0） | 3 35 2 2 | 1 0 |

我的 好妈 妈，

3 35 6 6 | 5 0 | 23 56 | 32 30 | 56 53 | 2 0 | 3.3 32 |

下班 回到 家， 劳 动了 一 天 多么 辛苦 呀。 妈妈 妈妈

16 5 0 | 3.3 32 | 16 5 0 | 56 12 | 3 — | 5 35 6 6 | 53 2 0 |

快坐 下， 妈妈 妈妈 快坐 下， 请喝 一杯 茶。 让我 亲亲 您 吧，

5 35 6 6 | 53 2 0 | 53 3 2 | 1 — | 3. 5 | 20 20 | 1 0 ‖

让我 亲亲 您 吧， 我的 好妈 妈， 我 的 好妈 妈。

（三）区角活动中的音乐教育

无论是小、中、大班，幼儿园的区角必然有一个是和音乐相关的，在幼儿园最常见的就是小舞台。在小舞台的区域中，教师为学前儿童自发性的、自由的音乐创作活动提供音乐、纱巾、头饰、帽子、小话筒等，让学前儿童在这个区域可以完全按照自己的意愿跟着音乐舞蹈，自娱自乐，享受过程。小舞台下小观众的观看，会让这些"表演者"获得极大的成就感。

（四）庆祝活动中的音乐教育

幼儿园的节日庆祝活动中少不了学前儿童的歌舞表演。节日活动中的音乐活动是为庆

祝节日而组织安排的各类音乐表演和娱乐性活动。在这类音乐活动中，学前儿童担任小主持人，参加音乐节目的表演，这样的大氛围可以使学前儿童充分感受到音乐活动的快乐，也有利于培养学前儿童对音乐稳定而持久的兴趣。

（五）音乐教育在幼儿园一日活动中的渗透

幼儿园的一日生活的许多环节，都应用了音乐。例如，从学前儿童早晨入园，就有音乐相伴；在早操活动中，音乐更是必不可少；在进餐和午睡前、午睡后都会放一些背景音乐。这些生活环节有了音乐的相伴变得更加生动活泼，使学前儿童一天都能有个好心情。将音乐渗透在日常生活之中，是提高学前儿童学习、生活质量的手段之一，音乐教育的价值也得到了充分发挥。

第三章 学前音乐教育的相关原理

几位学前音乐教育者推测在学龄前阶段提供音乐体验具有重要性（比亚西尼、安德烈斯、阿罗诺夫等）。他们认为早期发展是为儿童提供音乐学习机会的最佳时期。例如，安德烈斯等人写道："近年来，人们担心我们很可能忽视了幼儿发展最关键阶段的智力发育是从三岁到五岁。"音乐在这个孩子的生活中扮演什么角色以及孩子的早期经历对塑造他一生的音乐行为有什么影响，已经成为音乐教育者的主要关注点。

相似地，弗雷加写道："音乐教育的过程应该在何时何地开始？应该尽可能早地在学龄前阶段，因为在这个阶段儿童发生的变化是多样性和显著性的。"

然而，这些推测存在一些局限性。其中最大的问题是，没有对支持他们的证据进行任何彻底的调查。事实上，在许多情况下，他们甚至没有引用任何证据来支持这些推测。所以在这种状况下，证据往往很薄弱，而且有些可疑。此外，几乎没有努力将这些推测纳入学前音乐教育的规划中。本章的目的是回顾支持这些推测的研究，检查其对学前音乐教育的影响，并为在学前音乐课程中实施研究结果提出建议。

第一节 学前儿童的发展原理

一、发育神经生物学

大多数研究都是由发育神经生物学领域的研究人员个人完成的。1987 年，格林诺等研究人员已经证明，婴儿期的延长反映了将大量信息整合到大脑中的重要性。据估计，即使在大鼠明显较小的大脑中，在出生后发育的第一个月内，每秒也会在神经细胞之间形成大约 250000 个连接（格林诺，2011）。格林诺等人认为："这些联系，至少是那些连续存在的联系，包括记录在神经回路中的内在和经验信息的组合，是其行为所基于的信息。"对人类大脑生长的研究为早期发育中存在一段神经快速生长时期的理论提供了支持（菲什伯恩，2005）。这些研究表明，人类的大脑不是以线性或成比例的方式生长，而是会出现增长非常迅速的时期和增长非常缓慢且几乎没有变化或没有明显变化的时期。表 3—1 总结了人类大脑生长随年龄增长的脑容量情况。

表 3—1 人类大脑发育总结

阶段	年龄	脑容量/cm³
胎儿	6 个月	600
出生	9 个月	300—500
婴儿	1 岁	600—700
儿童	3 岁	1200
成人	29 岁	1350—1400

这些数字表明，人类的神经发育经历了不同的生长期，其中最快速的增长发生在儿童早期。本杰明·布鲁姆在 1959—1964 年进行的一组关于人类生长发育的稳定性和变化的研究为这一数据提供了支持。在这些研究中，布鲁姆发现 80% 的学习是在 8 岁时获得的，其中 50% 是在 4 岁时获得的。这使他得出结论，4 岁和 5 岁可能是学习的最关键时期。

与神经可塑性或大脑以各种方式改变以补偿环境影响的能力的其他研究结果相比，所有这些研究变得更加有趣。这些研究表明，在神经快速发育时期存在一个"敏感"或"关键"时期，在这个发育阶段，神经结构的发育更依赖于与环境的相互作用（库夫勒、尼科尔斯，1976）。研究还表明，各种类型的经验和与环境的互动可以改变神经系统的表现和策略（罗森维格、克雷奇、班纳特、戴蒙德，1992 年）。这些研究使研究人员相信，"大脑的结构在很大程度上是取决于特定的遗传和发育过程，但神经元之间的互联模式也取决于经验"（坎德尔，1985）。发育神经学家指出，发育的早期代表着有一个"机会之窗"，其中环境经验可以而且将会改变大脑的物理结构，从而导致即时和后续行为的不可避免的变化（贝特森，2009；科尔布、维肖，2020）。有兴趣检验这些假设的研究人员调查了不同类型的环境对各种行为特征的影响。他们发现，感官剥夺对早年的知觉和社会发展有强大的影响。

斯皮茨（1975，1976）比较了在两种环境中长大的婴儿的大脑发育差异，得出的结论是，儿童早期严重的社会和感官剥夺会对以后的发展造成灾难性的后果。很多研究者在后来的研究中也发现了类似的结果。萨拉·穆卡泽尔于 2011 年进行的一项研究发现，不同种类的体验会导致神经结构的物理变化。这项研究揭示了在丰富和贫困环境中饲养的大鼠之间的显著新皮质差异。

除了这些解剖学变化之外，研究人员在许多学习和记忆测试中发现，在良好环境中并伴随音乐而成长的动物往往比恶劣环境中成长的动物表现得更好。如果在早期获得丰富的经验，环境对大脑发育的影响似乎是最显著的。这项研究清楚地表明，敏感时期的异常感觉输入可能会扰乱神经发育。相反，它表明复杂或增强的感官输入可以促进大脑的发育（库夫勒、维肖，1976）。尽管这些研究非常强调环境对神经发育的作用，但毫无疑问，是遗传物质提供了神经系统的基本组织（坎德尔，2005）。

从粗略的行为意义上讲，这种调节机制的作用是对生物体对其环境的反应进行编程，从而使在发育早期经常经历的刺激成为后来最有效的反应。这种对环境影响的反应在人类中最大，在其他哺乳动物中较少，在亚哺乳动物中最少（雅各布森，1998）。

美国学者霍尔（1998）和柯林斯（1997）总结的突触发育理论是，出生后不久大脑的突触数量——脑细胞之间的连接数量急剧增加。霍尔写道："有人认为，幼儿期的经历'塑造'了大量的突触。没有通过早期的反复经历，连接到大脑回路的突触会枯萎消失。在这个关键时期没有刺激体验的儿童可能永远失去机会发展某些技能，例如学习外语或逻辑。"

霍尔还表示："研究表明，突触的产生和密集程度可能因大脑的不同区域而异，这些区域的突触数量在不同的时间达到高峰。""一些关键时期持续到青春期。"这些理论是否适用于音乐发展？问题是，大多数研究都是在动物身上进行的，而不是在成人或儿童身上。因此，很难确定其是否适合于音乐学习和教育。

关于关键期的另一个争论是，在神经系统的发育过程中，是否存在最佳学习时间。发育中的神经系统需要某些环境线索来激活大脑。研究人员布鲁尔（1998）指出，"预期的经验必须在某些发展时期存在，但这些经验都是非常普遍的，可以看到视觉模式、移动和操纵物体的能力、噪声、语音的存在"。但音乐也是如此吗？

《人类大脑与人类学习》（哈特，1983）一书帮助我们理解"传统"教育是如何对抗大脑的。在这篇可读性强，但某些观点可能尖锐的论文中，传统的教育设计可以追溯到普鲁士的军事教育模式，该教育模式由洛厄尔·梅森在美国创立，被欧洲社会所模仿，并被行为科学家令人信服地强化。哈特认为，在动物身上进行人类的研究应用是完全不合适的，军事模式也不适合今天所需的合作训练。只有在真实情况下对真人进行的研究才能为教育改革提供信息。

哈特指出，非常年幼的儿童在从事他们自己感兴趣和选择的活动时会有长时间的参与，并建议学校应该是为这种探索提供安全、丰富环境的地方。这一观察结果也是加登纳（1991）《未受教育的头脑》一书的基础。他在该书中提出，我们的学校学习模式只是破坏了充分理解所必需的直觉学习过程。

哈特论文中的中心理论是支持者理论，该理论认为所有的大脑处理过程都在寻求和存储行为模式。这些模式，形成了复杂和重叠的系统来处理和理解新的信息。似乎所有学习的主要主题都是模式。音乐是声音的模式，围绕着持续时间、音高或两者来组织。早期的音乐教育就集中于对大、小模式的认识和构建。因为正如前面提到的，音乐在符号代码被理解之前，它是理解语言模式的一种完美的预读工具。

二、对学前音乐教育的影响

小孩子是天生的声音修补者。他们从模仿环境中的声音开始，然后通过发明和即兴创作对其进行详细阐述。通过撞击有声物体来探索声音是一个有趣的早期游戏，两岁和三岁的孩子在演奏过程中不断地创作自己的歌曲。当父母、看护人和教师加强这些交流时，他们就会继续蓬勃发展。然而，这种发展行为经常被忽视或劝阻，而不是被详细指导和鼓励。另外一种更危险的情况是，充满了电视声音的空间剥夺了这种自然发展的机会。

还有其他证据表明，音乐学习增加了大脑额叶的能力。额叶是一个涉及利他主义、共情、模式识别、整体理解、同时处理和内心言语的领域（库尔特，1984）。库尔特预测，总有一天，早期教育的大部分学习将"通过音乐来教授"。

将所有这些大脑研究应用到我们对音乐教育的研究中，我们知道音乐对孩子们有很大的激励作用，也是一些孩子留在学校的唯一原因。孩子们倾向于音乐体验、活动和互动，因为它是"天生的"。音乐模式本质很可能与各种学习相互作用，这或许可以解释劳舍尔的研究结果，包括学龄前儿童参与互动和音乐创作的空间智商显著提高（劳舍尔等，1994）。音乐的特征是许多人类知识结构的隐喻，并且从生命之初就可以作为学习的途径。不可否认的是，没有音乐的教育是不完整的，也是站不住脚的。

萨金特（Sergeant，1969）在他的绝对音高研究中认为，开始学习音乐的年龄是孩子发展出绝对音高的关键因素。他发现，越早开始训练的孩子，拥有绝对音高的比例越高。

以上研究对学前音乐教育有很多启示，但迄今为止尚未被学前音乐教育者认真考虑。最明显的就是音乐体验应该在孩子生命的早期就被引入孩子的学习环境中，最好是在进入学校之前。根据上面讨论的研究，孩子6岁之前是大脑发育最关键的时期。表征这一时期的神经可塑性提高了学习环境影响各种行为发展的程度（斯科特等，1994；格林诺等，1997）。这表明，孩子越早沉浸在音乐环境中，这些对他未来的发展影响就越大。

因此，学龄前阶段是开始发展儿童音乐技能的最佳时间。这并不是说在学龄前没有开始音乐训练的孩子永远不会发展出足够的音乐技能。所提议的学龄前阶段代表一般学习模式可以受到儿童参与的教育计划影响的时期。在这个敏感时期尽早接触适当计划的音乐刺激将使儿童发展技能，这些技能对各种音乐行为的发展产生的影响比在随后的几年中可能产生的影响更大。

这项研究对学前音乐教育的另一个重要意义是它强调经验对正常大脑发育的作用。已经有证据表明，在有机体的敏感时期，环境会影响各种神经结构的发育（戴蒙德等，1964；休博尔等，1977；格林诺等，1987），这表明丰富的学龄前学习经验将对成年后的发展产生积极影响。对于学前音乐教育来说，这表明学习经历应该是多样而复杂的，应该让学前儿童体验和尝试众多的音乐刺激。身处这种丰富多彩的音乐环境将对儿童音乐发展产生很大的影响。

从更普遍的角度来看，这项研究支持将音乐纳入学前儿童的教育作为丰富学习环境的手段。这并不是要表明在这种学习环境中音乐技能的发展是次要的，而是正如菲什伯恩所假设的："这并不意味着我们不教授特定的技能，而是将不那么关心结果，更多地关注这些经验对孩子在能力发展方面做出的贡献。"

学龄前时期复杂的音乐体验可能对儿童的全面发展做出重要贡献。就其本质而言，音乐是一项复杂的活动，需要参与者结合各种不同的技能，这可能有助于在学龄前儿童关键时期创造一个丰富而复杂的学习环境。为了讨论音乐可以对这种类型的环境做出什么样的贡献，有必要定义它的一些鲜明特征及其在敏感时期儿童发展中可以发挥的作用。这些特征可以被分为四个方面：感官（包括听觉、视觉和体感）、运动、社会、语言。

三、音乐的感官本质

音乐的显著特征之一是，它是一种感官活动，参与音乐活动需要听觉、视觉，在某些情况下还需要触觉。正如上述对各种研究的回顾所表明的那样，儿童时期存在这些感官技能发展的关键时期。虽然感觉发育的许多方面是由基因决定的，但关键时期的经验可以促进或损害该系统的发展，且取决于它是什么类型的经验。

学前儿童通过许多不同的模式对音乐做出反应。他们唱歌，通过某种方式触摸或吹奏乐器，移动或听音乐，阅读或创建符号，在跳舞时观看和聆听他人，或唱歌或演奏乐器。正如加登纳（Gardner，1983）所说，"由于个人在音乐所能做的事情上有很大不同，可以想象，神经系统可以提供多种机制来执行这些表演。儿童可能会通过不同的媒体和方式与音乐进行初次接触"。

感官输入在儿童发展和学习中的作用越来越受到研究人员的关注。1982 年，温纳（Winner）说："我们生来就有能力感知不同感官模式中感知模式之间的某些联系……出生时所给予的东西说明了跨文化的一致性。"儿童通过视觉、听觉和动觉模式接收信息并与环境互动。很明显，这些模式以不同的速度发展，也许这与神经科学家的发现有关，即突触数量在大脑的不同区域和不同时间达到峰值。

1979 年，巴布（Barbe）和思瓦森（Swassing）发现小学儿童通过听觉方式比视觉方式学到的更多，而通过动觉方式学到的最少。但是随着年龄的增长，方式发生了变化，到六年级时，强弱的等级顺序是视觉、动觉和听觉。根据任务的不同，成人在不同方式之间转换时往往比儿童更灵活。

儿童在音乐活动中体验到的一种感官刺激涉及听觉皮层，这种听觉体验的关键之处在于，孩子听到的不是随机组织的声音。音乐由不同频率和节奏持续时间的音调组成，尽管对这些声音的排列方式几乎没有限制，但在大多数情况下，它们以听众可以轻松理解的模式呈现。根据康德尔（2005）的说法，只有当听觉皮层受到模式化声音的刺激时，听觉皮层才能够启动动作。蒂斯在研究中已经发现，大鼠在运动过程中被剥夺了模式听觉刺激，从而表现出明显的行为缺陷。

由此证明，模式化声音对听觉发育的重要性，说明在儿童成长发育 3—6 岁的关键时期，音乐体验可以在感官系统发展中发挥重要作用。学前音乐课程为儿童提供许多机会来聆听和尝试各种旋律和节奏模式，可以在一定程度上刺激听觉发展。

在音乐活动中也可以体验到视觉刺激，音乐所包含的模式声音可以以各种方式在视觉上表现出来。旋律模式最常见的视觉表示类型是五线谱，也可以用表示音高变化的其他对象直观地表示，还可以使用传统的音符值来表示节奏模式，更可以使用其他对象来表示不同的节奏。无论以何种方式在视觉上表现旋律或节奏模式，都会产生视觉冲击。教师可以引导参与音乐活动的儿童识别各种旋律和节奏模式。此外，儿童不仅可以学习用来表示这些模式的传统持续符号，而且还可以探索发现新的视觉表现方式，这种视觉刺激将有助于加强儿童正在学习或以前已经学习过的听觉模式。

视觉系统与听觉系统一样，已有研究表明显现模式和形式游戏在视觉系统的发展中起着重要作用。冯·桑德研究发现，保持出生时已经存在的视觉皮层细胞的正常反应所需的最重要刺激是"形式视觉"而不是光。英国学者威尔逊、谢尔曼和隆德对动物视觉系统发育的其他研究支持了这一结果，并证实了经验在视觉系统发育中的作用。据推测，学前儿童的音乐经验可能有助于视觉系统发展，如果他们有学习和体验音乐视觉效果的机会，这些音乐体验模式可能发挥重要的作用，值得进一步调查研究。

学者休斯和诺普研究发现体感系统（触觉）是感觉系统的另一个领域，通常用于音乐活动。该系统允许个人通过触摸感知和识别物体。这种触觉是由皮肤中的神经末梢传导的，这些神经末梢充当不均匀分布在整个身体上的触觉感受器，导致某些区域比其他区域更敏感。例如，手指尖比指背更敏感。尽管关于体感系统关键时期的大规模调查并不多，但有一些证据强调经验在该系统开发和维护中的重要性。这些研究表明，体感系统的神经元结构是灵活且对经验敏感的，触觉体验可能会增强该系统的功能。

学前音乐课程可以为触觉操作和体验提供各种机会。这些活动可以包括身体打击乐的体验，如儿童通过跺脚、拍打、鼓掌对音乐做出反应。触觉刺激也可以通过儿童与他人练习体感反应的各种团体活动来实现。与合作伙伴随着歌曲的节拍拍手就是练习这种反应的一个例子。随着学前儿童对音乐的敏感度的发展，他们可以体验到更精细的群体触觉反应。其他触觉操作可能包括对各种有音调和无音调的乐器进行实验，实验可以证明触摸的强度会影响乐器的合成声音。例如，如果用力击打三角形，学前儿童会产生很大的声音，反之如果轻轻敲击，则将是安静的。

研究表明，经验在体感系统的发展中起着重要作用，假设这种经验不仅会促进儿童的音乐发展，而且可能对他们的体感发展做出贡献。虽然这个假设还有待检验，但它代表了音乐和发展心理学的一个有趣的研究领域。

感官学习方式与音乐技能发展的相互作用值得进一步研究，因为音乐家所做的大部分工作都涉及听觉和动觉反应。感官输入是所有年龄段音乐功能的关键部分，后来被音乐思维和判断所改变。因此，对学前儿童的教育应该提供跨语言和感官形式的学习。

四、运动发展

运动发展是音乐活动发挥作用的另一个领域。在测试儿童的节奏能力时，穆格（2006）发现学前儿童倾向于通过运动对音乐刺激做出反应。他发现这些动作出现在大约 6 个月大的时候，并且在 6 岁之前变得越来越精细。这表明运动参与在学龄前水平的音乐体验中的重要性，这也意味着运动技能在学龄前音乐体验中与音乐技能同时发展。

例如，当一个 4 岁的孩子学习随着鼓的节拍稳定地走路时，他也在发展以各种速度平稳移动的能力。类似地，当玩唱歌游戏时，音乐中词组的变化表示方向的变化，他同样正在练习停止、开始和改变方向的技能。演奏乐器不仅让学前儿童有机会发展各种音乐技能，而且能让他发展手眼协调能力和越来越精确精细的运动技能。唱歌为学前儿童提供了发展和完善对发声机制控制能力的机会。这些仅代表音乐学习在运动发展中可以发挥的作用的几个例子。

霍尔和佩尔穆特研究发现运动技能的发展在一定程度上是神经肌肉系统的成熟，这是基因预先确定的并且在出生时就存在。尽管无论儿童的养育环境如何，运动发展都有普遍的特征；但很明显，经验也会影响运动技能的发展。例如，在缺乏社交和身体刺激的环境中，运动技能的发展似乎严重滞后。丹尼斯认为，虽然运动发育可能只需要正常的自发活动自由，但一些环境因素有能力促进运动技能发展，而另一些则可以延迟运动技能发展。在关键时期，音乐环境可以有效地促进各种运动技能的发展。

五、音乐的社会性

我们可以通过观察减少音乐学习的结果，以确定在学校中消除音乐情感表达的后果。美国纽约市有着悠久的非音乐学校历史，从四五十年前开始，包括音乐在内的艺术项目在小学被取消了。不管质量如何，很少有公立学校继续任何音乐教育。这一结果在成年人中体现得越来越明显，他们必须找到其他方式来表达情感，其中许多是暴力和破坏性的。人们的生活意义感不断贬值，包括自我价值感，这导致了家庭的毁灭、社区意识的丧失、很多学生退学。至于标准化考试成绩，即使是那些留在学校的学生，也远远低于全国平均水平，通往更高层次思考的大门已经被关闭。类似的故事也发生在美国加利佛利亚州，该地以牺牲教育支持为代价削减了州税，许多公立学校的音乐和艺术项目都被取消了。决策者们正在试图找出为什么该州的阅读分数在 50 个州中排名第 49 位，尽管他们一直在尝试创新的策略。美国的这两个例子只是已经发生的事情的模型，但类似的事可能继续在世界范围内发生。

教育决策者一直在努力寻找一个"新的解决方案"，而显而易见的解决方案是恢复音乐和其他艺术项目在儿童的生活和教育中的重要地位。也许，下一代会更加重视自己和彼此，并有办法通过对所有人都用很自然的情感体验来工作。儿童学习的音乐和艺术，不是附加的，不是装饰的，也不是课外活动，它们是必不可少的，它们是学习的中心，它们提供了动力，它们提供了通往更高层次的思考、理解和学习过程的途径。

关于贫困和富裕环境对儿童发展影响的研究也得出了社会互动重要性的结论。这些研究表明在儿童时期与他人的社会互动对正常发育至关重要。这些研究中最著名的一项研究是由哈洛于 1999 年进行的。在利用猴子建立人类社会剥夺的实验模型中，研究人员发现，在猴子被剥夺 6 个月至 1 岁的社交活动后，猴子遭受了毁灭性的行为影响和身体健康影响。他们还发现，社会孤立如果发生在 6 个月至 1 岁的关键时期，猴子会产生持续和严重的行为改变，而这之后的社交剥夺对行为变化几乎没有影响。

鉴于音乐的社会性质，在儿童的关键时期提供的音乐活动可能会影响儿童的社会发展。在大多数情况下，参与音乐活动需要作为团队成员的一部分进行合作完成任务，这种参与能促进儿童之间的社会交流，这可能对儿童正常社会行为的发展做出重要贡献（麦克唐纳、西蒙斯，1989）。在研究这种类型的音乐体验对弱势儿童行为的影响时，福斯特（1995）观察到：音乐对个人和团体都有整合的力量。音乐活动中，内向的儿童往往放松警惕，更愿意与其他人一起参与；而充满敌意的儿童似乎不那么咄咄逼人，每个人都被帮助成为团体的贡献者。这是一项任务，其中所有人都可以互相合作并产生愉悦的情感。

六、语言的发展

学前音乐教育的最后一个意义可以在对幼儿语言发展的研究中找到。这些研究表明，学龄前就存在的技能，如果不加以练习和发展，这些技能实际上会消失。例如，非常年幼的孩子对所有人类语言的声学差异都很敏感，包括在他们的母语中没有使用的那些语音差异。日本成年人无法区分"r"和"I"的声音，日本婴儿却可以很好地发出这两个音。然而，随着孩子的成熟，这种能力会迅速弱化。艾马斯（1985）认为这种衰退有一个神经基础，如果在关键时期练习这种技能就不会发生衰退。乔姆斯基（1987）指出，无论孩子第一次听到什么语言，都有一套相同的深层结构规则可用于转换为几乎任何其他语言。休斯、诺普（1985）建议，学龄前是儿童可能学习无数语言的时期，而这种能力在5岁后急剧下降。

音乐体验可以让儿童有机会练习和完善各种语言技能，因为许多活动都强调口头交流。使用来自各种语言的词语、声音的歌曲或活动可以让儿童提高他们区分声音和语音的能力，还可以鼓励儿童以各种方式尝试发出这些声音，并使用它们来创作自己的作品。这些活动可以让儿童不仅有机会练习重要的语言技能，还可以通过各种声音和文字游戏、押韵和儿歌来刺激一般的语言和词汇的发展。

在格雷厄姆对音乐和幼儿语言学习的研究中，可以找到对学龄前教育应使用音乐的其他支持。他的研究结果表明，当所教授的歌曲被用作语言互动的手段时，歌曲中使用的句型和词汇就成为学习者生产性语言系统的一部分。这些经历让儿童有机会在愉快和轻松的氛围中发展和扩大他们的词汇量。与其他关于对语言习得影响的研究结果相比，这一点的重要性是显而易见的。研究表明，如果儿童在关键时期被剥夺了正常的社交和体验语言刺激，语言的发展将严重迟缓（弗洛姆金等，2014）。反之，如果在此期间为儿童提供此类刺激，则会促进语言发展。

最后，科尔布和威肖指出正常的语言技能发展取决于感觉统合和符号联想、运动技能、习得的句法模式和语言记忆的相互复杂作用。有人提出，音乐需要整合这些技能，这代表了音乐体验不仅是影响音乐的另一种方式，而且有助于儿童在成长关键时期的全面发展。

这表明随着音乐的描述和表现技能的发展，大脑的神经网络发育可能对其他功能领域普遍有益。尽管这一结论是理论上的，但它已被科学界测试、复制并接受。因此，它是一个可检验的理论，通过研究早期音乐体验对儿童感官、运动、社交和语言技能的影响，能为这种假设提供支持。

第二节 学前音乐教育理论

学龄前代表了一个重要的发展时期，儿童的知识会在这一时期快速增长。学龄前这几年可称为影响某些技能发展的"机会之窗"。

本节旨在探讨这一理念对学前音乐教育课程选择的价值。通过对皮亚杰学习理论的讨论，为幼儿的学习提供全面而翔实的理论支撑；同时探索一些音乐的特点，因为它们与学龄前儿童的学习和发展有关。

一、皮亚杰的认知发展理论

也许教育工作者最感兴趣和最困惑的问题是人类如何学习和发展，以及如何帮助儿童优化学习过程。许多学习理论被提出来帮助教育者更好地理解这个过程，并为研究人员开辟了新的研究领域。瑞士生物学家、心理学家皮亚杰研究了整个瑞士淡水栖息地中软体动物的发育。通过广泛的观察皮亚杰发现软体动物的连续世代发生了结构变化，这归因于环境适应。这些观察使他得出结论，生物发育不仅是遗传和成熟的结果，也是环境变量的结果。皮亚杰因此假设生物发育是一个适应环境的过程，不能仅用成熟和遗传来解释（沃兹沃思，2004）。这些结论回答了皮亚杰关于软体动物生物学方面的许多问题，并提出了关于人类学习的生物学基础的新问题。皮亚杰猜想认知发展是生物适应环境的智力对应物，随着人类在生物学上适应环境，他们也在智力上发展（沃兹沃思，2004）。皮亚杰因此产生了对心理学和认识论（知识研究）的兴趣，积极探索人类从出生到成年的认知发展的个体变化。

皮亚杰认知理论的基本原则之一是，所有生物体都是通过与环境的相互作用而发展的，而这种相互作用是通过同化和适应的双重过程产生的。同化涉及将自我和世界整合为一个整体中有意义的部分的模式，以降低复杂性的趋势；适应涉及在感知到的环境需求中解释新体验的倾向。皮亚杰认为，这种在生物发展中占主导地位的趋势在智力发展中也发挥了重要作用。生命是不断创造出越来越复杂的形式，并逐渐平衡这些形式与环境之间关系的过程；智能是生物的一部分；因此，适应性是假设它本质上是一个组织，它的功能就是像有机体构建其直接环境一样构建宇宙（皮亚杰，1952）。

基于这一前提，皮亚杰认为个体不能被赋予知识，而是通过同化和适应的过程，在一个适当的环境中获得知识，并不是匆忙或强迫地学习。皮亚杰观察到儿童以两种不同的方式进行组织和适应。首先，他观察到将感知的新数据同化到已经存在的认知结构中的趋势。也就是说，当儿童发现新事物时，他会尝试将其融入他已经知道的事物中。正如皮亚杰所写，事实上没有任何行为，即使对个人来说是新的，也不会构成绝对的开始；它总是嫁接到以前的经验中，因此相当于将新的元素吸收到已经构建的结构中。

皮亚杰还发现儿童会调整认知结构以适应来自环境的新信息，并将其与之前处理过的数据或经验联系起来，从而创造出新颖且日益复杂的认知。

皮亚杰将这两个过程称为同化和适应。并断言，当个体在它们之间保持平衡时，就会获得认知结构。这是皮亚杰理论中的一个核心概念，他认为没有它就无法实现智力发展。他写道："一般来说，同化和适应之间的这种渐进平衡是认知发展的一个基本过程中的一个例子。"

皮亚杰认为，这种对秩序和平衡的天生渴望提供了通过一系列认知发展阶段来取得进步的动力，每个连续的阶段都代表更高水平的智力功能。他发现每个人的这些阶段都会合并在一起并按顺序进行，但它们会在不同的时间到达后续阶段，时间点具体取决于文化背景、增长速度和经验（霍尔，1982）。他还强调，这些阶段以固定的先后顺序出现，每一个阶段都是下一个阶段的必要先决条件。在提出认知发展的阶段时，皮亚杰并不是说智力发展是一系列不连贯的步骤，而是说它会以累积的方式进步，每一个新步骤都与以前的步骤相结合。他说："一般来说，应该强调的是不同阶段特征的行为模式不会以线性方式相互继承（某一阶段的行为模式在下一个阶段的行为模式形成时消失），而是金字塔层的方式（直立或倒置），新的行为模式只是简单地添加到旧的行为模式中来完成、纠正或与它们结合。"

皮亚杰的"认知发展阶段"可以大致可以分为以下几个阶段：

（1）感知运动期（0—2 岁）

在此期间，行为主要是运动。尽管可以观察到认知在发展，但这个阶段的孩子还没有概念思维。

（2）前运算期（2—7 岁）

这一时期的特点是孩子的语言能力快速发展。

（3）具体运算期（7—11 岁）

这一时期的特点是孩子能够将逻辑思维应用于具体问题。

（4）形式运算期（11—15 岁）

在此期间，孩子的认知结构达到最高水平，他们能够将逻辑应用于所有类别的问题中。

这些阶段总是以相同的顺序出现。生物成熟为认知结构的可能构建开辟了道路，主题仍然是根据环境中的经验来实现构建。皮亚杰认为每个认知阶段进展的速度具有以下特点：在考虑阶段的连续性时，我们可以很容易地观察到平均年龄的加速或延迟取决于特定的环境（即被迫参与的活动或自发体验、教育或文化环境的丰富或缺乏），但发展顺序将保持不变。

可以发现，儿童发展到某个阶段的行为代表的实际年龄不是固定的。皮亚杰总结的年龄是规范性的，但仅说明可预见的儿童不同阶段特征的智力行为的时间。他还强调，年龄阶段会因个人经历和他的遗传潜力而异，各个阶段的进展不是自动的。皮亚杰阶段理论唯一"确定"的方面是每个儿童都必须以相同的顺序经历认知发展阶段。

除了这些阶段之外，皮亚杰还提出了影响认知发展过程的其他四个因素：成熟、实践经验、社会互动、平衡的一般进展。他将这些因素中的每一个及其相互作用的关系视为认知发展的必要条件。但他强调，仅靠它们不足以确保认知良好发展。发展阶段之内和之间的运动是这些因素及其作用的函数。

1. 成熟过程

皮亚杰认为神经系统和内分泌系统的成熟过程是认知发展的重要因素。

他相信，虽然这些系统的成熟为个人提供了智力发展的必要结构，但其本身并不完全决定发展。相反，他认为这两个因素主要是为智力功能的发展提供可能性，智力功能还需要通过功能锻炼和经验或行动来加强。他认为，没有"天生的想法"，甚至逻辑也不是天生的，只会产生渐进的表观遗传结构。因此，成熟的影响主要为能力发展开辟新的可能性。也就是说，可以访问在这些之前无法进化的结构。但是在可能和实现之间必须有一系列其他因素，例如锻炼、经验和社会互动。

2. 实践和经验

根据皮亚杰的说法，实践和经验是认知发展的另一个因素。他认为，知识不是现实的复制品。了解一个对象、一个事件，并不是简单地观察它并在脑海中复制或想象它，而是采取行动。"知"就是"摸"，即对对象施加动作，并从动作及相互关系中获得经验，从而理解对象。这就是知识的本质：这是一个改变知识对象的内化行为。

皮亚杰认为，有两种不同类型的经验有助于认知发展。第一种是运动，他认为运动是对物体施加的某种动作。皮亚杰强调，这种类型的锻炼并不一定意味着会增加对外部环境的认识。相反，他认为这与某种物质的发展有更多的关系，这些将用于之后的学习认知体系。皮亚杰讨论的第二种行为是经验，他进一步将其分为物理体验和数学逻辑体验。他将物理体验定义为通过简单的抽象过程从物体中提取信息。他强调，身体体验不仅仅是简单地记录现象，而且是一系列行为，这些行为可以更直观地发展思维技能，特别是逻辑思维。

尽管皮亚杰认为仅是运动和经验并不是智力发展的充分条件，但他非常重视行为在环境内和环境中的作用，他相信学习从来都不是被动的，并且"为了解对象，主体必须对它们采取行动并因此改变它们：他必须置换、连接、组合、分解和重新组装它们"。他认为，增强认知发展是主体和客体在环境中积极互动的自然结果。

3. 社会互动

皮亚杰认为，个体之间的社会互动也是认知发展的一个基本因素。皮亚杰定义了两种类型的社会互动：一是可以被看到听到和说话等社会互动；二是没有明显指涉对象的社会互动。例如，"树"的概念有物理所指；然而，"诚实"的概念并非如此。由于"树"的概念有物理参照物，因此大多数孩子可以相对独立地了解该概念。然而，像"诚实"这样的概念不能独立发展，因为它是社会定义。因此，儿童依赖社会互动来形成和验证他对"诚实"的概念。

皮亚杰认为，社会互动是认知发展的一个因素，个人对它的付出与他从中获得的一样多。皮亚杰强调，只有当孩子能够将认知对象吸收到已经存在的认知结构中时，社会互动才能成为认知发展中引人注目的因素。

他进一步断言，通过社会互动学到的东西只有在引起儿童积极构建或再创造时才能被有效吸收。他还认为，当社会互动具有建设性时，如果孩子们能够吸收在这种社会环境中的经验，学习和认知发展就可以加速。相反，当社交互动受到限制或忽略时，认知发展可能会受到抑制。

4. 平衡化

皮亚杰提出，有一个内部调节系统，具有协调成熟、经验和社会互动的作用。他写道："如果发展取决于内部因素（成熟）和外部因素（物理和社会），则内部和外部因素的相互平衡是不言而喻的。在每个部分构建和一个阶段到下一个阶段的转换时，都可以观察到这一机制，这是一个平衡的过程，即自我调节。"

这种自我调节系统是皮亚杰认知发展理论中的学习动机。皮亚杰认为，通过成熟、经验和社会互动，形成了认知发展所必需的结构。通过这一机制，新结构的出现使个人能够在他的环境中解释"现实"。这种增强的理解造成了认知不平衡，这是当前感知的现实与先前在认知结构中形成的现实观之间的差异。皮亚杰认为，人类天生需要秩序和组织，因此会在自身与外部现实之间寻求平衡。平衡是每个新认知结构都存在的内在机制，这种机制的发展代表了儿童试图理解新信息的外部干扰。这种调整的最终结果是某种程度的认知发展，它既可以追溯又可以预见未来的发展。

二、环境理论

关于什么样的"丰富的环境"可以促进学习的争论已经讨论了很长时间。根据皮亚杰的说法，加登纳（1983）和布鲁纳（1966）都提出了理论，认为环境可变性可能会影响思维，而不仅仅是提供"阻力"。伊利诺伊大学的格林诺的研究声称，在复杂环境中饲养的老鼠比生活在家里笼子里的老鼠大脑长出更多的突触（伊尔，1998）。

还有几种教育方法是基于丰富的环境理论提出的。蒙台梭利（1964）认为，让儿童在两个人和一个有准备的环境中学习，会促进其自学。她与同事马切罗尼（Maccheroni）一起规划了音乐课程，并设计了一套装着不同物质的圆柱形"声音"盒，以及一套让儿童按照全音阶顺序排列的铃铛，一套按照半音阶顺序排列的铃铛。卡拉波锥（1971）设计了充满听觉和视觉音乐符号的音乐教室。她认为"即使是那些被皮亚杰的作品所吸引的音乐教育者，在很大程度上也忽视了孩子通过感观运动体验来认知他所处的音乐环境的重要性"。幼儿园音乐教育的理念是通过培养教师来教学前儿童，使其获得结合运动、视觉图像和音乐材料的经验。

三、父母的影响因素

社会学和心理学文献揭示了父母和家庭可能是孩子生活中兴趣和态度发展的最重要的决定因素。在孩子的世界中，对音乐教育的兴趣和态度的发展，学校只是其中的一个影响因素。莱科克和门罗指出，每个孩子都有四位老师：

①家庭教师（父母、兄弟姐妹、其他亲属或看护者）。

②玩伴教师（同龄人、同学、亲密的朋友）。

③学校教师（幼儿园、小学、初中、高中教师）。

④社区教师（社会团体、男孩和女孩俱乐部、培训机构、大众媒体）。

孩子的第一批教师是他的"家庭教师"，孩子很可能会体现出这些"教师"对音乐教育的兴趣和态度。当一个孩子进入学校时，他已有兴趣和现成的态度，这可能会影响他的后续发展。

因此，音乐教育存在于社会框架中，在这个框架中，父母对音乐兴趣的培养可能起着最强的影响作用。因为父母的态度会对孩子的学习兴趣产生影响。音乐教育者应该认识到父母在很大程度上决定孩子是否可以发展音乐兴趣和活动，如果父母认为音乐教育在学校课程中并不重要，那么可能在孩子身上造成一定的学科缺陷。

父母在儿童早期发展中的重要作用已通过常识和研究得到证明。目前，由于有很大比例的父母外出工作，将年幼的孩子托付给他人，因此寻找训练有素的优质护理人员已成为一个关键问题。父母本能地使用音乐元素来培养婴儿的语言习惯，他们倾向于在出生后不久就对婴儿说话和唱歌，通常是"婴儿语"或"母语"。帕普塞克（1996）将这种语言形式标记为"婴儿导向的语言"。她引用了两项较早的研究来描述这种家长说话："他们提高了平均音调，并在对不会说话的婴儿说话时，将语音频率范围从七个半音扩展到两个八度。他们放慢说话的节奏，延长停顿时间，说得更有节奏，用简短的、分段式的短语。"理论认为"婴儿导向语言中的旋律轮廓可能还会影响婴儿行为情绪状态，增强幼儿园游戏的吸引力，并特别支持音乐性的发展"。

什么样的音乐适合婴幼儿？1998年，美国佐治亚州州长泽尔·米勒和美国国家录音艺术与科学学院基金会，开始向新生儿的父母分发古典音乐的磁带或光盘。这些项目的前提是听古典音乐"会刺激大脑的早期发育"。1996年，普塞克引用了特雷胡布的理论，即"听音乐的体验应该类似于婴幼儿在自然情况下更经常听到的声音，即在指导婴幼儿的讲话或幼儿歌曲中出现的年轻女性或儿童的声音"。然而，普塞克强调照顾者提供的音乐教学方面，作为对婴幼儿的反馈，应取决于婴儿的兴趣和注意力，并且易于被婴幼儿概念化、预测和控制，不能被再现的音乐充分取代。

四、对学前音乐教育的启示

皮亚杰学习理论的基本前提是，智力发展涉及认知体系的发展，这些体系既不是外部对象的简单复制，也不是主体内部体系的展开。这些体系是通过主体与环境之间的持续动态互动逐步构建的。必须思考的问题是：这种认知发展的理解对学前音乐教育有什么影响？也许可以通过检查其与早期音乐体验中最常见的基本音乐元素的相关性来最有效地回答（比亚西尼，1970；安德烈斯，1980；奈，1993；萨姆斯，2008）。其中包括：音乐的象征性；音乐的表现性；音乐的创造性；音乐的社会性。

1. 音乐的象征性

音乐是通过模式化地组合音高和节奏使听众听到有意义的声音。五线谱符号是从外部派生出来的，用五线谱来表示音高和节奏。五线谱符号不仅能够增加从中提取意义的个体的数量，也为表演提供了便利。正如加登纳所指出的那样，"无论世界文化发展到哪里，尽管各国作曲家可能彼此无法理解对方的语言，但是全世界都能够理解和认识音乐符号，尽管这些音乐思想可能起源于南斯拉夫、阿根廷、瑞典、美国或中国的作曲家"。

然而，音乐思想不需要五线谱作为符号来表示，因为音乐具有独特的品质，允许个人对声音进行处理，并将其塑造成对他们有意义的实体。由于与音乐相关的符号可以采取多种形式，因此产生的想法可以以多种方式表现出来。当孩子们试图从他们的音乐体验中得出一个有意义的模式，他们可以跳舞或运动、绘画、编造故事并将它们表演出来。这样的音乐体验让孩子们能够在自己的理解水平上扮演作曲家、演奏家、翻译家和评论家的角色。

皮亚杰指出，为了更好理解，我们必须发明一些方法来象征性地表现我们的经验。亚美利科尔·比亚西尼（Americole Biasini）支持皮亚杰理论的这一方面，他写道："记谱法不是音乐的特征，当然也不是掌握音乐本质、创造性思维或产生和表达音乐思想所需的。在使用这些符号时，儿童必须起带头作用。当他觉得有需要时，他会创造自己的描述模式和编码装置。"

由于学前儿童没有认知结构来帮助他们理解五线谱的复杂性，因此，在学前儿童学习音乐的过程中，让他们有机会以这种方式体验音乐将是一种有效的方式，可以激发他们的音乐思维和活动。因此，音乐的象征性质不仅可以为音乐思想的早期表达提供载体，而且还可以让儿童获得某种形式的经验的象征表征来促进认知发展。皮亚杰认为，通过象征表征来交流思想的能力表明学前儿童的智商发生了巨大的变化。

2. 音乐的表现性

幼儿很难用传统的语言来表达音乐，在回应音乐时，他们用动作和手势来展示音乐是如何流动的。他们发明了以动作为基础的线条和图画，来表示旋律轮廓和节奏。1982年，班贝格研究了音乐的表现形式。他要求孩子们在纸上写下一首童谣的拍手节奏，发现4岁和5岁的孩子发明了符号，试图复制拍手动作；6岁和7岁的孩子能画出每个鼓掌的图形；许多年龄较大的孩子会按节拍将拍子进行分组。

1988年，戴维森和斯克里普发现4岁和5岁的孩子能画"动作"绘画，而7岁的孩子则开始发明使用动作的形象的、象征性的绘画，绘制轮廓和有节奏的形状表现形式。1993

年，海尔发现了类似的现象。戴维森和斯克里普发现未经训练的 8 岁孩子画的符号看起来像 12 岁、16 岁和 20 岁的孩子画的。他们说："与记谱技巧一样，歌曲演唱技巧的发展轨迹在 8 岁左右就会下降，除非进行训练。"

通过独特而复杂的声音组合，音乐可以传达出无数的思想和情感。这些声音可以被不同年龄和音乐训练水平的个人组织起来，以表达众多不同的图像。皮亚杰认为，表达的需要是学前儿童的一个重要特征。音乐的这种表达性质为学前儿童提供了一种塑造和提炼表达的工具，这种向外表达他们内在理解的能力可以帮助学前儿童完善他们与环境和其中的人的互动。皮亚杰在他的认知发展理论中强调，随着儿童在环境中的经历变得越来越复杂，他们的认知结构也变得越来越复杂。他还强调，这种复杂的互动是儿童认知发展的关键。

让学前儿童用音乐表达自己，他们的认知结构变得越来越复杂，这反过来又加快了智力发展的速度。

音乐的表现力也可以在其他方面促进认知能力的发展。例如，当学前儿童被鼓励在他们的学习环境中尝试音乐时，他们就有机会表达和洞察关于他们自己和他们周围环境的各种情感和感知。大卫·斯旺威克（David Swanwick）认为，音乐是理解世界和体验世界的一种方式，它是一种了解情感的方式，儿童会通过感觉来了解。皮亚杰把这种复杂的知觉背景称为自我中心性的减少。他进一步强调，这种自我中心性的减少使孩子们能够在不同的、更高的水平上与他们的同龄人进行互动，进一步加快了认知发展的速度。

让学前儿童有机会对音乐的表现元素做出身体上的反应，也可能在智力和身体上刺激他们。事实上，皮亚杰的理论没有留下质疑通过活动或锻炼来学习的价值的余地。他认为人类的知识本质上是活跃的，对音乐的表现力做出反应，并在身体和情感上对这种表达做出反应的过程，构成了一定程度的认知发展。

3. 音乐的创造性

世界各地的人们根据文化和社会习俗创作音乐。1973 年，学者布莱金讨论了我们创造的声音如何反过来创造和塑造我们。儿童对音乐风格的偏好受到他们的社会和文化环境的影响，而这些偏好会影响儿童的学习动机。1991 年，勒比昂在他对偏好研究的回顾中指出，音乐风格的偏好会随着年龄而波动。他将年幼的孩子（最多 8 岁）描述为"睁着耳朵"，因为他们喜欢听各种各样的音乐风格；在青春期，人们喜欢的风格数量下降，流行音乐更受欢迎；在成年早期，随着偏好范围的扩大，会出现"睁耳反弹"；而在老年时，偏好范围又会再次变窄。在为儿童设计音乐任务时，教师和研究人员应该对音乐偏好保持敏感。

皮亚杰坚持认为，学习的动机来自一种天生的想要了解环境的好奇心。他还指出，儿童不能通过复制他人的现实来获得知识，相反，他们的动机是通过与环境的创造性互动来发展自己的现实内在愿望。学前儿童在发展新的和更复杂的认知结构时，不断地在他们的环境中创造（皮亚杰，1974）。在语言快速习得的这段时间里，他们在创造新词和重新定义旧词的过程中对词汇进行实验。学前儿童发展出形成或代表事件的心理图像的扩展能力（沃兹沃思，1984），并且开始创造和操纵真实事物的精神替代品。音乐声音编排的多种可能性可以为学前儿童提供一种有效的工具，帮助他们探索这些创造性的冲动。

通过音乐，创造力可以作为认知结构的工具而得到发展，因为音乐活动是充满创造的行动。比亚西尼讨论了音乐的这种宝贵品质，他写道："在音乐课堂中，孩子可以把自己看作是富有创造力的音乐家，亲自体验、解释和发现艺术。"皮亚杰强调，为了真正获得知识，孩子们必须在他们所处的环境中进行探索和创造。如果信息总是口头强加给他们，他们就不会把它内化。音乐的创造性本质为这种探索和学习提供了理想的工具，因为适当规划的音乐体验可以为孩子们提供探索和拓展创造力的基本工具。皮亚杰认为，这种性质的创造性探索会对幼儿的认知发展做出重大贡献。

4. 音乐的社会性

研究表明，音乐体验的社会性可以为学前儿童的一般发展和音乐发展做出重要贡献。事实上，参与课堂音乐活动几乎总是需要社会互动，它们通常涉及互动群体的参与。通过参与各种音乐活动，学前儿童可以发展合作技能、分享意识、培养耐心，尊重他人的权利和意见，理解团队领导和"追随"的必要性，以及普遍减少自我中心，从而加快认知发展的速度。

参与音乐活动需要锻炼和使用社交互动。第一种社交互动通常出现在集体音乐体验中。例如，语言互动通常在学前音乐体验中扮演重要角色，包括教师儿童之间的互动和儿童之间的互动。这些互动通常涉及交流关于音乐的想法以及应该如何表演以传达一些想法或感受。第二种社交互动经常出现在音乐活动中，鼓励儿童学习的耐心、尊重和合作等没有明显参照物的技能。

皮亚杰断言，通过社会互动所学到的东西，只有当它引起儿童的主动建构或再发明时，才能被有效模仿。这种再发明可以从早期的音乐经验中分离出来，因此对学前儿童的一般认知发展有影响。

皮亚杰认为学习是与环境相互作用的结果，环境越复杂越丰富，这种相互作用就越重要。要合理规划音乐体验的作用，与感觉、运动、语言和社会技能发展的影响因素相结合。基于本章的讨论，这样的体验也可能有助于学前儿童的认知成长，它们可以让儿童通过符号表征来探索意义，以有意义的方式表达自己的思想和情感，创造新的思维和表达方式，发展认知能力中重要的社会互动技能。皮亚杰认为，这种复杂的学习经历会对学前儿童的认知发展产生重大影响。

五、学前音乐教育哲学

学前音乐教育的哲学这一思想为学前音乐教育的工作提供了部分基础。这种哲学指的是一种基本信念体系，它构成了音乐事业在音乐环境中运作的基础。有了这些基本信念，就可以形成一种适合学前儿童的音乐教育哲学。

有人提出，在学前儿童的教育中，音乐可以有效地促进认知发展。根据皮亚杰的学习理论，音乐体验不仅仅是唱歌和跳舞。学前音乐课程应该体现一种动手的、体验式的音乐探索方法，而不是人为地将想法和曲目强加给儿童。这种方法将为儿童提供学习、探索、发现和判断他们终生使用和享受音乐的方式的机会。事实上，一个强调过程的计划似乎很可能是鼓励他们在生命的早期就学会"音乐式"思考。

基于上述讨论，笔者认为，如果学前音乐课程能鼓励儿童发展重要的社交技能，使其从环境中获得意义，表达他们的想法和感受，并通过音乐创造新的意义，那么这就不仅是一种积极的音乐体验，而且可以促进他们的认知发展。如果音乐是强加给儿童的，它就不会成为他们的一部分，他们也不会像亲自发现并体验音乐那样将其内在价值内化。让学前儿童在体验音乐的过程中成长和发展，可以帮助他们培养对音乐过程的热爱和理解，这可能会贯穿他们的一生。

为学前儿童提供这种体验是学前音乐教育哲学的根源。因此，指导原则必须是引导儿童的音乐体验，而不是按照期望预先设想，由此产生的环境不仅可以丰富儿童的音乐学习，还可以促进儿童的整体智力的增长。当学前儿童的音乐体验被学术一致性的力量扼杀时，当音乐概念被口头强加时，这种环境可能会抑制音乐能力和智力的成长。

第三节　儿童的音乐发展

在过去的 50 年里，人们对学前儿童音乐发展的系统研究越来越感兴趣。从最广泛的角度来看，儿童音乐发展领域的研究试图提供有关获得音乐能力的信息。更具体地说，它致力于确定哪些因素影响这种发展，以及哪些音乐行为是特定年龄或生命阶段的特征。本节将概述这一研究基础，它涉及 3—6 岁儿童，被开发的音乐发展领域包括听力技能、歌唱能力、节奏和动作、创造力。

一、音乐的发展进程

许多研究人员发现，早期的音乐发展似乎不稳定、灵活且易于训练。1989 年，戴维森和斯克里普研究了音乐发展和训练之间的相互作用。他们表示："与'自然'发展序列类似，训练将音乐思维的新水平催化为日益复杂的技能。在认知发展方法中，随着发展的减弱，训练开始领先。"根据加登纳的说法，音乐能力似乎是从幼儿期到大约 7 岁渐进式发展，到八九岁时，它会变得稳定。因此，这些研究人员似乎一致认为，八九岁后，音乐发展取决于训练（例如，未受过训练的儿童和未受过训练的成年人在某些任务上表现相似）。

哈格里夫斯（1986）提出，加登纳认为学前儿童对文字、图画、虚构和其他符号的掌握和使用是童年早期的主要发展事件，对艺术过程的发展起着决定性作用。他认为，"到 7 岁时，大多数孩子……或多或少是艺术过程中的完全参与者，8 岁以后的艺术发展涉及技能发展、认知能力、批判能力和自我意识的进一步发展"。

这些理论强调了早期音乐训练的重要性，且似乎认为这对应着提高音乐能力的关键时期，但需要更多的实证研究来证明这些理论。

哈格里夫斯（1996）比较了帕森斯和加登纳的不同观点，帕森斯提出阶段适用于所有艺术形式（可能与一般认知发展有关）。也就是说，随着年龄的增长，艺术思维会发生一定的变化。加登纳提出，音乐发展是特定领域的，具有特定的技能和技术，适用于特定的技能和技巧。哈格里夫斯的观点是，帕森斯和加登纳的立场是可以调和的。他说："音乐发展的特定媒介方面显然是存在的。最值得注意的是，在技能和专业知识水平很高的情况下，仍然有可能描绘出艺术发展过程中的一般特征，这些特征确实存在于各个领域，并随着年龄的增长而呈现出规律性的变化。"

哈格里夫斯1996年概述了音乐发展的五个阶段：感知运动阶段（0—2岁）、形象化阶段（2—5岁）、图表阶段（5—8岁）、规则体系阶段（8—15岁）和专业阶段（15岁以上）。他把每一个阶段都与歌唱、图形表现、旋律感知和作曲联系起来。因此，关于音乐发展是否是有特定领域的，或者是否存在适用于跨艺术形式的阶段的争论仍在继续。

二、听力技能发展

鉴于听力技能对发展其他音乐能力的重要性，这一领域更受到研究人员的广泛关注。就其本质而言，音乐要求参与者具有一定的聆听和辨别能力，只有这样才能充分感知它。即使在最简单的歌曲中，也存在一些需要参与者注意的音乐元素。它有旋律、节奏和形式，必须由具有独特音色特征的乐器或声音来演奏。这首歌可以是大声或小声的，快速或缓慢的，或是在不同的音高水平上的。为正确地演奏或演唱歌曲，参与者必须在一定程度上了解这些特征，要求听力技能先于其他音乐能力的发展。西蒙斯（1986）认为，听力技能的经验和成长是音乐概念发展的基础和关键。音乐概念的获得使儿童能够形成心理印象，比较和区分、观察关系，概括音乐思想并最终解释或产生音乐。考虑到这一点，许多研究人员致力于确定这些技能是何时、如何发展的，以及这种发展是否会受到影响。听力技能研究最广泛的方面是对音高、旋律、节奏、力度和音色的听觉辨别。

对听力技能发展的研究表明，某些音乐元素可能比其他音乐元素更早被学前儿童区分和理解。对各种动态和音色的反应和辨别能力似乎是在四五岁时发展起来的。很多研究表明，3—6岁儿童不仅可以对各种动态水平做出反应，并准确区分各种动态层次，还可以通过音色特征来识别管弦乐器。

对学前儿童音高辨别力和音乐概念形成能力的调查表明，3—6岁儿童能够形成音域、旋律和音程大小的概念，并且这种能力随着年龄和经验的增加而增加。调查研究发现，3—6岁儿童可以感知节奏、旋律轮廓和旋律间隔（"跳进"与"级进"），只是不同年龄段能接受的难度不同。然而，这种概念形成的发展只有在使用非语言反应模式时才会明显。

这些研究表明，3—6岁儿童的听觉辨别能力比以前认为的要高，这个年龄段的孩子能够感知和响应音色的差异和动态，能对音高进行分类，准确地演奏或再现具有各种轮廓的旋律，并区分简单的旋律音程。这些研究还表明，儿童早期此类技能的发展可能对其他音乐行为的出现产生深远的影响（斯科特，1999；西蒙斯，2006）。由于儿童能够发展特定和复杂的听力技能，因此在学前音乐教育中需要更多地强调听力的训练。

三、歌唱能力发展

学前儿童歌唱能力的发展也为过去几十年来的各种研究提供了动力。许多关于儿童表演技能发展的研究已经完成，特别是在歌唱方面。与听力技能一样，这种发展是按顺序进行的，到3—6岁时，他们能够快速学习歌曲。这似乎是通过以下学习顺序来促进的：单词、节奏、短语和旋律轮廓。在这个年龄段，音调稳定性不明显，儿童不能轻易匹配音高，尽管这种能力随着年龄和经验的增长而提高。儿童在这方面的无能可归因于声带和听觉器官发育不全、情绪障碍和注意力不集中。研究者史密斯认为，集体训练可以提高儿童的歌唱能力。虽然早期的声乐训练可以提高3—6岁儿童的歌唱能力，但它不会显著影响其以后几年的增长。对学前儿童平均音域的研究强调了选择歌曲时考虑音域的重要性，因为3—6岁儿童的自然音域相当有限。

1978年，穆尔黑德和庞德区分了两种类型的歌唱：吟唱和歌曲。1976年，穆格说，一个孩子的歌声会随着他的文化音乐的规模而形成。他描述了这一进程：18个月大的孩子会自发地唱歌；在3—4岁时，会自发地唱出大量的歌曲和一些已知歌曲。他说，节奏和轮廓是在精确的音程和音调之前掌握的。戴维森（1984）和道林（1982）将歌曲习得的顺序列为单词、节奏、短语和轮廓，认为到5岁时，儿童可以识别并保持音调。

下面是七组关于研究幼儿歌唱音域的数据，五组来自国外，一组来自国内，一组来自笔者自己的调查研究。

①数据一：

研究者：威廉姆斯

年份：1932年

研究结论：建议4岁儿童声音的自然音域介于c1和c2之间

②数据二：

研究者：哈特威克

年份：1933年

研究结论：建议3—4岁儿童声音的自然音域介于b和g1之间

③数据三：

研究者：杰西尔德和比恩斯托克

年份：1934年

研究结论：音域从2—5岁开始稳步增加，4岁儿童的音域是b到c2

④数据四：

研究者：邦妮·林恩·哈基

年份：1979 年

结论：3 岁儿童当唱自己喜欢的歌曲时，音域是降 b 到降 g1

⑤数据五：

研究者：拉姆齐

年份：1983 年

结论：3—4 岁儿童的音域是从 c1 到 a1

⑥数据六：

研究者：冯婉燕、徐莹莹

年份：2007 年

国家：中国

结论：3—4 岁学前儿童的歌唱音域为 a 到 g1；4—5 岁学前儿童的歌唱音域为 g 到 a1；5—6 岁学前儿童的歌唱音域为 g 到 a1

⑦数据七：

研究者：笔者

地区：中国贵州

结论：3—4 岁学前儿童的歌唱音域为 b 到 g1；4—5 岁学前儿童的歌唱音域为 g 到 a1；5—6 岁学前儿童的歌唱音域为 g 到 b1

相比国外丰富的研究文献，国内有关学前儿童歌唱音域的研究非常少。无论国内还是国外，尽管每项研究的结果都存在一些差异，但很明显 3—6 岁儿童的自然音域很窄，音调比一些音乐教育者认为的要低一些。

根据以上研究数据发现：①学前儿童的音域广度具有年龄特征，3—4 岁与 4—5 岁之间差异达到了显著性水平；5—6 岁组略优于 4—5 岁组，两组比较无显著性差异。②学前儿童的音区呈现年龄特点，3—4 岁组与 4—5 岁组之间的差别比 4—5 岁组与 5—6 岁组之间的差别更大。③学前儿童的音广度、音区的性别差异并未达到显著性水平。总体来说，学前儿童的歌唱音域呈现出个体差异，各年龄组学前儿童的歌唱音域体现出一定的年龄特点。年龄组相比较，3—4 岁组与 4—5 岁组之间的差异更大。

因此，在歌曲选择和定调时，教师应该参考学前儿童的歌唱音域，尽量选择音域合适的歌曲，以促进幼儿的歌唱学习。例如 3—4 岁幼儿可以选择歌曲《一只哈巴狗》《我上幼儿园》《找朋友》，并可以定调为 1＝C；《两只小象》可以定调为 1＝E，其歌曲的音域为 c1—g1。该年龄段的幼儿唱这些歌曲会更轻松，准确率也会提高。

这些发现对于规划学前音乐课程的重要性体现在三方面：首先，在计划音乐学习时，应仔细考虑儿童在学习歌曲时采用的顺序。研究表明，根据歌曲的特点，儿童学习歌曲的方法本质上是连续的。因此，学前的歌曲教学应基于此顺序，使所涉及的儿童学习更加有效和愉快。其次，适当地结合儿童的声音素质和音域的歌曲可以帮助儿童发展声音和听觉的概念，在规划学前音乐教育时忽视这些特征可能对音乐学习有害。最后，有证据表明在学前环境中进行集体声乐训练是有效的，这是发展歌唱能力的重要时期。虽然这种训练可能不会对儿童的长期音乐成长产生影响，但能提升这个时期他们的唱歌能力，并鼓励他们从小就享受集体唱歌的乐趣。这对于学前教育的重要性在于，早期的声乐训练不仅可以让学前儿童探索自己的歌声，还可以培养其他高度复杂的技能，例如听觉辨别（音高匹配、音程准确性、旋律轮廓）。节奏的准确性和表达能力可以为儿童以后的音乐学习做出重要贡献。

考虑到这些，研究人员还表示，旋律的押韵对 3—6 岁儿童再现音高的能力有显著影响。这个年龄段使用的旋律音程特征、节奏和伴奏应该具有整洁、简单的押韵，以便提供最有效的学习体验。缺乏这些特征的旋律或歌曲，对于 3—6 岁的孩子来说很难准确地再现。

四、节奏发展

在对节奏反应的研究中，雷恩博（1981）和弗雷加（1979）发现，3 岁儿童的任务难度顺序应从语速开始，接着是用节奏棒保持稳定的节拍，然后是拍击稳定的节拍。1985年，施尔克特（Schleuter）研究发现儿童在有节奏的任务中的准确度顺序如下：口头吟唱，然后是吟唱和鼓掌，步进响应是最不准确的。所有的节律反应都随着年龄的增长而改善。穆格（Moog，1976）指出，对于敲击稳定节拍，幼儿在短时间内是准确的，但随着孩子的成熟，这个时间会延长。1990 年，约瑟夫在描述达克罗泽的方法时指出，运动中的节奏训练应该从幼儿时期开始。他补充说，这些课程以音乐元素为基础，通过运动表现出来，如速度、力度、重音、节拍、模式、乐句、形式和风格。儿童对这些元素是以螺旋式的方式探索的，需要更复杂的反应能力。

大多数儿童通过运动对音乐刺激做出反应。由此推断，学前儿童节奏能力的发展经常与儿童的运动反应有关。穆格在 500 名儿童中观察到了这种反应，并报告说幼儿在大约 6个月大的时候就会随着音乐运动，在 2 岁时这些动作对音乐的反应变得更加精细和同步。穆格观察到，在 4 岁儿童中，音乐运动的总数迅速下降，尽管运动与音乐之间的协调频率没有显著增加。穆格还发现，在 4 岁和 6 岁之间，儿童在运动与音乐同步方面取得了相当大的进步。

雷恩博和欧文（1981）进行了一项为期三年的研究，以确定 3 岁和 4 岁的孩子学习和掌握节奏任务的能力。该研究结果表明，在有节奏的任务执行中，需要大肌肉反应的任务比简单乐器的任务更难，简单的乐器任务比语音模式反应的任务更难。

在 3 岁和 4 岁的幼儿之间观察到执行这些任务的能力存在显著差异，这表明幼儿年龄的增长在节奏发展中也起着重要作用。在一项类似的研究中，弗雷加（1979，1982）报告说，大多数 1 岁的孩子可以用手、脚、节奏乐器和其他身体部位保持节拍。她还观察到 4

岁的孩子可以使用他们的手、说话和唱歌等形式来呼应节奏。在听觉和视觉方面，弗雷加还发现3—6岁儿童可以通过听觉和视觉辨别两种不同的节奏模式，而且听觉识别比视觉识别通常更准确。在她的研究中，测试的4岁儿童中没有一个能够准确地演奏节奏。她还指出，成熟度和经验在节奏技巧的发展中都起着重要作用。

这项研究对学前音乐课程规划有几个重要意义：首先，它表明当鼓励运动参与时，对学前儿童节奏技能的发展最有效。弗雷加进一步暗示，某些类型的运动在这种发展中比其他运动更有效，他还强调使用语音模式向学前儿童教授节奏技巧的重要性。此外，研究表明，虽然对儿童在发展节奏感时所经历的身体限制保持敏感很重要，但是在丰富的音乐环境中，可以执行更精细的节奏任务。这项研究最重要的意义在于它强调节奏发展对身体成熟的依赖。从出生到6岁应该被认为是发展最迅速最有意义的6年，因为这个年龄段适用于有节奏的发展。不能准确地执行有节奏的任务可能是由于儿童运动协调能力有限，不一定等同于节奏感差。

五、创造力

欧洲学者摩尔黑德和庞德、雪莱、戴维森等人还对学前儿童的创造性即兴发声和歌曲发展进行了研究，并致力于确定它们与音乐概念的演变和发展关系。学前儿童的歌曲创作研究表明，学前儿童创作歌曲标志着综合各种高度复杂的音乐知识和技能的能力出现。由此探讨儿童和成人的自然音乐表达，可以发现：①对于儿童来说，音乐主要是对声音的发现；②与儿童一起的音乐时间应该包括他们有目的的行动或参与；③在规划音乐体验时，必须考虑社会、环境和程序的条件；④应仔细考虑自发的音乐创作。

笔者调查了儿童在幼儿园环境中表现出来的天生音乐性，发现一个可以在现代幼儿园环境中建立允许自由探索声音和不受约束的声音结构的环境。在这种环境中可以最有效地培养儿童的天生创造力，培养这些表现力将促进更有效的音乐学习，特别是使儿童能始终如一地处于音乐教育的环境中。因此，建立适当的身体和情感环境以确保有效的音乐学习是非常重要的。

音乐学习不需要强加于儿童，而应是儿童本能的音乐行为，如果环境对他们有影响，则可以关注和培养这些行为。有研究者发现，家庭环境对儿童音乐技能发展的影响大于课堂环境的影响。尽管不应将学前音乐课程视为家庭中缺乏音乐培养的弥补，但在为这个年龄段的儿童制定计划时应仔细考虑这项研究，因为研究表明这种引入音乐概念的方法是最有效的。

音乐学习在本质上应该是体验式的，并且应该让孩子选择适合他们学习风格的方式来布置他们的环境，提供这种学习环境将有助于提供创造性和动态的音乐学习。

上述研究综述对正在培训学前教师的大学教育工作者也有所启示，这些研究提供了对不同研究领域的初步见解，有助于我们理解儿童音乐发展。其中一些由领先的教育工作者和学者进行的研究基于有限的研究重点和数量，有些则代表了广泛的主题和持续的研究。

因此，大学教育工作者可能会发现，向他们的学生提出关于如何在学校环境中落实这些研究成果的建议仍然是一个挑战。

本研究的结果表明，早期的音乐训练在提供更多的辨别力和声音维度方面加速了音乐的发展，丰富的环境和与父母的互动似乎确实提高了学习能力。大脑研究可以确定音乐发展的关键时期，并告诉我们音乐如何影响大脑连接和加强突触连接。据推测，人脑在 8—10 岁之前发育最快。因此，假设音乐行为在形成和加强大脑功能模式方面会像人类其他行为和经验一样发挥作用是合乎逻辑的。音乐发展一直持续到一个孩子 8 或 9 岁，在这之后，在没有指导的情况下，不会发生质的变化。

对音乐创作所涉及的人类基本生理过程的了解，可以加强音乐方面的应用研究。我们需要扩大研究数据库，将神经科学家和认知心理学家的发现与音乐发展的行为研究联系起来，发展出更适合音乐教学的模式。

基础研究之所以有价值，是因为它的严谨性，因为它是由理论驱动的。然而，许多研究成果很难转化为教学和学习的直接结果。这就是大学老师发挥作用的地方，大学教师必须努力理解研究成果，鼓励学生阅读和从事更多的应用研究——这最终将通向课程的改进。如果没有专门的音乐教育研究，基础研究将不会从实验室过渡到教学团体，从而过渡给学生。

六、幼儿音乐情绪反应的发展

音乐的一个基本特征是它有唤起情感的能力。音乐经验和实验证据都证明，西方音乐使用小调通常意味着一种消极悲伤的情绪，而大调通常有一个更积极幸福的情绪。这种关联的来源仍未得到证明，但有两种相反的观点。冯·赫姆霍兹断言，与小调相比，大调产生的更愉快的反应纯粹是由于声音上的一致或不一致；另一种观点是，与音乐声音的情感联系是通过文化习得的。

研究这个问题的两种方法是跨文化和发展。当前是信息技术高速发展的时代，世界各国文化碰撞，孩子们从小受到中西方音乐文化的影响。安德鲁·格雷戈里、丽莎沃拉尔和安萨吉以西方音乐中的大小调为范本音乐，选取 3—6 岁的儿童和部分成年人听 8 首大调或小调、无旋律伴奏或和声。对于每首曲子，儿童从两个表情中选择一个来描绘快乐或悲伤的面部表情。5—6 岁的儿童表现出明显的"大调——快乐"、"小调——悲伤"的联想意义，成年人也表现出这样的情绪。然而，3—4 岁的儿童在音乐模式和情绪反应之间并没有表现出任何显著的联系。和声伴奏显著增加了快乐反应的频率。研究结果支持了模式和情绪反应之间存在学习关联的观点。

许多研究表明，成年人确实将大调和小调分别与积极和消极的情绪内涵联系起来。赫夫纳（Hevner，1935）向受试者播放大调和小调的乐曲，让他们用与情感相关的形容词对乐曲进行评分，同样的曲子在大调中比在小调中被认为更积极。

赫夫纳播放的音乐还包括其他混杂的变量，如节奏和音高范围、速度和音符的频率范围。然而，模式和情感之间的联系已被证明存在于简化和去语境刺激中，如孤立的大或小和弦，纯音和弦从大到小，以及几个声学参数不同的合成音调。

关于儿童对音乐情感意义的研究很有限。研究表明，儿童在很小的时候就能意识到不同的情绪。斯迈利和哈特洛彻（1989）在一篇文献综述中报道，28 个月后，大多数孩子在涉及自己的情绪中使用快乐、悲伤、疯狂和害怕等词，这个年龄的大约一半的孩子在涉及另一个人或实体的情况中也使用这些词。然而，关于音乐的一些研究确实表明，区分情绪的能力会随着年龄的增长而提高。

多尔金和阿德尔森（1990）在一项研究中发现，7 岁和 9 岁的孩子可以准确地描述音乐片段中相同的四种情感，要么是唱歌，要么是用中提琴演奏，其中 9 岁的孩子更准确。他们对 4 岁的孩子进行测试，让他们指出描绘这些相同情绪的四张脸中的一张，孩子们的表现明显超过了概率水平。

特沃格特和范·格林斯文（1991）要求 5 岁和 10 岁的儿童和成年人指出音乐中幸福、悲伤、恐惧和愤怒的情绪。让他们同时听古典音乐的片段，描绘出其中的情绪。结果表明识别正确情绪的能力随着年龄的增长而增强，年龄最小的群体可以清楚地区分快乐和悲伤的片段，但经常混淆恐惧和愤怒。

然而，其他研究表明，年龄对音乐情感内容的感知没有影响。克劳特斯（1993）为600 多名 6—12 岁的儿童演奏了巴赫的戈德堡变奏曲的节选，让他们指出快乐或悲伤、兴奋或平静的片段，所有年龄段的孩子的反应都是一致的。研究发现节奏活动兴奋的区别、快乐悲伤发音的区别是决定儿童反应最重要的音乐变量。调式不是一个显著的区分因素，因为在使用的音乐中，它不仅与其他音乐变量高度相关，而且与快乐和兴奋反应显著相关，表明调式与悲伤和平静反应之间存在正相关。

卡斯特纳和克劳德（1990）还对孩子们进行了测试，让他们指出描绘不同情绪的面孔。这些面孔表现出快乐、满足（中立）、悲伤或愤怒的情绪。但在得分时，快乐和满足被组合在一起，悲伤和愤怒被组合在一起。测试时使用大调或小调的音乐，分别有或没有和声伴奏。最终发现在调式和情绪之间 19 名 4 岁儿童和 19 名 7—12 岁的儿童均在预期方向上表现出显著的关系，甚至 7 名 3 岁儿童也表现出显著的关系。他们还发现，4 岁及以上儿童认为调式与是否和谐之间存在显著的相互作用。在大调中，无伴奏的曲调与积极情绪的联系多于和谐的曲调；但在小调中，和声增加了与消极情绪的联系。

克劳德、雷兹尼克和罗森克兰茨（1991）观察了 6 个月大的婴儿对大和弦和小和弦以及和谐或不和谐和弦的偏好反应。婴儿对和谐表现出可靠的偏好，但对大和弦或小和弦没有特别的偏好。

这些研究表明，音乐的情绪反应可能早在 3 岁时就开始了，7—8 岁的儿童和成人对传统意义上的大调音乐和小调音乐的反应有显著差异，但 3—4 岁的儿童的反应几乎没有差异。这说明，对大调音乐和小调音乐的情绪反应在 4—7 岁之间发展。

第四章　多元智能理论与儿童音乐教育

第一节　多元智能理论概述

一、多元智能：认识世界的方式

从 1979 年开始，哈佛大学研究员加登纳和一个杰出的多学科国际团队承担了定义人类智能的艰巨任务。他们进行了跨学科和跨文化的研究，结果确定了八种不同的认知和交流世界的方式——"智能"，这些智能"连接"到正常出生的人的大脑中。加登纳最初确定了七种类型的智能，他把这些智能分为学校普遍重视的智能（语言智能和逻辑数学智能）、艺术相关的智能（音乐智能、视觉空间智能和身体动觉智能）、个人智能（人际智能和自我认知智能）。

自从这些智能被发现以来，加登纳和他的同事们重新审视了多元智能，并提出了以下潜在的智能候选来列入其中（加登纳，2003）：自然主义智能、精神智能、存在智能、道德智能。其中，自然主义智能应该与最初的七种智能是并列的。目前，有以下八种智能被公认为是加登纳"多元智能"的代表：语言智能、音乐智能、逻辑数学智能、身体动觉智能、视觉空间智能、自我认知智能、人际智能、自然主义智能。

每种智能都由其独特的部分、概念和技能组成。列出的前三种智能与音乐、视觉艺术和舞蹈（艺术）相关；但是智能和正式教授的学科之间也有更为复杂的联系。加登纳强调，每个学生都有权在每一天平等地发展这些智能，"隐瞒艺术理解手段和隐瞒数学一样是一种渎职"。

①语言智能：主要是指用语言思维、用语言表达和欣赏语言深层内涵的能力，也即口头语言表达能力和文字语言的运用能力。一般来说，律师、教师、演说家、作家和诗人都是拥有较高语言智能的人。

②音乐智能：音乐智能在加登纳的《多元智能》一书中被排在第二位进行分析，体现了他对音乐智能的注重。音乐智能主要指人敏感地感知音调、旋律、节奏和音色等的能力，表现为个人对音乐节奏、音调、音色和旋律的敏感，以及通过作曲、演奏和歌唱等表达音乐的能力。这种智能在作曲家、音乐评论家、歌唱家、演奏家、乐器制造者等人身上有出色的表现。

③逻辑数学智能：指有效的运算和逻辑推理能力，它表现为个体对事物间各种关系如类比、对比、因果和逻辑等关系的敏感，以及通过数理运算和逻辑推理进行思维的能力。一般来说，科学家、数学家、逻辑学家、物理学家、天文学家、统计学家、会计师等就是这种智能突出的人。

④身体动觉智能：指的是人调节身体运动、利用身体表达感觉和思想以及运用双手制造或改造事物的能力。舞蹈家、运动员、外科医生、服装设计师、手工艺术师、机械师等都在身体动觉智能方面有出色的表现。

⑤视觉空间智能：强调人对色彩、线条、形状、形式、空间及它们之间关系的敏感。航海家、飞行员、雕塑家、画家和建筑师等在这种智能上有着非凡的表现。

⑥自我认识智能：是指人认识自己的行为和内心世界的能力，能正确把握自己的长处和短处、情绪、动机等，能自律以及善于吸收他人长处来指导自己行为的能力。这种智能在自传体小说家、律师等人身上有比较突出的表现。

⑦人际智能：主要指能够有效地理解他人以及与他人交往、合作的能力。成功的律师、教师、推销员、管理者、公关人员和政治家等都是拥有很高的人际智能的人。

⑧自然主义智能：是指对自然界的动物、植物以及生活中的其他事物等进行有效辨识及分类的能力。表现为热爱探索大自然，善于观察、辨别。通常物理学家、园林艺术家、天文学家等人拥有突出的自然主义智能。

加登纳认为人的智能不是单一的能力，而是由多种能力构成的。每个人都有其独特的智能结构和学习方法，这为教师提供了积极乐观的教育观点和更多的切入点，教师可以从多方面去了解学生的智能，然后因材施教，根据不同的学生的不同特长和需求，制定不同的教学方法，充分挖掘个人潜能。加登纳据此对美国高中的艺术教育工作进行了分析，认为没有单独的音乐智能，但是"多元智能理论中每一种形式的智能，都能导向艺术的结果"。此外，雷默对智能定义追加了几点说明：第一，智能定义适用于肉体和精神的活动。第二，心智和躯体是密不可分的，反对笛卡儿的身心二元论。第三，智能不是位于颈部以上的理性逻辑思维能力，而是可以通过身体活动表现出的智能形式。第四，智能还包括众多的合成因素，并且和文化传统、创造力相关。第五，"把知识、理解、感觉、记忆力、感知加工、注意、经历、兴趣、自觉等等，设想为牵涉在智能当中，是智能的促成要素"。

雷默不满足于加登纳对于音乐活动的单一智能定位，将音乐智能进一步细化。加登纳认为音乐能力包括音高、韵律和音质，而雷默认为这三者仅仅是音乐的应用方面，而不是人们所需要锻炼的能力。雷默认为，音乐教育就是那个投身于音乐领域系统而有意识地开发各种智能的"场"，每一种智能都含有它相宜的创造力表现。艺术课程需要专业的老师，"音乐老师不能只会用语言和旋律去表达音乐，要学会以音乐作为媒介，向学生传播自己的思想"。艺术成长需要不断重复学习任务，构建螺旋式发展的艺术课程。艺术教育需要所有艺术教育的参与者（艺术教师、管理者、研究者、学生）通力协作，不是单独的团体能够完成的。

智能完全不同于智商的概念，智商可以通过精确测验和计算，以一个具体数字来表示；而智能不可以，一个人的智能程度有先天存在和后天激发的双重影响，如果用一个个确切的数字或条件来衡量的话，笔者认为是不够科学的。智能随时可以随着外界的作用而改变，用"提升"和"降低"表述会更为妥当，这也解释了笔者在调查表中"有帮助""有明显提高"等一些用词的根据和原因。普通高中音乐课程标准无论从课程性质、理念、目标，还是从教学要求的角度来看，都能与多元智能理论进行交融，相辅相成，从而结合课标内容达到音乐教学的目标。

加登纳所提出的"智能"一词并不是单纯的所谓的智商，而是指作为处理特定信息的基本能力，与语言、图画、数字等潜在的符号系统存在着某种对应关系。他在《多元智能新视野》中对智能的分类有新的划分，分别有音乐、语言、数学逻辑、身体动觉、视觉空间、自我认知、人际交往等这些具体方面的智能，并提出了相关解释。加登纳在后来的研究中又在七种智能的基础上增加到九种智能，笔者在其中选取了在音乐教学中涉及较多的八种进行研究和分析。

这项广受好评的研究和理论表明，完整的教育必须包括所有智能的发展，包括音乐。在实践中，多元智能学校的学生在非艺术学科的掌握测试中的得分明显高于同龄人。

二、音乐大脑

前面章节已经介绍过神经生物学的发展意义，论述了早期接触音乐对儿童音乐学习至关重要。大脑音乐中心发育的关键时期在 8 岁之前。同时，早期接触音乐能极大地促进认知过程和智力的发展。

1991 年，简·希利（Jane Healy）在《濒危思维：为什么儿童不思考以及我们能做些什么》一书中探讨了儿童的大脑发育。她指出，由于过去十年的环境和社会变化，儿童的大脑在生理上正变得不同。人类的大脑在出生时是"可塑的"，这一术语指的是易受影响的可以塑造的状态，而不是一种质地或材料。然而一些控制反射动作和基本学习的神经元在出生时就已经存在，有许多神经元是漂浮的，倾斜不固定的，随时准备根据经验被引导到适当的位置。它们接近的地方可能是大脑的不同中心，这与加登纳所说的智能有松散的联系。因此，大脑的最终形态受环境接触的影响很大。

经验和互动是大脑成长的关键。如果儿童在任何智力方面都有丰富的互动经验，那么许多神经元就会迁移到大脑的对应相关区域，并形成对该类型知识的接受性和功能良好的接收器和发射器。在互动体验不足的情况下，那些倾向于特定区域的神经元要么迁移到大脑的其他区域，要么死亡。例如，单词语言发展的敏感期或关键期在 6 岁之前，6 岁时学习窗口开始关闭，10 岁以后大脑的接受能力要差得多。希利指出，看电视占用了儿童与他人和环境互动的时间，从而破坏了语言和大脑其他区域的正常发育，由此导致的注意力不集中、运动协调能力下降、口语和听力能力不发达，这种状态很容易被老师识别，他们想知道为什么孩子们不像几年前教的那些孩子那样以学业为导向。

在获得更好的信息之前，理论认为音乐学习必须从语言推导出来研究。有证据表明，音乐是在人们识字之前出现的，它出现在文字语言之前，实际上是音高、音长、重音、音调、色彩、力度、节奏和短语等的共同表达，有时音乐还被用来传达语言。关于音乐天赋的研究支持存在早期关键接触期，有观点认为，随着时间的推移，10 岁后的影响逐渐减少（戈登，1967）。所有这些数据都表明了学前和小学音乐教育的重要性，无论是对未来的音乐学习，还是作为大脑刺激不足的补救互动活动。

三、建立大脑的音乐中心不仅仅是为了音乐

根据研究，神经元的位置发生在所有智能或大脑的中心，有专门的领域是为音乐保留的，这就是许多年轻人都喜爱音乐的原因。如果孩子们体验过音乐，这些区域就会有丰富的神经元，这些神经元会长出很长的连接体（树突），这将与大脑的其他部分建立牢固的联系。神经元群竞相为它们的群体捕获更多的细胞，并在这样做的过程中变得更强大，因为它们更有可能被利用。大脑根据有用的东西进化，并适应孩子成长的环境。

音乐中心位于大脑的中间层，这个区域负责情绪相关的工作，并保持随时让信息被大脑的更高层次新皮层接收。根据中脑的发育及其状态（恐惧、焦虑、动机、兴奋），它可以打开或激活注意力、记忆、动机和学习的大脑皮层开关。一个感到威胁或恐惧的儿童，只会在最原始的爬行动物大脑中，以"战斗或逃跑"的模式运作；只有感到安全和不受威胁的儿童才能有效地开发和使用大脑的高级区域。音乐和其他引起情感反应的艺术似乎可以打开通往大脑皮层和更高层次思维的大门，音乐能激发批判性思维。训练不会取代有意义和多样化的经验，这些经验为学习创造了一扇敞开的大门。

这些积极的、富有挑战性的、令人愉快的体验，成为适合儿童发展的经验和学习类型的强大力量。希利和其他研究人员建议儿童从出生时就开始积极地亲身体验音乐，并在 3—8 岁之间的关键性成长过程中持续下去。有了基本的大脑结构，学习就可以成功进行。

第二节　八种多元智能

一、音乐智能

关键词：唱歌、游戏。

音乐智能允许儿童创造、交流和理解声音产生的意义。儿童似乎特别容易被教室窗外的鸟儿歌唱所吸引，或者经常用铅笔在桌子上敲击出复杂的节奏，这表现了他们的音乐智慧。音乐智力发达的儿童擅长记住旋律，注意生活节奏，通常有良好的时间观。他们是曲调的哼唱者、歌曲的演唱者，很可能会演奏一种乐器，并且经常听音乐。具有音乐智能的学生通过听旋律、写乐谱或使用节奏帮助他们掌握新概念，从而使自己学习得更好。

音乐智能包括掌控音乐中的基本要素、对声音的敏感度、对节奏的把控能力、对乐曲

的二次开发或创作，以及对音乐的理解力和领悟力的层次。这种智能主要是指主体能够敏锐地感知音乐中的音调、旋律、节奏和音色等元素的能力，这种智能显然通常会在作曲家、指挥家、歌唱家、音乐教育者、乐器制作者或是音乐评论员等音乐方面的从业人员身上有较为出色的表现。加登纳的多元智能理论中的智能都是互相影响而又相对独立存在的，音乐智能是人类自身存在的一种本能，在从古至今的社会生活中一直发挥着重要的协调和统一的作用。最初的学校音乐教育普遍较为重视语言智能和逻辑智能的培养和发展，音乐教育这种艺术类学科教育相对于文理科教育的地位偏低。但音乐智能在学校音乐教育的地位和角色之重要是毋庸置疑的。

　　音乐智能在音乐的一般领域中得以展现，这包括作曲、表演、即兴表演、聆听、音乐理论、音乐学、音乐教学。每个学生都与生俱来地拥有着各种程度的音乐智能。众所周知，如果学习者的家长、教育者或是陪同者在学生学习音乐的过程中，提供了丰富多样的学习环境氛围，那学习者的音乐智能也会相对得到较好的发展。有学者提出过这样的假设，如果学习者的生活环境和学习环境没有音乐高频率出现的话，那此学习者也会相应地受到影响，表现出音乐学习能力发展的延迟。因此音乐智能与学校音乐教育已经直接挂钩并直接影响着教学效果和教学进度。审视中国音乐艺术的发展，不难发现，从古至今诸多音乐家无论是在音乐理论上还是在音乐作品上，都给后人留下了极为宝贵和丰富的财富。而在现代社会中，我国不仅越来越重视音乐教育在德智体美劳的综合素质教育中的作用，同时也逐步开始关注和研究音乐智能对人类综合智能发展的影响。例如2006年中国音乐学院成立了"音乐与智能研究中心"，以新的不同的视角重新评判了音乐智能的新价值，并快速进行传播和推广，从而引领社会大众对此方面认知的更新和接受，为音乐智能能够促进人类综合智能的发展提供了更有力的科学依据。

　　由此说明，音乐智能对一个人的综合智能发展有着重要影响。另外，音乐课程要培养音乐智能，就需要关注音乐角色之间的相互联系，以便有效培养学习者的鉴赏能力和创造能力。有实验研究证明，音乐智能同语言智能在人脑功能中的运行是各自独立的。有人认为，幼儿阶段的人有一种与生俱来的辨别音高的能力。

　　例如，被大众所熟知的"用音乐创造奇迹"的高度脑瘫儿冯聪，师从中央音乐学院附中校长俞慧耕，经过科学系统的14年小提琴的学习后考入了一所大学的心理学系。这一教学实践成果充分证明了音乐智能的开发能对其他智能的发展产生巨大影响，并且进一步证明音乐智能与其他智能同时存在于一个个体中时是相对独立的，但也可以影响其他几种智能。部分学者将音乐智能再继续细分为音乐情绪智能、音乐节奏智能等等。音乐情绪智能，即在表演中表演者会掺杂大量情感，也因此音乐具有向他人传达情感的作用。反过来说，音乐语言就是由这些情绪与情感所组成的，我们每一个人都能够根据自身情况，以特定的方式来对各种音乐语言做出相应的反应，继而能够感受到音乐所要表达出的意思，并且以自己的方式对其进行表达，从而将其运用在现代社会当中。音乐情绪智能是对音乐情绪进行加工处理的能力，主要分为两部分，包括音乐智能和情绪智能，因为这两者之间具有直接联系，在一定程度上说明了可以通过对音乐情绪智能的研究来为测试情绪智能提出一种全新的思路，同时又可以让普通人更容易理解音乐的本质，进而从更深层次对音乐进行理解与认知。培养一个人的音乐智能也具有非常重要的作用，这种作用主要体现在可以培养他人在听音乐时的情感感受能力以及情绪表达能力等方面。因此，只有将主观感受和客观分析两者结合在一起，才能够更好地理解音乐的本质，从而体验作品真正想要表现出的美感。音乐节奏智能，主要指在进行表演过程中，一个人对于音乐节奏、音准、旋律的把握程度，以及是否能够通过音乐等方式来表达情绪的能力，这在音乐家、作词家、作曲家身上都有突出的例子，比如郎朗、贝多芬等。在音乐史上，有不少学者都对音乐节奏智能是否称得上是一种智能提出过自己的疑问，即使音乐节奏智能完全符合加登纳所提出的判断是否可以将某种元素归为智能的八种条件。他们并不是否认音乐节奏智能的存在，而是认为其只能算作一种才能，而不是智能。除此之外，那些学者还认为加登纳的理论没有创新性，只是单纯将音乐节奏看作一种智能，其实本质却不属于智能的范畴；并且提出将音乐节奏归纳为音乐才能比音乐智能更为合理。但笔者认为这一问题最重要的地方并不是纠结音乐节奏是属于"才能"还是"智能"，而是要让更多的音乐学习者去发展这种能力，从而让他们通过这种天赋在音乐方面得到更好的发展，从这个角度看，加登纳所提出的音乐节奏属于智能的观点深化了我们对于音乐的理解，并且音乐智能在人们学习音乐的过程中也扮演了越来越重要的角色。

二、语言智能

关键词：听、说、读、写、背、专注。

语言智能允许儿童通过语言交流和理解世界。喜欢玩押韵的儿童、总是有故事可讲的儿童、快速掌握其他语言的儿童，都表现出语言智能。儿童经常用语言思考，通过听别人说话、阅读、写作和口头表达来学习。如果有机会听到、看到和说出与期望结果相关的词语，这些儿童将很容易学到他们感兴趣的任何东西。

语言智能包括理解所接受的语句或单词的意思、说服他人采取行动、能够正确地解释、具有幽默感和总结能力，以及具有表达力与记忆力、元语言分析能力。简单地从字面上可以理解为说话智能。这类智能主要是指部分人群拥有突出的口头语言表达以及文字的能力，也就是我们常说的听说读写四种能力。语言智能一般会体现在对书面或者口头话语表达有较强的敏感性，表现在个人能够顺利而有效率地利用语言进行叙事、表达思想或者与他人交流。在听说读写这四个方面，每个学生又会表现出各自不同的能力倾向，从而形成了学生在语言智能这一方面的强弱区分。笔者认为高中音乐教师应当重点注意语言智能对每个学生学习音乐时的影响，结合所提到的四种语言技能，充分发展利用"听"——练耳、"说"——视唱、"读"——读谱、"写"——创作的能力，让部分在语言智能方面有较强能力的学生充分发挥出各自的优势。在音乐学习过程中，教师采用何种教学方法，传达音乐知识的概念时是否能够表述准确、通俗易懂，学生在听讲时的效率，都会影响到学生对音乐的学习效果。

三、逻辑数学智能

关键词：量化、思考、推理、解决、概念化。

逻辑数学智能使学生能够使用和欣赏抽象关系。在系统地测试解决方案之前，仔细分析问题（个人或学校相关的）的组成部分的学生就是在使用他们的逻辑数学智能。拥有这种智力类型的学生可以很容易地使用分类、归类、推断、概括和计算能力。他们是天生的批判性思想家，并能熟练地处理长推理链。

逻辑数学智能包含了科学逻辑推理、归纳推理、演绎推理，能够识别抽象事物、自主发现事物之间的联系与关系、进行较为复杂的计算。数学，作为一门研究空间形式或者客观事物数量关系的科学理论，对于音乐的发展起到了毋庸置疑的推动作用。仔细回想，似乎没有音乐家对逻辑数学进行过深入的研究；即使有，也只是停留在浅层的数学运算或者另外一些理论上。这主要也是因为人们对于两者之间的关系没有深入的探索，从而不够重视。但是如果对其有过进一步了解，不难发现二者关系其实是极为密切的，而且数学对于音乐的影响非常大。浅层的数学原理可以直接影响到音乐的表演和创作，如果可以更深层次地探索数学原理中的音乐，其未来空间也是极为广阔的。自古以来，音乐与数学在很多人的意识中似乎就是没有多大关联的，前者属于艺术类，后者则被归于理科类。但音乐作为一个抽象的类别，其本身就包含着"数"。人们从接触音乐开始就会学习乐理、识谱、视唱练耳、曲式等等，这些都是以"数"作为基础而存在的。最明显的便是乐谱的记录，再深入一些便是和声复调等这些"数"的排列组合。

例如，最先将数学与音乐联系到一起的是毕达哥拉斯的追随者，他们发现协和声音与否，同当时的整数有着不可分割的联系。弦的长度决定其振动时所发出的声音，我们所学的协和音或者不协和音其实是由振动琴弦的长度与原弦的长度的比为整数比（弦为绷紧状态）所得出的，而音阶的产生，就是由增加弦整数比的长度而得出的。我们常说的八度其实是一个非常重要的关键点，它作为一个具有特殊性质的常数，在整个宏观音乐界中起着极其重要的作用。键盘乐器中各组键盘区域的形状大小是相同的，就是受到了这个原理的影响。逻辑数学智能，从字面意思上可以简单地理解为对数字具有相对较高的敏感性，且可以对事物进行全面的逻辑分析的能力。逻辑数学智能具有非语言性的特点。一般我们能想到的具有高逻辑数学智能的人群是数学家、科学家、逻辑学家等等。从事这类职业的人们的生活与数字密切相关、形影不离，会在各个方面发挥其出色的逻辑数学智能。例如航天工作者，需要对数字的高度把控和精微计算、小组之间的互相配合、长时间大密度的单位计算，这些都需要对数字高度敏感的人来胜任。

1997 年 12 月，在美国上映了一部名为《心灵捕手》的电影，电影中的男主角便是一位在数学逻辑上具有惊人天赋的男孩，但他十分叛逆。麻省理工学院数学系的教授蓝勃先生偶然间发现了男孩可以轻松解答数学系答题板上的数学难题的惊人才能，激动地称他是可以在数学界成为"新面孔"的人，并且是一张不容忽视的"新面孔"。在一次与男主角的激烈争执后，教授对男主角威尔说："你说得对，我永远都不能像你一样解开这道题。"这句台词的言下之意可以理解为，男主角威尔具有超高的数学逻辑智能，而这种智能对部分人来说是与生俱来的。其实还有很多电影都间接映射了加登纳所提出的多元智能理论中的逻辑数学智能，而且这些电影中的主角都有一个共同点，就是普遍存在于青少年中。从另一个角度看，这类智能也可以延伸至娱乐生活，例如纸牌类的游戏、逻辑推理事件等等。在我们日常的生活中，有许多供大家消遣娱乐的游戏活动，如纸牌游戏多种多样，在这些固定的数字中，具有逻辑数学智能的人对此进行各种排列组合、拆分合并，开发出众多变幻莫测的玩法。对于每一种游戏，他们又对其进行分析和研究，对概率、组合等等探究得十分透彻。

大到国家大事，小到我们的生活，逻辑数学智能都与我们息息相关且十分重要。这种能够高度有效运用数字、驾驭数字和进行逻辑推理的智能，同语言智能一样，一直以来受到社会大众的高度关注。我们总会听到这样一句话："逻辑数学智能渗透在我们生活或者学习中的各个角落。"约瑟夫·埃格尔在其著作《爱因斯坦的小提琴》中指出："爱因斯坦的物理学成就，与其出色的音乐修养有着密切且不可忽视的关系。"爱因斯坦本人也曾经对大众表示过："若没有接受过音乐教育，干什么事我都将会一事无成。"科学验证了音乐教育对爱因斯坦在数理领域所取得的成就产生了非常重大的影响。逻辑数学智能在演奏学习中最明显的体现形式就是所学习的音乐作品。一个良好的演奏，并不能只注重于技巧上的训练，对基础乐理、作品的内在结构和写作分析的掌握同样非常重要。教师在进行一些相对较为复杂的音乐理论教学时，便考验了学生的逻辑数学智能的运用。音乐是爱因斯坦在科学领域智慧和灵感的源泉，这也说明了开发人类的音乐潜能能够充分且有效地带动逻辑数学智能的发展。

四、身体动觉智能

关键词：体格、行动、触摸、移动。

身体动觉智能允许学生使用身体的全部或部分来解决问题。擅长体育、舞蹈的学生，更喜欢通过展示身体技能而不是写报告来完成课堂项目，他们经常准确地将碎纸扔进房间里的废纸篓，这证明了身体动觉智能的用途。具有这种智能的学生通过他们的身体感觉处理知识，通过触摸、操纵和移动学习。他们通常会对自己的身体在高要求的状况下应该做出什么反应有一种自然的感觉。具有这种智能的学生可以用某种方式与空间互动，通过身体处理和记忆新信息。

身体动觉智能包括了控制身体动作，即利用身体进行规定动作和随机动作模仿的能力、利用身体探索拓宽自我认知的范围界限，以及改善身体功能和大脑与身体协调的能力。从字面意义上可以解释为，善于利用身体的各个方面来表达自身的想法和自我感觉，同时运用双手灵活地生产出或改造一些事物的能力。换句话说，这种智能主要是指人调节身体运动以及用巧妙的双手改变物体的技能。有这一类智能的人群有着明显的特征，他们很难做到长时间坐着不动，喜欢自己动手去创造一些新东西，部分人会很青睐户外活动，与他人交流时常常习惯于用手势或其他肢体语言来表达。具有较高的身体动觉智能的人在进行学习时，善于或者习惯于自发地通过自我身体感觉来思考和理解。身体动觉智能可以简单解释为两个方面，一是对物体或者实物操作的能力，二是对自身动作进行精确调整的能力。例如舞蹈家、演奏家、医生、运动员或者各个领域的匠人都是在身体动觉智能上具有天赋的职业代表。

在加登纳的多元智能理论研究中，身体动觉智能与音乐学科中的表演有着密切的联系。音乐学习可以分为两个模块，一个是理论模块，另一个则是表演模块。音乐表演是一种传递和表达音乐的艺术形式，是一种视觉上和听觉上的双重艺术，它要求表演者在舞台上不仅要通过乐器或者声音表达音乐情感与自身情感，同时还要注重身体同乐器的默契配合，使音乐表演得到更高层次或者更为突出的表达。在身体动觉智能上具有较高天赋的人，还有一个突出特点便是临场不惧，心理素质普遍较高。这一部分人具有相同的心理规律和特点，在人数较多的环境中也能够做到完美地表演或准确地对其表达形式做出诠释。众多的音乐表演家在舞台上的表现表情都极为夸张和突出，其实一方面是为了凸显乐曲的情感和曲式走向，另一方面是为了让观众更切实地获得体会和体验，再者便是表演者自身的一种自发行为。在向他人表演时，表演者通常会将自身带入乐曲当中，为了表达乐曲本身的情感、情绪或者情景，以及自身对乐曲的理解，便会通过一系列附加的自发的肢体行为来为观众或者欣赏者加深对乐曲的理解。在与音乐表演家相处和交流时，他们能通过动觉优势为聆听者提供视觉上和听觉上的双重享受。

例如，在逐渐壮大和亲民化的娱乐媒体传播下，愈来愈多的歌星已不再满足于出个人专辑，于是演唱会便成为更进一步的表演形式和渠道。这些歌星为了个人演唱会能达到预期理想的效果和目的，不仅会苦练和钻研所准备曲目的演唱技巧，而且也会大费周折地为观众提供视觉上的享受，例如舞蹈、服装和互动，这些看似并不起眼的元素，其实都在变相地帮助表演者去更好地诠释乐曲。同时，这也体现并考验了表演者的心理素质和身体动觉智能的水平程度。就专业的音乐表演者来看，良好的心理素质以及舞台形态都或多或少地会影响到整场演出的效果。对于器乐表演者，在充分驾驭乐器、对乐曲进行充分分析和理解的同时，还需要一定的肢体动作、情感表达来烘托乐曲情绪。而对于声乐表演者来说，他们带着"隐形的乐器"，通过夸大的表情、适宜的肢体动作，以及与伴奏之间的默契合作，为观众带去视觉听觉上的双重体验。有趣的是，我们似乎更多地会习惯于称台下的聆听者为观众而不是听众，这直接体现了身体动觉这一元素在表演中所占的重要比例，也间接地体现出了对于音乐表演者来说，身体动觉智能是非常必要的天赋。但笔者在此想要强调一点，演奏家在台上演奏音乐并不意味着必须与观众分享自己个人的博爱和内心世界。人们来听音乐会的目的之一就是想暂时摆脱日常的生存状态，因此，音乐家的任务就是要创造出美的东西，让观众有暂时的超脱感，享受其中。

五、视觉空间智能

关键词：看、画、形象化、思维导图、创造、设计。

空间智能强的学生能够转换所学的信息，并根据记忆重建视觉图像。那些首先求助于课本中的图表和图片的学生，那些喜欢在写论文前将自己的想法"网"起来的学生，以及那些用错综复杂的图案填充笔记周围空白区域的学生，就是在利用他们的空间智慧。具有空间智能的学生通过可视化，使用"心灵之眼"，通过操纵和处理图片、图像来吸收信息。

视觉空间智能主要包括了从各个角度对空间中的物体之间的关系进行精确的观察，善于积极想象和处理图像，能在大脑中形成清晰图像并且能够利用其进行自我表达，对周围空间的物体具有敏感性和较高兴趣。具有这类智能的人对于色彩、线条、形状、形式、空间及它们之间的关系具有相当高度的敏感性，感受、辨别、记忆，或是改变物体彼此空间上的关系，并借此形式来表达思想和情感的能力比较强。简单来说，这种能力主要体现在以下几个方面：辨别、理解、创作图像的能力，逻辑推理、空间想象的能力，应用图像的能力，等等。具有这种能力的人能够精确地找到相应的视觉空间，然后把这种知觉表现出来。空间智能也可以被简单地划分为两个方面：形象的空间智能以及抽象的空间智能。简单举例来说，对于具有一定学习时间的音乐学习者来说，其中一部分在后半段的时候便会表现出一种特长。他们识谱极快，在短时间内，无须过多的后天训练便可以掌握最基础的视奏能力。这种特长一方面是由于积累的经验和一定程度的练习与训练，而另一方面则是因为这类人群具有较他人而言更为突出的视觉空间智能，对于谱面中音符之间的固定间距具有极高的敏感度与反应能力，可以快速辨别音高；同时，又熟悉乐器本身的空间效果，从而获得快速视奏的技能。就钢琴来说，这类人群可以快速识别五线谱中的音符，再迅速地转入对钢琴键盘之间的空间距离的熟练控制，最后传递到身体动觉方面进行流畅的演奏。乐曲的创作者在视觉空间智能上也是有一定的天赋的。众所周知，我们在进行简单快速的曲式分析时，也会运用到空间智能。音符的走向、音区的位置以及乐谱谱面的整体视觉感都是我们进行曲式分析时要考虑的。音符的走向可以代表作者的情感情绪走向；谱面的复杂或是简单有时也代表作曲者欲表达的情愫，或是纠结或是明朗；音区之间的跨区有时也可以表现出作者内心的大跨度大反差的心情。这些细微的视觉空间因素都影响着学习者学习音乐时的进度和接受程度。而具有视觉空间智能天赋的学习者会在最初理论的学习过程中就体现出突出的优势。

六、自我认知智能

关键词：独立、反思。

自我认知智能有助于儿童区分自己的感受，建立准确的自我心理模型，并利用这些模型对自己的生活做出决定。虽然很难评估谁有这种能力，以及达到什么程度，但可以从儿童对其他智能的使用中找到证据：他们是否很好地利用了自己的优势，他们对自己的弱点有多清楚，他们对自己做出的决定和选择有多深思熟虑。具有自我认知智能的儿童具有反思内部状态的能力，具有良好的元认知意识、良好的专注力、更高阶的推理和个人感受意识。

自我认知智能是由注意力集中、表达自我意识和情感、元认知、高级思维和推理、主观客观意识的警觉和认知组成的。主要是指主体自己可以充分准确地认识到自己的特点和能力，能够正确把握住和发挥出自身的长处，控制拿捏得好自己的情绪、动机或欲望等等情感。换句话说，自我认知智能是一种发现自我、了解自我的能力，是一种可以根据自己的不同状态、情绪来有效调节、控制自己，使自己始终处在一个正确的轨道上的能力。这种能力如果再加以划分，则分别包括元认知，即根据自己大脑产生的思维从而做出相应反应的能力，以及主体情绪的接受、把控、调节和自我反省等能力。这类人群对自己的生活会有详细的规划，能够良好地做到自尊、自律、自爱，善于吸取发现他人的长处，同时喜欢独立自主地工作，喜欢有自我选择的空间。在某种意义上，自我认知智能在不同个体中的表现也会影响个体的生活状态。

具有良好发展的自我认知智能的儿童对他们的内在自我有一个准确的描述——他们的优点和缺点，他们的内在情绪、目标、意图、动机、气质、信仰和欲望。他们有能力培养自律、自我理解和高度自尊。他们似乎是自我激励的，需要安静的空间来工作，并"跟随不同鼓手的节拍前进"。这些学习者处于独立学习和自定进度的教学时更容易吸收知识。他们在参与单个项目时有很好的吸收新信息的能力。

学校音乐教育虽然属于边缘学科，但是它同其他学科是一样的，都是一个复杂的循序渐进的过程。在20世纪中期，我国的学校音乐教育已经与教育学、心理学、美学等学科交叉，相互联系、相互影响又相互作用，扩大了音乐教育理论的发展空间。对于音乐学习中的自我认知，笔者认为可以简单理解为教育对象对自身音乐学习接受能力及特长的准确判断，这种自我认知智能在音乐学习的过程和发展中是客观存在的，对学习音乐的最终效果其实有非常大的影响。

七、人际智能

关键词：互动、合作学习、社交、理解。

人际智能使儿童识别和区分他人的感受和意图。当儿童在小组合作中茁壮成长时，当他们注意到朋友和同学的情绪并做出反应时，当他们机智地说服老师他们需要额外的时间来完成作业时，他们表现出来的就是这种智能。他们往往是天生的领导者，会"庇护"他人。他们几乎总是和一群人在一起，有着广泛的朋友和熟人圈子。他们喜欢与他人交谈，教导他人，并在团体活动中组织、调解和沟通。他们通常理解他人，本能地知道如何与人合作。当有机会采访他人、分享想法以及协作完成任务时，具有这种智能的儿童将学习得最好。

人际智能包含了换位思考，与他人的合作交流，对他人的情绪、动机和情感状态具有敏感性，能够自主地发现他人或事物中不易被发现的行为和观点，当然还有协同和维持与他人关系的能力，即可以准确理解其他人或他人所表达的诉求及其关系，以及与他人交流交往的能力，这其中包含了组织能力、动员能力与协调能力。组织能力，主要指在群体或活动时，可以有效地进行活动组织、协调，并且会被他人信任，被组织对象信服的能力。动员能力，意为能够利用自身敏锐的观察力去感知他人的情绪意向和想法，再运用所得到的信号去引导他人执行欲完成的目标的能力，也指容易同他人建立相对较为密切的关系的能力。协调能力，通常是指仲裁与排解纷争的能力，换句话说，也是与他人交流协商以达到双方利益平衡的能力。人际智能，能对他人表现出关心和情感上的照顾，善于体贴和包容他人的情绪，是适于团体合作的能力。综上所述，人际智能是指通过正确地发现别人在愿望意图、个人能力、举动、情感等方面的差异，从而自己根据不同的情况做出合适的反应，使相互之间的交流没有障碍，达到与他人正确沟通的目的。交际能力较强的人往往具备这种能力，比如政客、演说家、教师、销售人员等，他们处理人际关系时显得游刃有余。

八、自然主义智能

关键词：精神。

自然主义智能允许人们区分、分类和使用环境特征。展示出这种智能的儿童可以说出和描述他们周围每种汽车的特征，他们发现给植物分类和识别动物很容易。他们在学校里最喜欢的活动是科学、自然漫步、户外游戏。具有自然主义智能的人适合的职业包括农民、园丁、植物学家、地质学家、花匠、考古学家、生物学家、天文学家、兽医等。

加登纳认为，八种智能的组成大致为"激光"式的智能模式和"探照灯"式的智能模式。"激光"式的智能模式只偏重于发展一两项智能，表现为艺术家、科学家等。"探照灯"式的智能模式指发展三个或者更多项的智能，表现为政治家和商人等。加登纳使用实证测量的方法，包括对大脑损坏病人进行研究，得出智能存在的独立性和智能符合使用的必然性。多元智能是个体拥有的智能基础，每个个体的智能程度和倾向性是不一样的。他从多元智能理论出发，批判了"西方主义者"（崇拜西方文化，推崇逻辑思维和推理）、"精英主义者"（推崇以确定的逻辑方法得出确切的结果）、"测试主义者"（推崇能够测量的能力，忽视不可测量的部分智能）的三种偏见。最重要的是，加登纳表示这八种智能之间，任何一种智能都多少会促进另一种智能或另外几种智能的发育和发展，且各种智能具有相对的独立性。

第三节 多元智能理论与学前儿童音乐教育的整合

一、多元智能理论的误用和应用

许多教育工作者已经接受了多元智能这一理论，用于教学并向所有学习者提供指导和帮助，然而有时这一理论被误用或简单地应用。加登纳对他的理论消极和积极的应用做了如下概述。

（一）误用

①试图用所有的智能来教授所有的概念或科目。"假设每一个科目都可以用至少七种方式有效地处理是没有意义的，试图这样做是浪费精力和时间。"

②假设只要应用某一种智能就足够了，而无论你如何使用它。例如，认为对于身体动觉智能，随意的肌肉运动与心智的培养没有任何关系。

③利用智能作为其他活动的背景。例如在儿童解决数学问题时播放音乐，这时的音乐与滴水水龙头或嗡嗡作响的风扇没有区别。

④将某一智能与其他向往的智能混合在一起。例如，"人际智能经常被扭曲为合作学习的许可"，而"自我认知智能经常被扭曲为自尊项目的基本原理"。

⑤对智能进行直接评估，甚至是评分，而不考虑上下文。例如认为根据个人的"语言"或"身体动觉"程度来评分是没有意义的。

（二）正确的应用

①培养理想的技能。学校应该培养在社区和更广泛的社会中受到重视的技能和能力。

②以多种方式处理一个概念、主题、学科。学校将大量时间花在关键概念、生成性思想和基本问题上，并让学生熟悉这些概念及其含义。

③教育的个性化。多元智能视角的核心是在理论和实践上认真对待人类差异。

二、与学前音乐教育相关的共同目标

教师可以进行多元智能调查，确定儿童的优势领域，确定学习者如何处理信息，为教师从计划、教学到评价的实践提供信息。教师需要注意不要给学前儿童贴标签，因为智能会随着经验的增加而增加。

在当前的教学环境中，有一些多元智能的共同目标，大多数家长和教师都持赞同意见，这些很多都离不开音乐的教与学。

其一，建立学前儿童的自尊是首要的。研究表明，自尊是学校教育成功的最大预测因素（布鲁克斯，1990）。当一个孩子被邀请在一个团体中唱歌、运动或玩耍，并感受到自

己的成员身份和对团体的贡献时，自尊就建立起来了。同样，当孩子接受音乐挑战，去唱歌、演奏、即兴创作、作曲、倾听、分析、移动或以其他方式做出适当的反应时，自尊就建立起来了。此时需要鼓励并帮助他们成功。对于那些非线性思考的学前儿童来说，音乐可能是少数几种在早期获得成功的智能之一。通过音乐，学前儿童能学会学习的过程，然后可以将其应用到其他不太容易理解的学科中。

其二，社会技能的发展是整个教育良好教学和成功学习的基础。社会技能建设是有与合作学习相关的研究和文献支持的（约翰逊等，1993）。合作课程旨在引导学前儿童培养技能，使他们形成工作团队，有效地完成一个共同目标。制定问题和策略，可以使学前儿童发展更深层次的概念理解，最后学会处理遇到争议的情况，从而提出和捍卫观点。在一个充满竞争的世界里，音乐是一门学科，在这门学科里，共同的合作与努力是必不可少的。这对于需要创造性思维和团队合作的成员来说，是极好的准备。

其三，识字是所有儿童的共同目标，但识字的定义往往是狭隘的。在语言文字中，识字包括听、说、读、写和用文字语言思考。但多元智能理论认为，其中包含数字语言（数学）、声音语言（音乐）、手势语言（身体运动）和设计语言（视觉艺术）。它们中的每一个都有自己的语法、规则和符号来传达意义。通过掌握多种语言，学前儿童将能够进行跨智能交流。科学家弗兰克·威尔逊记录了儿童执行某些任务时的脑部扫描。他说，当人们阅读文字时，大脑的语言中枢亮了起来；但当他们阅读乐谱时，大脑"像圣诞树一样亮了起来"（威尔逊，1986）。阅读音乐比单独阅读词语有更多不同的一次性处理特征。

其四，所有教师都使用理解策略来建立对其学科概念的理解，包括因果关系、观点、事实和意见、先后顺序、总结、预测、比较和对比等。在讨论音乐时，所有这些策略都必须用于有意义的反思性思考。从这些角度探索音乐可以让学前儿童口头描述非语言事件，这需要更高层次的思考，并可以培养口头或书面语言的能力。通过这些方式思考，还可以获得更深层次的理解。

其五，整个学校生活中，听力技能是取得成功的必要条件，也是音乐教育的基石。有鉴赏力的倾听者只是为了快乐而听，并为每个特定的场合学习适当的倾听礼仪；专注的倾听者开始注意音乐中的特定元素和模式；批判性的倾听者将所听到的东西与他头脑中的某些标准进行比较，并批判性地分析声音。此外，无论学科如何，这些接受、参与和反思的技能对于理解是必要的。同样，音乐教育应是培养终身学习的技能，所以不要进行不适当的听力活动。学前儿童应该参加互动的音乐会，通过唱歌、律动、演奏或一边听一边玩来参与，遵循这一点可能会使儿童和成人免受令人沮丧的负面体验。

其六，养成解决问题的能力和批判性思维是我们努力帮助学前儿童实现的目标，无论是将学习到的信息与他们自己的生活联系起来，或是运用他们的知识解决一个新问题。教师应致力于建立跨越智能的理解，引导学前儿童将他们的知识应用到日常生活中。

早期音乐学习是当今媒体的一个"热门话题"，无论是在网络上还是杂志中，这是对应在早期接触音乐非常有力的支持。将音乐学习与其他学科的成就联系起来的依据较多，本书将在后面的章节中进行探讨。将音乐融入儿童生活的最好理由是音乐本身的独特品质，音乐对于开发人类与生俱来的音乐智能至关重要。接受音乐教育是每个学前儿童的权利。

三、学前儿童音乐教育方法

每个和学前儿童一起的人都可以在一定程度上指导其音乐学习。训练越多越好，但也有一些基本的活动，不需要特殊的训练。

其一，让学前儿童从出生起就听自发的音乐。当学前儿童在环境中模仿声音时，通过模仿他们发出的声音来延长和加强活动。来回进行"声音对话"，通过眼神交流和举起手臂或整个身体，建立他们的听觉意识和声音探索。加强长短、高低、快慢、粗糙和精致、响亮和柔和的差异，建立听觉辨别技能。

其二，当学前儿童开始唱歌时，重复他们所唱的，只要他们有兴趣，就一遍又一遍地重复。可以自己编一首小歌，然后一遍又一遍地唱，不断地改变和添加内容。

其三，和学前儿童一起唱儿歌，唱传统歌曲。歌谣是文学中真正的音乐语言，节奏和韵律是语言发展的重要源泉。传统歌曲的语言结构经受住了时间的考验，包括重复、对比和语言的句法，并伴随大多数韵律的运动包括协调技能，可以促进阅读、写作能力提升。许多人也建立了对模式的理解，从弹跳或来回摇晃开始的稳定节奏活动，会在大脑中发展出尚未被理解的途径，这对学习至关重要。

其四，使用你的歌声作为示范，为学前儿童在过渡期间指明接下来会发生什么。唱一些关于你所做的事情的歌，用熟悉的旋律，如"一闪，一闪，亮晶晶"或"我们绕过桑树丛"。为了乐趣而唱歌，尤其是那些有动作和方向可循的歌曲。如果学前儿童听到和看到你唱歌，他会像你一样自发地唱歌并感到开心快乐。

其五，让学前儿童通过"声音漫步"，闭着眼睛，闭着嘴，张开耳朵，来探索声音的世界。有那么多声音围绕着我们，但我们通常察觉不到。花点时间让学前儿童去听细微的声音、声音组合和不同类别的声音（响亮或柔和，人或机器，粗糙或光滑，持续或间歇性，稳定或时断时续，等等）。用手机录制声音然后播放，看看学前儿童是否能识别出声音来源。

其六，另一种探索类型是寻找创造声音的方法。探索声音是指找到说话、唱歌、低语和呼叫的声音功能，然后试着用四种声音分别说熟悉的押韵。找到你身体上的声音，包括拍手声、跺脚声、滑动的声音、胸部"重击"声等等；然后把这些声音做一个序列，每次重复四次。环境中充满了可以发出声音的物体，从墙壁、地板到棍棒和石头。去帮助学前儿童探索，较大的容器通常会产生较低的声音，而较小的容器则会产生较高的声音，硬纸板听起来不同于木头或塑料，把木头或塑料碗倒放在浴缸或水上游戏区域，然后用勺子轻轻敲击，形成水鼓。

其七，使用课堂工具为故事、诗歌和音乐伴奏。首先探索每一种可用乐器的多种可能的演奏方式，然后找出乐器之间的异同，分类是木材、金属、薄膜（鼓）和刮板、振动筛。在游戏室或教室里，用纸在架子上画出每种乐器的轮廓，这样学前儿童就会知道把它们放在哪里。当你读到像"这里有三只山羊"或"一个星期一的早晨"的故事时，为每个角色选择乐器演奏；或者引导学前儿童创编一个有自己的角色和故事情节的故事，使用这些工具来帮助他们创编故事；或者在听音乐或诗歌时，随着稳定的节拍演奏乐器。

其八，在乐器被引入并在引导课程中使用后，在一张桌子上放一块大布片，创建一个"音乐帐篷"。在帐篷里，把一些仪器放在篮子或其他容器里，为帐篷设置最多的容纳人数，比如一次两个人。在帐篷里学前儿童一起探索乐器、合作作曲，一起演奏歌曲，并学习用音乐的语言彼此交谈。

其九，为音乐语言和文字语言提供一个丰富的环境。乐谱记谱法和歌曲文本都支持两种符号，为儿童绘本提供歌曲和音乐符号，儿童对音乐符号就会变得熟悉起来。如果你不懂音乐符号也没关系，可以找一个懂符号的家长或老师来解释一下。对很小的儿童来说，这个经历比细节更重要。为了培养儿童的文字语言素养，可以在句子中加入熟悉的歌曲文本。儿童歌曲中有许多有助于解码的特点，包括重复、押韵、短语和替代的可能性。

例如，使用"如果感到快乐"。文字是这样的："如果感到快乐，你就拍拍手（拍手动作），如果感到快乐，你就拍拍手（拍手动作），如果感到快乐，你就快快拍拍手，看啦大家都一起拍拍手（拍手动作）。"

以下是教学过程：

首先用听觉教授这首歌，可以用其他词来代替"拍手"，例如"踩脚""点头""拍膝盖"等等。也可以用其他的情绪来代替"快乐"这个词。

然后把词语写在卡纸上，用图画的方式画出来，比如"快乐"这个词的下面画一张笑脸，"鼓掌"画一双在拍的手。

最后引导学前儿童完成这个活动后，把图挂起来，这样他们可以独立地重复这个活动。可以为他们提供额外的图片和书写工具，以便他们使用图片或图画创建自己的替换词。

上述活动都不需要任何音乐训练或专业知识，但它们能达到适合儿童音乐教育的目标。父母和幼儿教师可以将这些类型的活动结合起来，开发学前儿童大脑的音乐中心，为更高级的音乐智能学习做准备，同时可以建立与其他智能学习的神经联系。这些联系让学前儿童有机会完整地成长，不会因忽视音乐需求而形成阻碍。

有许多证据表明，音乐艺术对人类的成长和发展至关重要。令人惊讶的是，一些决策者仍然认为它们是"装饰"。与感兴趣的家长、教师和管理人员分享音乐，你将会把音乐作为每天日常的重要组成部分，积极主动地支持音乐和艺术项目，并了解它们对学前儿童至关重要的原因。通过倡导、建立和维护儿童早期发展适合的音乐项目，每个孩子都会得到公平的教育。

四、当前学前儿童音乐教育存在的问题

（一）重视音乐知识传授，轻视学前儿童全面发展

部分学前儿童音乐教师把音乐教育片面地当成是唱歌课、跳舞课，并没有认识到音乐教育对人的全面发展有着不可估量的作用。在课堂上教师只是单纯地教学前儿童唱歌或跳

舞以帮助他们提高歌唱、舞蹈表现能力,更有些教师只是按照教材上的曲目一次性教学前儿童大量的歌曲。这样的方式根本不能满足学前儿童身心发展的需要,只会导致学前儿童在音乐教育中收获不到任何快乐,从而对音乐逐渐失去热情和兴趣。

(二) 音乐教育方法与评价较单一

当前的学前儿童音乐教育中还存在音乐教育方法与教育评价比较单一的问题,在教育方法上,教师通常只是采用直接的、单调的形式进行歌曲、舞蹈、乐器演奏的传授,而没有将这些内容与每个学前儿童的特点结合再加以拓展,制定出更丰富、更合理、能够适合于不同学前儿童的教学方式。在教学评价上,教师往往过于注重歌唱能力的评价而轻视学前儿童其他方面的评价,比如音乐想象力、随音乐律动时的节奏感等细化的音乐能力以及学前儿童在音乐活动中表现出的情感态度、意志、个性等。这样单一的音乐教育评价不利于学前儿童自信心的发展,也不利于他们内在潜能的发掘,从而使得评价不能发挥其真正的作用。

五、多元智能理论对学前儿童音乐教育的启示

(一) 学前儿童音乐课程应帮助他们形成健全人格

多元智能理论中提倡的音乐智能的培养、对学前儿童实施音乐教育的目的,并不是为他们以后能成为音乐家或演奏家提前做准备,而在于激发学前儿童对音乐的热情,激起学前儿童探索音乐的欲望,并且使他们能够通过音乐得到各方面潜能的开发,塑造健全的人格。学前儿童音乐课程目标中较多地使用了"体验""感受""喜欢""快乐"等词语,表现出了对学前儿童情感态度、兴趣、个性等方面的关注与重视。我们可以通过课程目标认识到学前儿童音乐课程的功能并不仅仅在于帮助学前儿童获得音乐知识技能,还在于促进他们身心和谐、全面发展。

因此,在学前儿童音乐教学中,我们应该明确正确的课程目标,以多元的视角开发学前儿童音乐课程,并且将课程功能进行最大限度的拓展。例如,在学前儿童学习歌曲《洗手帕》时,教师可以首先向他们提问:"小手帕有什么作用呢?"接着让学前儿童畅所欲言。"小手帕脏了怎么办呢?"让学前儿童自由回答。教师引导并教育学前儿童发扬我国艰苦朴素的优良传统,告诉他们不应随便丢弃不喜欢的、旧的物品,让他们了解父母工作的辛苦,并且让他们想想自己以前有没有随意丢弃物品,这也就发展了学前儿童的内省智能。接下来,教师播放音乐营造洗手帕的场景,让学前儿童自己动手跟着节拍洗手帕,发展身体运动智能,告诉他们应该讲卫生、爱劳动。最后,伴随着欢快的音乐,要求他们扮演不同角色,有的演妈妈,有的演孩子,表演歌词里写的"妈妈洗衣裳我也来"的温暖场景以发展人际交往智能,让学前儿童学会体谅父母。

(二) 学前儿童音乐教育应帮助每一个儿童获得发展

多元智能理论指出,每个人都拥有不同的智能组合,每个人拥有的智能强项也是不同

的，甚至每种智能还可以细分出许多其他能力。这种智能差异的存在使得不同的人能够在不同的行业背景下取得耀眼的成绩。例如在法律这样一门很特别的学科里，也可以发现每个人在语言、逻辑、人际理解等智能范围内的强项组合各不相同。既然形成这些技能和倾向差别的原因越来越清楚，那么统一的教育方法也就更没有道理了。也就是说，不同的人之间的差异性要求教育方法也应该与个人相适应，教师应该以不同的教学方式对待具有不同特点和不同智能组合的学生，来帮助他们获得自身的最大发展。

对于学前儿童音乐教育，我们应该努力了解每一个儿童在音乐方面的强势智能与弱势智能，使音乐教育方式灵活化，帮助儿童的强势智能得到进一步强化，且弱势智能也同时获得提升，满足每个儿童不同的发展需要。教师一定要认识到音乐教育必须是多元的、开放的，要以不同的教育内容、教育方式及教育评价帮助每一个儿童获得发展。比如，在学习《迷路的小花鸭》这一歌曲时，有的儿童喜欢安静地欣赏，有的儿童喜欢跟着音乐旋律快乐地哼唱，有的儿童则喜欢站起来随音乐自由地摆动身体或是模仿小鸭子行走状。这时，教师不应该强行要求所有儿童都要一起开口唱或是阻止他们随音乐的身体律动，教师应该以多元的、开放的教学心态来看待这种现象，鼓励他们大胆地展示自己，可以让爱欣赏的儿童听完歌曲后讲讲自己的感受以及联想到的事物，让爱唱歌的儿童和爱跳舞的儿童共同表演，更大程度地激发他们的音乐表现欲望，总之就是要让每个儿童在自己的强项上充分发展。最后，教师在儿童表演之后都应给予适当的鼓励。

（三）学前儿童音乐智能评价应多元多维化

人人都有热爱音乐、学习音乐的权利，这是现代音乐教育最基本的主张。各人的音乐能力都有所不同，表现自身音乐智能的方式也各有特点。人们常说的"音乐才能""音乐天赋"的内涵可以有很多种。通常，音乐能力包括音乐欣赏能力、音乐表演才能、音乐创作技能三个方面。而这三个方面又能分出很多更细化的音乐能力，比如在音乐欣赏中还可以包含对于音乐情境或意境的想象力，音乐表演中还包含对于节奏节拍的表现力，对于表演时音乐流畅性的把握能力，等等。音乐智能的多元化使得多种多样的音乐能力表现形式成为必然。有的人能够准确地感悟音乐作品中的深层内涵从而用语言准确地描述音乐意境，有的人能够随着音乐节拍即兴律动或是编创简单的符合音乐节拍和内容的动作。

总之，每个儿童的音乐能力表现各不相同，作为教师应该在课堂上以及课外音乐活动中仔细观察儿童的表现，并且给予他们的音乐表现差异以充分的尊重及鼓励，从不同的视角、不同的内容来评价他们的音乐智能，也就是儿童的音乐智能评价应该多元多维化。例如，在儿童学习《聪明的一休》这首歌曲时，有的儿童可能愿意一边欣赏音乐，一边模仿一休和他人进行交流（人际智能、身体动觉智能）；有的儿童则更愿意非常安静地投入到音乐当中去，当首乐播放完之后，将歌曲中大部分旋律和节奏准确地哼唱出来（音乐智能）；而有的儿童听到歌曲便开始即兴地活泼起舞，仿佛可爱的一休就在自己的身旁。所以，教师在这过程中应该细致地观察儿童，以更开放的心态进行儿童音乐智能的评价。

第四节　学前儿童音乐教育中多元智能理论的渗透路径

一、多元智能理论在学前儿童音乐教育中的运用策略

（一）多元智能理论运用于学前儿童音乐教学的教学理念

多元智能在学前儿童音乐教育中的运用，其实既是"目的"也是"手段"。教师通过学前儿童音乐教育来达到开发多元智能的目的，同时也通过多元智能的多元观和发展学前儿童的强项智能来更好地促进学前儿童音乐教育。为开发多元智能，加登纳提出每个人都与生俱来具有某种智能，其中一些智能的培育和发展关键期在儿童时期。学前儿童的音乐教育对于发掘他们的各种智能潜力有着不可忽视的影响及作用，我们通过符合学前儿童身心特点的多元化音乐教学来着力强化学前儿童的优势智能，同时也不断提升其弱势智能，使得学前儿童身心能够全面、协调地发展，为其将来成为有用之才奠定坚实基础。因此，教师在学前儿童音乐教育的各个环节中都应秉承"为开发多元智能而教"的理念。

比如，教育内容、教育评价的选择，以及教育过程的设计、教育环境的布置等方面，都应考虑是否能够有利于充分开发学前儿童的多元智能。以多元智能为切入点，加登纳多次对教育工作者提出建议"应以多元智能为教学上多元切入的管道或多元切入点，达到对某一学科、领域或主题有深入的理解"。多元智能的实践家拉齐尔更进一步认识到："既然我们能够认识到各种不同的求知方式，我们就能够练习它们，并使它们更好。"在一定程度上，使用智能就像使用我们在生活中发展起来的任何技能一样——使用得越多，发展得越好。

也就是说，我们可以将多元智能作为"手段"来促进儿童的音乐教育。在教育中，应该用多元开放的心态面对每一位儿童，坚持通过引导儿童更多地使用智能来发展多元智能。

比如在一个有关选举的主题活动中，教师让儿童思考：为虚构的候选人（一只狐狸、一只公鸡和一只小鸟）创作竞选音乐（只需口头哼唱），通过这样一种方式来帮助儿童对竞选活动有所了解。儿童各有想法并纷纷讨论，有些孩子最后创作出来的并不是一段旋律而是模仿动物的形态同时发出相应的叫声，比如鸟儿叫、公鸡啼叫等；并且积极指导同伴应该怎样做才能使模仿更逼真。此时儿童发展了音乐智能、身体动觉智能、人际智能；教师应该及时地观察到这些细节，让儿童通过多加练习这些智能来发展多元智能，即借助儿童对动物声音的敏感，引导他们多欣赏有关动物的音乐且尝试模仿更多动物声音和形态，帮助他们能够分辨不同乐器演奏的同一首乐曲，鼓励他们与其他儿童交流分享个中体验并主动、热情地在同伴们面前展示自己，之后让儿童评价自己的表现。

（二）多元智能理论运用于学前儿童音乐教育的途径

喜欢游戏、喜爱各种有趣味的活动以及乐于接受贴近于日常生活的情景画面是孩子们的天性。学前儿童音乐教育的主要特点即音乐教育主要寓于各种活动以及音乐游戏中，加登纳的多元智能理论也大多主张以主题活动的形式和将儿童置身于真实情境为主，帮助儿童发展多元智能。接下来，笔者从主题音乐活动和多元音乐情境两方面来探讨发展学前儿童多元智能的音乐教育途径。

1. 通过主题音乐活动发展多元智能

主题音乐活动的教育有较大的灵活性和较少的局限性，更容易在需要时做出适当调整以适应不同年龄的儿童智能水平和解决问题的实际能力。"一个主题就是一个超越了学科和内容领域的统合概念。课程不再是一堆不相干的技能和内容的碎片，而是源自主题并与主题密切相关的知识。"毫无疑问，主题音乐活动并不局限于音乐学科的知识与技能，而是涉及更广泛的内容领域。以音乐为主，综合各领域相关知识，融合多种智能于教学活动中，既能发展音乐智能，又可以拓展其他多种智能，与多元智能理论不谋而合。

比如，组织学前儿童学习环保知识，通过以"环保"为主题的音乐活动，使学前儿童对环保有所认识，并且能够主动爱护花草树木、不乱扔果皮纸屑。

音乐活动设计如下：

播放有关美好大自然的音乐（如水流声、鸟叫声），让儿童感受大自然万物生发的美妙，然后说出音乐中出现的自然声。让儿童各自形容大自然里有些什么颜色，并且表现鸟儿在湛蓝的天空下自由翱翔的欢快场景（训练音乐智能、语言智能、身体动觉智能）。教师讲述在日常生活中不爱惜花草树木、乱扔垃圾、浪费资源等都是不环保的行为，这些行为会破坏美丽的大自然，水流将变得不那么清澈，天空变成了阴森的灰色，鸟儿也不如以前快乐。让儿童尝试用水彩笔画出伤心的鸟儿和灰色的天空，教师对画作给予鼓励和评价（训练视觉空间智能）。

播放少儿歌曲《环保》，让儿童一边欣赏音乐一边通过歌词学习怎样做才更环保，然后让儿童回忆自己曾经的不环保行为并讲述给同学们听，教师引导其认识错误（训练音乐智能、语言智能、自我认知智能）。

教唱歌曲《环保》，把儿童分成两人一组，各组分别讨论、练习歌曲之后，再自行选择以歌唱或歌舞的形式在大家面前展示（训练音乐智能、人际智能）。

2. 通过多元音乐情境发展多元智能

人类是生物的一种，是有文化的生命体。婴儿出生以后可以在日常生活中通过各种文化领域的素材来吸取有助于自身智能发展的养分。在教室里，儿童每天都接触大量用于启发其运用多种智能的素材，还有其他十几个各式各样的"活动角"。有时候还可以是教师用语言创设情境，让儿童置身于某种日常情境之中，这种情境模拟对于儿童来说是一种有效的学习方式。

在音乐教育中，可以让儿童围绕歌曲或乐曲的故事、情感，并利用教师提供的有关素材进行各种角色扮演，身临其境地体验、感悟音乐中的内涵。同时可以在角色扮演的过程中，发展儿童的其他多项智能。

比如这样设计多元化音乐情境：教师使用材料动物卡片，用语言、动作等方式向儿童生动地描述、表现大象，让儿童讨论交流是哪种动物。（训练语言智能）

播放歌曲《两只小象》，教师展示动物卡片给儿童，引导儿童从众多动物卡片中找出大象并鼓励他们描述大象的身形、富有特色的鼻子等。（训练音乐智能、语言智能）

教师用语言创设情境让儿童在脑海中发挥想象，如："在弯弯的小河旁，有一只小象在散步，它心情非常的愉悦，偶尔透过清澈的河水照照镜子。后来又来了一只小象，它们俩友好地握握手，最后成为了好朋友。"（训练语言智能、视觉空间智能）

请儿童表演小象欢快地走在河边、照镜子等神态，要求将一只手弯曲放在头前扮成大象鼻子状，教师扮演另一只小象，两人微笑友好地握手。引导儿童各自交流表演大象的经验及感受，鼓励表演出色的儿童指导其他同伴。（训练身体动觉智能、自我认知智能、人际智能）

请儿童各自哼唱一小段音乐，要求要能表现出认识新朋友的快乐心情，可以是儿歌或是自己创作的歌曲。教师给予建议、指导。（音乐智能）

最后儿童学唱《两只小象》，唱到歌词"握握手"处就和身旁的伙伴握手。（训练音乐智能、人际智能）

3. 多元智能理论运用于学前儿童音乐教育的教育评价

学前儿童音乐教育评价的制定首先应符合儿童的身心特点，其次要能够促进每一个儿童的发展。多元智能理论的评价观给我们的启示是：评价要以相信和帮助每一个儿童的发展为主要目的；评价内容和评价标准应多元化；评价应当情境化，应将评价与儿童的学习情境相融合。

（1）成功性评价

成功性评价即评价应帮助每个儿童获得发展、体验成功的喜悦。评价的初衷都是为了更好地帮助儿童获得发展。在传统的儿童教育评价中，往往过分重视通过评价结果给儿童评定等级而没有很好地利用评价的促发展作用，教师利用教育评价往往在寻找的是"适合接受教育的儿童"而不是努力创造"适合儿童的教育"。这样的做法很容易挫伤儿童的自尊心，使得儿童体验不到成功带来的快乐感，因而导致儿童的内在潜能不能得以充分发挥。多元智能理论评估强调通过评估识别每个儿童的强项智能与弱项智能，关注并赞扬儿童的智能强项、以智能强项带动智能弱项，促进每个儿童全面发展，帮助他们获得成功的快乐。

在学前儿童音乐教育的评价过程中，教师首先要以包容、开放、发现的心态面对每一个儿童在音乐智能上的差异，对于儿童的智能强项应给予积极的关注并赞扬，而且应提供相应的机会给儿童展示自己。这样可使儿童感受成功带来的自信和喜悦，并相信自己是有能力的。例如，在音乐《猴子爬树》的教学中，教师请儿童表达自己的音乐体验，展示自己对音乐所表现的动物的想法。有的儿童能够哼唱音乐旋律而不能够恰当地模仿小猴动作，有的儿童则更喜欢用语言来描述音乐情境以及自己的联想，教师都应当一一予以鼓励，并邀请会哼唱的儿童带领大家一起唱，邀请擅长语言表达的儿童以音乐为背景给大家讲故事。在这个过程中，不同智能特点的儿童都得到了包容和激励，收获了成功的喜悦，并且发展了音乐智能、自我认知智能等。

（2）多元化评价

音乐才能的多样化以及个人智能组合的差异性要求我们的教育评价也必须多元化。传统的音乐教育评价内容和标准非常单一，内容常以演唱、演奏为主，标准则大多是要求演唱演奏时音准到位、节奏感强等等。这样的评价不利于发展儿童自身的潜在优势，许多儿童的"音乐天赋"也就这样被埋没。多元智能理论认为智能结构与智能表现形式在每个人身上的体现各不相同，因而不存在一种适合于任何人的评价标准。

因此，我们不能仅仅只关注儿童的歌唱、演奏能力，而应将它们与音乐欣赏、简单的创作能力等综合纳入评价内容，同时还应仔细观察儿童透过音乐表现出的其他智能并进行评价。比如，在音乐活动中，儿童可以根据自己的爱好、特长自由选择表现音乐的方式，有些儿童不喜欢唱歌但在欣赏音乐时能够跟随音乐有节奏地拍手或摆动身体，有些儿童不能很好地把握音乐的节奏但擅长根据音乐情境讲故事，教师可以对儿童丰富的音乐表现进行评价并适当引导，这样的评价既体现了多元智能观而且也促进了儿童的多项智能的发展。关于评价标准，要考虑到儿童本身音乐能力的组合差异，制定出人性化、灵活化的多元评价标准。例如，一个儿童在演唱歌曲时不能较准确地表现出音乐的基本旋律和节奏，但他在欣赏歌曲时能够大胆地即兴表演舞蹈动作，那么我们可以根据该儿童的情况制定出适合于他的评价标准，可以在演唱歌曲方面适度地调低评价标准，而更多地在他感受音乐、创作方面给予积极的评价，这样更能够帮助儿童树立自信并使其各种智能协调发展。现代教育中的教育评价提倡"纵向评价"，而这样灵活化的多元评价标准正好与该理念相符，同时也体现了对儿童之间智能差异的充分尊重。

（3）情境化评价

传统的教学评价最大的缺点在于测验情境、测验内容与真实生活和学习情境不相符，这种评价往往与教育、学习过程相脱离，是在人为的非自然学习情境下进行的。这样必然导致评价结果不能真正反映儿童在实际生活情境中的解决问题、创造作品的能力，也就并不能反映儿童的真实智能发展水平。多元智能理论中提出的智能情境化这一观点也为我们进行情境化评价提供了科学的理论依据，也就是评价只有在相关的情境中才有意义。正如加登纳指出的："评估应该成为自然的学习情境的一部分，而不是在一年学习时间的剩余部分中被强制外加的内容。评估应该在个体参与学习的情境中轻松地进行。"因此在教育中，我们应把评价贯穿于实际的教育情境当中，弱化评价与教育之间的界限。

情境化的教育评价是在自然、实际或类似实际的情境下进行，因而有利于儿童展现真实的自我，反映出真实的能力。例如《秋天的落叶》一课，教师首先可以运用音乐、视频或语言创设情境，向儿童展现秋天的景象，渲染秋天风吹落叶的气氛，让儿童仿佛置身于金色的秋天一般。在此基础上，教师请儿童跟随音乐用各自喜爱的方式表达对秋天的印象，可以以唱歌、讲故事、跳舞等形式表现，引导儿童了解秋季的落叶、丰收等自然规律。教师可根据儿童表达的秋天的形象进行填词、教唱，如："金色的秋天！金色的秋天！你成熟又可爱！"最后教师引导儿童自行编创歌词，并帮助儿童将歌词与音乐结合再进行表演。在整个教育过程中，教师应认真观察每个儿童的表现以及智能特点，及时地给出评价和鼓励，可做适当的记录。这样的情境化音乐教育过程能够使儿童很快地融入到整个音乐气氛当中，感受音乐并大胆地发挥想象力展示自己内在的更多潜能，在这个情境中进行的评价则可以使教师获得儿童非常自然而真实的智能表现。

二、多元智能理论在学前儿童音乐教育中的实践研究

加登纳认为，音乐智能是独立存在的智能，同时也与其他智能相互影响、相互促进，也就是说发展音乐智能的同时，其他的智能也会相应地得到发展。由此可知，音乐教育的功能不仅仅体现在培养音乐才能上，还可以体现在"促成个性自由和谐发展，提高人的整体素质；发展多向思维，启迪智慧的增长以及促进身心协调健康地成长"等方面。而要真正实现通过音乐教育发展儿童的多元智能还必须将理论付诸实践。

加登纳始终认为"没有独一无二且被普遍认同的以多元智力为基础的课程设计模式。教师们都非常擅长设计最符合自己及自己学生兴趣的教学方法"。人们常说"适合的就是最好的"，教育模式亦是如此，适合儿童特点的、符合儿童兴趣的就是好的教育模式。尽管多元智能理论给我们提供了一些有效的课程设计框架，但对于不同的儿童、不同的教学环境仍没有一种被认为是唯一的、最理想的教育模式。目前问题式学习、案例学习、合作学习、操作性学习等都是幼儿园课程中比较常见的课程模式，这些幼儿课程模式对于融合多元智能理论的学前儿童音乐教学都是很好的选择。

音乐艺术是注重情感体验的艺术，以情感体验和形象思维作为审美的主要途径，所有的音乐都需要人用心去感悟、理解，从而体味到更多音乐中蕴含的美好。因此，以音乐体验和感悟为主，辅以其他知识的体验感悟，这样一种教育模式能够在提高儿童音乐审美能力和感悟能力的同时，开发他们的其他智能。此外，音乐中的合唱、合奏等集体协作活动可以培养人们的合作意识。当今社会，合作显得越来越重要，在很多事情上，对于善于合作的人来说更容易通过与他人的协调共处和努力而取得成功。因此，在缤纷多彩的音乐活动中，儿童之间、儿童与教师之间的合作既能够促进音乐教育，同时也能发展儿童多项智能。

多元智能理论运用于学前儿童音乐教育的模式可以有多种，笔者着重探讨以下两种教育模式。

（一）体验感悟模式

体验感悟模式即在学前儿童音乐教育中引导儿童通过积极体验音乐以及参与相关音乐活动，从而感悟、理解音乐当中的情感、形象、内涵的一种教育模式。音乐教育以审美为核心，毋庸置疑学前儿童音乐教育也同样如此。音乐需要人用心去体验和感悟，才能发现其真正的审美价值。音乐教育应当引导儿童确立健康的审美观，帮助儿童提高感受美、表现美、创造美的能力，这些都必须建立在一定量的审美体验之上。当音乐的情绪触动儿童的内在情感并与之产生共鸣时，音乐才真正地走进了儿童的心里，儿童才能领略到音乐中更深层的独特魅力。人们常说，音乐是时间的艺术，也就是说对音乐的体验必须建立在时间之上，音乐的情感只有在其流动过程中才能得以培养。在学前儿童音乐教育中，音乐欣赏、音乐表现、伴随音乐编创舞蹈动作的过程都是儿童对音乐的体验、感悟过程。教师在这个过程中要引导儿童全身心融入到音乐当中，帮助儿童积累音乐审美经验，促进儿童的音乐智能与其他智能协同发展。

例如音乐《猴子爬树》的教学过程：

教师播放音乐《猴子爬树》，并伴随音乐模仿猴子爬树以及猴子特有的身体动作等，请儿童猜猜教师模仿的是什么动物。引导儿童感受音乐节拍、节奏，仔细观察教师的动作并进行大胆联想，请儿童谈一谈这段音乐的特点，鼓励他们大胆猜测该音乐表现的是什么动物。使用音乐作为背景，鼓励儿童两三人一组轮流到教室中间用语言或哼唱或动作向其他儿童表达自己的音乐体验，并请他们表演之后相互评价。教师在对儿童的表演给予鼓励和评价之后，再引导他们认真聆听音乐的前后两部分，并匹配动作进行表演，如音乐前部分表现猴子一下一下往上爬树，后部分表现猴子从高高的树上滑下来。

音乐《猴子爬树》生动活泼、节奏富有特色，易被学前儿童接受。学前儿童需要认真投入到音乐中感受音乐并进行联想才能编创出更接近音乐形象的动作，这也就体现了体验、感悟在音乐教育中的重要性。在音乐《猴子爬树》的教学过程中，幼儿的多项智能得到协同发展，如音乐智能、身体动觉智能、语言智能、自然主义智能、人际智能。

（二）互动合作模式

互动、合作是音乐表现、表演的常见形式。互动合作模式即在学前儿童音乐教育中通过音乐以及与音乐相关的各种活动让儿童与他人多沟通、多交往的一种教育模式。每个人生来就与社会有着不可分割的紧密联系，在平常生活中需要与形形色色的人打交道或是与他们协同完成工作任务，人际智能的重要性不言而喻。因此教师应通过有效的音乐教育设计帮助儿童提升沟通能力、协同合作能力，帮助他们获得人际智能、身体动觉智能等方面的发展。

例如歌曲《火车舞》的教学过程：

教师首先引导学前儿童认真倾听《火车舞》的旋律。出示火车图，引导儿童认识火车头和车厢，引导他们发挥想象，用身体动作表现火车行进，如手的准备姿势是左手搭着前面同学的左肩，右手半握拳，屈肘收至腰部。教师引导幼儿以四人一组的方式组合，一人扮演火车头，三人扮演车厢，要求"火车头"编创动作邀请"车厢"跳舞。教师哼唱音乐旋律，请"车厢"随音乐做动作表示对"火车头"的感谢随后邀请其他"车厢"跟随其后。活动中教师表扬能随音乐做出恰当动作的儿童，引导其他儿童也学会合拍做动作，提示他们在连接的时候牵好前面儿童的衣角。最后播放音乐《火车舞》，教师与儿童一起合作表演。结束后教师组织交流，请每个组轮流在大家面前展示学习成果，并引导各组互相评价、互相学习。

互动合作的教育模式强调合作之间的相互交流与沟通，儿童可以在这种教育模式中学习到各种社会交往技能，能大大地增强自信并产生更积极的合作愿望。这种教育模式能有效促进学前儿童的人际交往智能与其他多项智能的发展。

以上两种教育模式并不是孤立的，而是相互影响和相互渗透的，我们可以将二者结合起来运用于学前儿童音乐教育当中。实际上，我们对于教育模式的探讨是一个动态开放和不断发展的过程，在此过程中只有不断发现、分析和总结，才能更好地把握学前儿童音乐教育的规律并使它发展得越来越好。

（三）多元智能理论运用于学前儿童音乐教育的案例研究

学前儿童音乐教育的内容主要包括歌唱、打击乐器演奏、音乐欣赏、韵律活动四个领域。接下来笔者结合实践研究来探讨如何将多元智能理论合理运用于这四个音乐活动领域。

1. 多元智能理论运用于歌唱领域

歌唱在学前儿童的音乐生活和日常生活中都占有十分重要的地位，是使儿童进入音乐天地最自然的途径。歌唱艺术的歌词部分属于文学艺术，音乐部分属于音乐艺术，因而它是文学与音乐联合的结晶，具有双重的审美价值。儿童可以通过歌唱感受歌曲的内容美和旋律美，并且能够积极调节自己的心理状态，塑造美好的个性。将多元智能理论运用于儿童歌唱教育不仅可以帮助儿童提升歌唱能力，还可以促进儿童其他多种能力的发展。比如可以通过对唱、轮唱、合唱等形式发展儿童的人际交往智能和自我认知智能，歌唱中的节奏训练能够促进儿童的逻辑数学智能和身体动觉智能等的发展，语言智能的发展则可以通过朗诵歌词以及分析歌词的内涵来获得。因此，教师合理运用多元智能理论设计多元的教育过程对于学前儿童的歌唱领域教育是相当重要的。

例如《迷路的小花鸭》的教学过程：

儿童欣赏歌曲《迷路的小花鸭》，教师引导儿童认真聆听、感受音乐情绪。（发展音乐智能）

教师引导儿童模仿小鸭走路、表演小鸭迷路后伤心的神态，并随教师的演唱一起进行表演。（发展身体动觉智能）

教师用故事吸引儿童。（出示教学图片）

教师：你看到了什么？

儿童 A：我看到池塘边有一只小鸭在玩耍。

儿童 B：我看到小鸭子好像流眼泪了，是不是它找不到妈妈了？

儿童 C：我还看到了柳树。

教师：真棒！大家都观察得很仔细。

教师讲述故事：有一天，小花鸭出去玩，看到空中有五彩风筝在飞，于是好奇地跟着风筝跑啊跑，跑累了它就在一个池塘边停了下来，这时它发现自己迷路了，回不了家也找不到妈妈了，它伤心地哭着喊妈妈……（发展语言智能、自然主义智能）

学前儿童学唱歌曲，教师可先引导他们用拍手或律动的形式进行节奏练习，引导他们区分和掌握节奏（发展身体动觉智能和逻辑数学智能）。请儿童根据自己的特点表现歌曲，然后互相评价，教师给予鼓励与赞扬并提出建议（发展自我认知智能）。请儿童自由结伴表现歌曲，以唱歌、舞蹈、模仿、朗诵等形式表现《迷路的小花鸭》，结束时教师提示儿童相互致谢（发展人际智能）。教师带领儿童一起歌唱《迷路的小花鸭》。

2. 多元智能理论运用于打击乐器演奏领域

学前儿童打击乐器演奏活动是指用特有的打击乐器，按照音乐的节拍、节奏敲打演奏。教师教学前儿童在数拍子的帮助下，利用运动神经感觉节奏，逐步形成较为稳定的节奏感。在学前儿童音乐教育中，打击乐曲通常是指专门为学前儿童创作的打击乐作品，通常学前儿童在打击乐演奏活动中可接触到的乐器主要有大鼓、铃鼓、串铃、碰铃、三角铁、钹、锡、木鱼、圆弧响板、双响筒等。目前在我国大多数家庭中，儿童接触、演奏打击乐器的机会不多，但在幼儿园的音乐教育活动中，打击乐器演奏活动和歌唱等其他活动一样，具有同等重要的地位，并且它能够在身心各方面给儿童带来愉悦的体验。

例如打击乐《加油干》的教学过程：

儿童随《加油干》音乐一边律动一边进教室，教师引导儿童感受音乐中快乐的劳动气氛。

教师：小朋友们，萝卜熟了，大家一起到地里去拔萝卜吧。大家真不错，拔出了这么多萝卜！现在让我们找个座位歇一会儿吧。（发展音乐智能、身体动觉智能）

教师引导幼儿回忆歌曲。

教师：小朋友们，还记得刚才那首歌曲是怎样唱的吗？是在干什么的时候唱的呢？（幼儿讨论、回答）

教师出示乐器图片引导儿童认识铃鼓、哑铃、圆弧响板等在乐曲中出现的乐器，帮助儿童区分乐器并熟悉乐器的名称，鼓励儿童谈谈这几种乐器各自的特点（发展自然主义智能、语言智能）。教师引导儿童把握整首乐曲的高昂情绪，帮助儿童熟悉乐曲中的主要节奏型。先用拍手、拍腿等形式练习，待熟悉后再使用乐器。

教师：老师为这首劳动的歌曲创编了一些动作，请你们看看老师的表现怎么样。大家

一起来做吧。（儿童跟随教师用手拍打出节奏）

在儿童熟练的基础上，教师引导儿童跟随音乐拍打节奏。然后儿童用乐器进行练习。

教师：现在我们使用乐器来表现歌曲中动感的节奏吧，拍手的小朋友用圆弧响板来代替。（引导儿童在"嚯嘿"处稍大力些）

教师指导儿童分别演奏之后再合奏。演奏时要引导儿童相互配合并及时对自己的演奏做出调整（发展自我认知智能、人际智能）。教师鼓励并指导幼儿尝试指挥。

教师总结：小朋友们，我们这堂课"大家一起加油干呀加油干"是不是很快乐呀？劳动可以给人带来快乐，我们应该热爱劳动，劳动最光荣！请大家回家后帮助父母完成一项力所能及的劳动任务。

对打击乐器演奏的学习能在很大程度上提升儿童协调能力，发展儿童身体动觉智能。在演奏过程中，儿童的视觉和听觉都能得到相应的锻炼，儿童对不同乐器的形状和声音的分辨可以提高自然主义智能，用语言评价他人的演奏时可以发展语言智能，在单独练习之后与别人合作演奏则可以发展人际智能和自我认知智能。可见，经过精心设计的打击乐演奏教学过程可以促进儿童多方面智能的发展。

3. 多元智能理论运用于音乐欣赏领域

在学前儿童音乐教育中，音乐欣赏是指以儿童学习如何听音乐为主要内容的活动。众所周知，音乐是听觉的艺术，它通过音响作用于人的听觉，传递思想感情，给人以美的享受。因此，要促进儿童在感悟、表现、创造音乐等方面的能力发展就需要以提升音乐欣赏能力作为铺垫。在音乐欣赏的教学过程中还可以帮助儿童发展多元智能。例如，儿童在体验音乐、享受音乐时随音乐即兴律动就发展了身体动觉智能；教师通过语言描述画面引导儿童一边欣赏音乐一边想象画面场景，教师展示与音乐欣赏内容协同的视觉材料，既可以帮助儿童感悟音乐，又发展了其视觉空间智能；在欣赏有关大自然的音乐时，教师可以搭配关于自然万物的视频进行教学，激发儿童对自然声响的探索欲望，提高儿童的自然主义智能。

例如《天鹅》的音乐欣赏教学过程：

完整欣赏音乐《天鹅》，感受乐曲优美、高雅的旋律特点。

教师：你听到这段音乐有什么感觉？让你想到了什么？（儿童纷纷回答）

教师总结：刚刚我们欣赏的这段音乐名叫《天鹅》，它给人非常高雅、舒展和优美的感觉。

教师用多媒体课件展示"天鹅在湖中游玩"的情景，请儿童在欣赏音乐的同时观察图片，引导儿童形容音乐里表达的意境（发展语言智能）。

教师引导儿童感受并辨别钢琴与大提琴的音色，展示钢琴、大提琴图片或分别播放钢琴、大提琴声音（发展自然主义智能）。教师指导儿童根据音乐意境用简单的舞蹈动作来表现歌曲，可以通过语言创设情境：在清澈透明、波光粼粼的湖中，有一群美丽的天鹅在舞蹈，它们在伸展着翅膀、旋转、跳跃。引导儿童逐句创编动作。

教师鼓励儿童到教室中间向大家展示自己的舞蹈（音乐作为背景），其他小朋友一起模仿，教师及时给出积极的评价和引导（发展自我认知智能）。

在学前儿童音乐欣赏的教学过程中，教师应引导他们反复、认真地聆听和感悟，还可通过语言表达、图片、视频等多种途径创设符合音乐的情境以帮助儿童体验音乐、积累审美经验，在这个过程中儿童的多项智能也得到相应发展。

4. 多元智能理论运用于韵律活动领域

达尔克罗兹曾说过："人类的情感是音乐的来源，而情感通常是由人的身体动作表现出来的，在人的身体中包括发展感受和分析音乐与情感的各种能力"。由此可见，随音乐进行的韵律活动也是学前儿童学习音乐、表达情感的最自然的方式之一。

韵律动作在学前儿童音乐教育中一般分为基本动作、模仿动作和舞蹈动作，基本动作是指一些在生活中常会用到的简单反射动作，比如走、跑、跳、摇头、点头、弯腰、击掌等等，学前儿童很容易接受。模仿动作是指儿童表现某种事物的形态或运动状态时所做的动作，如表现小猴爬树、鱼儿游泳、刷牙、喝水的动作，在这个模仿过程中儿童的自然主义智能将得到开发。舞蹈动作是指已程式化的艺术表演动作，大多比较适合学前儿童学习。为儿童选择韵律活动的音乐时，应注意挑选结构工整、节奏清晰、旋律优美、形象鲜明的音乐。在韵律活动教学的节奏训练上，教师运用语言来辅助节奏学习可以发展儿童的语言智能，可以选用一些朗朗上口、节奏清晰的歌曲作为节奏训练的材料，例如儿歌《小老鼠上灯台》。另外，教师还可以引导儿童利用人体各部位做动作进行律动，例如，在学习歌曲《头发、肩膀、膝盖、脚》时，教师就可以引导儿童随音乐有节奏地轻拍身体相应部位。

例如《鞋匠舞》的韵律教学活动：

教师播放鞋匠修鞋的视频，引导儿童认真观察鞋匠的动作。

教师：鞋匠是怎样给别人做鞋子的呢？他做鞋子的时候用了哪些工具呢？

教师：你觉得这个鞋匠叔叔在修鞋时是快乐的吗？为什么？

教师：鞋匠在修鞋时虽然辛苦但心情却非常愉快，我们一起来学学这个开心的鞋匠吧。（引导儿童理解劳动的光荣感）

接着让儿童欣赏音乐《鞋匠舞》，教师鼓励儿童随音乐节拍富有创造性地表现鞋匠修鞋的动作。

教师指导儿童一边演唱歌曲一边模仿鞋匠的动作。歌曲唱"绕绕线，绕绕线"时，指导儿童左手置于胸前，右手做拿线状随音乐节奏绕左手两圈；唱到"拉拉拉"处，向右上方拉线；唱到"钉钉钉"处，指导儿童用右手做出钉钉子的动作，提醒表情要愉快、动作要活泼。教师着重指导儿童将绕线、拉线、钉鞋钉的动作对应歌曲中的歌词和节奏来表现。

最后教师请儿童单独展示自我，并做出评价和指导。在儿童较熟悉动作的基础上，教师与儿童共同随音乐表演，并鼓励儿童创造性地表现鞋匠劳动时的愉快心情，引导儿童学习鞋匠辛苦劳动并快乐着的积极心态。在韵律动作的学习过程中，儿童既充分享受了音乐和节奏带来的身体快乐感受，又在自然主义智能、身体动觉智能和自我认知智能等方面获得了发展。

篇二
学前儿童音乐教育实践与培养

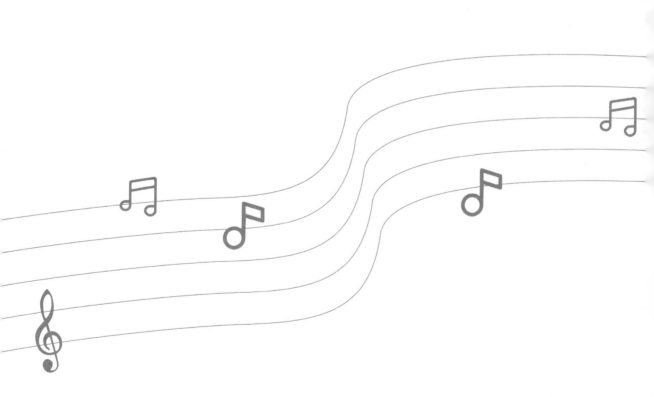

第五章　学前儿童音乐能力培养与幼儿园音乐教学变革

第一节　音乐能力的内涵

一、音乐能力的概念

对于音乐，人们具有对其进行感知、理解以及创编的能力，还具有能够将其所蕴含的情感表现出来的能力，这种能力就是人们常说的音乐能力。同语言能力一样，音乐能力是人类所独有的一种特殊能力，这种能力可以是天生就有的，也可以是经过后天的不断努力和学习得到的。分析这种能力可以发现，其中主要包括了三种能力：对音乐进行感知和辨别的能力、对音乐之间的关系进行理解的能力、使用音乐技能以及表现音乐技能的能力。因此，判断一个人是否具备音乐能力，并不是通过分析其是否具有音乐细胞来决定的。

实际上在我们日常生活中，经常会听到一些音乐才能较低的人说自己没有音乐细胞，这时会听到旁边的人劝说"多练练就好了"。美国畅销书作家丹尼尔·科伊尔（Daniel Coyle）的《一万小时天才理论》揭示了练习一万小时成天才的规律，就是说只要你肯花足够的时间，任何领域的专业知识和技能最后都能精通。因此许多音乐教师在传授乐器技能时通常会告诉学生要勤加练习，练习一万小时后他们将能真正精通钢琴或者小提琴。

但是一些心理学家对此并不认同，他们认为如果没有先天基础，也就是说没有某方面的基因，即便练习时间加倍也是毫无意义的。有研究显示心理学家的观点可能是正确的。研究人员调查了出生在 1959 年到 1985 年之间的 1211 对同卵双胞胎和 1358 对异卵双胞胎，记录他们的乐曲练习时间并评估他们的音乐能力。结果发现，练习更长的时间并不能使练习者表现出更优秀的音乐能力。比如一对基因相同的同卵双胞胎，在音乐练习上的时间相差 20228 小时，但是他们的音乐能力完全相同。该研究发表在《心理科学》（2010）上，研究结果表明，至少在音乐能力方面，"一万小时天才理论"是不适用的。一个人的自身基因还是在一定程度上决定了他的音乐能力，如果一个人真的没有音乐细胞，那么他无论怎么勤加练习，音乐能力都是不会有重大变化的。

实际上，音乐细胞是一个笼统的说法，其实不存在什么音乐细胞，而是细胞感觉音频的反应。而细胞对于外界，无论是哪一种感觉（视、听、嗅、味、触）都会对其做出相应的反应。当然，对于长期接触的某个感觉，反应会相对增强，从感觉到知觉就形成了对事物接触的感知能力，可称为接触感知。音乐细胞其真实的意义就是形容一个人对音乐的接触感知能力（简称感知能力）。感知能力强的人可以说他的音乐细胞多，感知能力弱的人可以说他的音乐细胞少。这种音乐的感知能力来源于大脑的高级神经中枢，大脑的高级神经中枢是建立在神经网络系统之上的，神经元是高等动物神经系统的结构单位和功能单位。

因此，人的音乐能力来源于生长环境对大脑产生的影响，又取决于对音乐的感知与训练，要用简单的描述来定义音乐能力概念是难以做到的。音乐能力的性质是复杂的，它体现了人类在音乐认知方面的多元化特征，但不论对音乐能力基于什么样的认识角度，它所体现的音乐属性和范畴都是一致的。

以音乐能力为例，雷维兹对其做过相应的解释，认为该能力实际上是一种潜能，这种潜能主要体现在理解音乐、体验音乐以及评价音乐这三个方面，并且这些内容都建立在音乐特性的基础上。做出这样解释的根本目的在于让音乐能力可用于判断一个人对于音乐结构的理解和体验能够达到的程度。

瑞典音乐心理学家西肖尔（Seashore）计算出总共有二十五种"音乐能力"，包括"音乐感觉和知觉""音乐动作""音乐记忆和音乐想象""音乐智慧""音乐感受"五个大分类，并且每个大分类又有各自的分支。

二、音乐潜能是音乐能力的基础

（一）音乐潜能的含义

学前儿童是否有音乐潜能（potential ability），音乐潜能具有什么样的特点，这些是确定学前儿童能否学习音乐的前提，也是能否获得音乐能力的基础。许多研究者采用音乐性向（music aptitude）来评价这种音乐潜能，即指个体可以达到何种程度的音乐能力。国外有的学者用"音乐感"（musicality）来表示这种潜能。

一个人与生俱来的潜能被称为"性向"，关于性向可以从广义和狭义两个角度对其进行定义。广义的性向，其内容包括了人的性格、兴趣爱好以及身体条件等，并判断这些内容是否适用于某个领域；狭义的性向指的就是人们所具有的某种特殊能力，并且这种能力只能用在特定的场合之中，还要保证这种能力的使用是有效的。关于潜能，人们一般会将其分为两种形式：一种指的就是一般的智力；另一种则是前面所提到的性向，也就是特殊能力，并且这种能力存在于各种领域之中。

提到音乐潜能，人们往往会提到另一个词，即音乐成就，但这是完全不同的两个概念。前者主要指的是获得成就的能力，也就是潜在能力；后者则指的是实际拥有的音乐能力，包括关于音乐的知识经验以及对音乐技能的掌握等，这种成就是需要通过外在的形式表现出来的。如果一个人具有较高的音乐潜能，他不一定就能获得较高的音乐成就；如果一个人具有较高的音乐成就，则证明这个人具有很高的音乐潜能。在对音乐家进行描述时，经常会使用到"潜能"与"天赋"这两个词，这种描述方法既包括了潜能的概念又包括了成就的概念，因此很容易让人们混淆两者的概念。如果一个学前儿童的音乐才能被埋没了，可以先对该学前儿童的音乐潜能进行检测，再根据检测的结果使用正确的教育手段，这样就可以将学前儿童的音乐才能挖掘出来。

（二）音乐潜能基本特征

关于音乐潜能的特征，不同的人对其有着不同的见解，对于音乐潜能展开研究的角度也是不同的。对这些观点内容进行分析，主要可以分为两类：一类认为音乐潜能所具有的特性为单一性，并且在人们的整体智商中，音乐潜能是作为一个重要组成部分而存在的；另一类则正好相反，认为音乐潜能不是单一的，而是具有多个向度的，并且音乐潜能是存在多种成分的，但具体的组成要素是没有办法得知的，且音乐潜能和人们的整体智商也并不存在关系。由此可以看出，在音乐能力的研究领域中，对构成音乐潜能的具体要素的研究十分重要。

著名心理学家加登纳在他提出的多元智能理论中，将人所具备的智能分为八种，主要包括语言、空间、音乐以及人际等智能。这八个智能中的每一个智能都代表着人们所拥有的一项潜能，这些潜能都是从人们的生理潜能中发展出来的，在遗传和所处环境的相互作用下，这些潜能才能够以智能的方式得以显现。但是只有在特定的情境下，这些潜能才能被激发出来。该理论在心理学领域以及教育学领域都是被认可的。加登纳表示，多元智能理论还没有到成型的阶段，因为人们的多元智能是在不断发展的，该理论也是需要被不断修正的。

只分析音乐潜能，能够发现该潜能具有多维的特性，所包含的内容有音感、音乐的创造能力、音乐的记忆力以及和声感等内容。关于音乐潜能的定义也可以将其看作是建构音乐要素的一种能力。有学者针对学前儿童的音乐潜能曾做过实际测量，通过结果可以发现，音乐潜能并不特指某一个潜能，但是也不是笼统的，每个学前儿童都具有多种不同的音乐潜能，发展程度也各不相同，并且学前儿童所表现出的总的音乐潜能和具体的每一个音乐潜能都存在一定的关联。学前儿童在音乐潜能上所得的最后平均分数可能会有相同的情况，但是具体看学前儿童的各项音乐潜能的分数是不可能都相同的，尤其是有一些学前儿童在某些方面具有较高的潜能，但是在另一些方面的潜能却较低，在这样的情况下，其分数的高低差别就更加明显。

音乐潜能实际上包含了多种类别，并且有潜能高的部分就一定会有潜能较低的部分。从普适性的角度来看，音乐潜能中最重要的两个类别分别为音乐潜能和节奏潜能，在对学前儿童开展音乐教育活动的时候需要对节奏潜能多加训练。

（三）音乐潜能与遗传和环境的关系

对于音乐能力，怎么才能判断其是伴随出生就存在的音乐潜能，还是经过后天的训练才形成的音乐能力？音乐潜能是人们先天所拥有的内容，但是该内容不只靠遗传获得，后天生活环境也是有重要影响的。同时，虽然音乐潜能是先天存在的，但依旧没有任何证据可以证明这种先天的潜能就一定来自遗传，并且对于音乐潜能的高低也没有办法以先天的程度高低作为判断的主要依据。音乐潜能受到生活环境的影响是会变化的，只有在合适的环境下，这种音乐潜能才会得到提升；即使没有提升，也可以保持在原来的水平上，不会有下降的现象发生。

先天因素和环境都会对音乐潜能产生影响，但是哪一方面所产生的影响更大还没有确证。并且，在影响的过程中各自所起到的作用也依旧没有明确的说明与详细的论证。在一些相关的实验研究中可以发现，在决定人们音乐潜能水平上，基因是其中的一个因素。但是要注意，这里所说的基因指的是遗传，而不是先天，先天和遗传是两个不同的内容，先天因素对人们音乐潜能的高低也是存在影响的，但是这种影响需要同基因相互结合，并经过独特的组合才能够实现。

关于遗传在决定音乐潜能高低因素中所起到的具体作用，还没有相关的说明和论证，因此，以遗传为根据所提出的任何关于音乐潜能的猜测都是没有意义的。家族中具有高音乐潜能的人，不代表生出的孩子也具有高水平的音乐潜能，遗传因素对于音乐潜能来说并不是必备的一项影响因素。

（四）学前儿童音乐潜能的分布与发展阶段

每一名学前儿童都是具有音乐潜能的，并且其音乐潜能的水平都是各不相同的。研究发现，如果将这种潜能分为低、中、高三等，大部分的学前儿童都处在中等程度上，只有极少数的儿童才会表现出极低的音乐潜能，或是极高的音乐潜能。结合音乐潜能的要素对研究的结果进行分析可以发现，研究中的学前儿童有三分之二具备的潜能处于居中的位置，其余学前儿童的音乐潜能的水平高低不等，具有极高水平和极低水平的学前儿童较少，具体是呈正态形式分布的，其分布的具体情况和智商的分布情况是相符的。如图5—1所示。

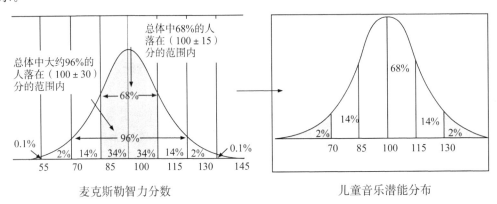

图5—1　智商分布与音乐潜能分布的比较

戈登（Gordon）博士针对学前儿童的音乐教育进行了长期的研究，随着研究内容的增

多，他提出了"音乐性向理论"，该理论具有一定的权威性。戈登经过研究发现，有 68%
的学前儿童具有一般的音乐潜能，有 16% 的学前儿童具有较高的音乐潜能，有 16% 的学
前儿童具有较低的音乐潜能。因此，关于学前儿童的音乐潜能，戈登总结：所有的学前儿
童都具有音乐潜能，并且这种潜能的水平在刚出生的学前儿童之间呈正态分布。

学前儿童所具备的这种音乐潜能是在出生时便存在的，但是这种潜能的水平并不稳
定，尤其容易因环境而产生变化。关于音乐潜能的发展具体可以分为两个阶段：一个阶段
为发展期，这个阶段主要存在于学前儿童 0—4 岁的阶段。在这个阶段里他们所具备的音
乐潜能并不稳定，虽然在这个阶段该潜能会得到比较明显的发展，但同时也容易出现变
动。另一个阶段在 4 岁之后，学前儿童的音乐潜能开始逐渐稳定，这时的环境对于音乐潜
能不那么容易产生影响，因此该阶段也是音乐潜能发展的最关键的时期，学前儿童需要拥
有正规的音乐经验，或者即使该音乐经验不是正规的，但也必须是高质量的。

学前儿童进入 4 岁之后，音乐潜能逐渐稳定下来，但是其发展的方向分成了两个：一
个为维持当前音乐潜能的方向；另一个为音乐潜能水平下降的方向。由于这个阶段的音乐
潜能已经稳定下来，因此对个体音乐潜能再次测验所得的分数，从整体分布上来看其所处
的位置依旧稳定，但是测验所得的分数会有提升的情况出现。

在不同的阶段，音乐潜能所包含的内容也是不同的。处于发展阶段的音乐潜能，比处
于稳定阶段的音乐潜能多了速度、音调、节拍以及和声等内容。当学前儿童的音乐潜能进
入发展阶段后，如果为他们展示具有多种音乐要素的音乐，他们的注意力也只能集中在其
中的一种要素上。虽然这个时候他们还没有办法了解音乐的音色以及音域等内容，但是关
于音乐的音高型以及节奏型都能够准确地分辨出来。当一个人的音乐潜能进入稳定的阶段
后，他所拥有的音乐成就也只能在他所拥有的音乐潜能的水平之下。现实生活中，大部分
的人在音乐潜能稳定之前都没有将该潜能的水平充分地提升上来。

在音乐潜能方面，对于儿童来说另一个比较重要的年龄为 9 岁，因为音乐潜能在 9 岁
之前是会受到两方面的影响的，一方面是儿童先天的能力，另一方面是儿童生活的环境。
对于这时期的音乐潜能，人们将其称作"发展中的音乐潜能"。但是环境对音乐潜能并不
是一直都会产生影响，在 9 岁之后，这种影响逐渐减弱，这时的音乐潜能才是真正意义上
的一种稳定的潜能。因此，在 9 岁之前儿童所能得到的鼓励与经验是十分重要的，稳定之
后再对其进行鼓励，或为他们提供音乐体验，都不会使其音乐潜能再次得到发展。

三、音乐能力的主要论述

音乐是由人们创造出来的，因此它是作为一种精神活动的产物而存在的。同时，音乐
与人们的行为以及人们的心理活动都有着密切的联系。

作为人类意识精神活动的产物，音乐与人类的心理、行为息息相关。无论在西方的古
希腊时期，还是在中国的春秋战国时期，都早就开始了对音乐能力的研究。随着心理学和
自然科学的发展，在西方开辟这方面研究的是德国科学家赫尔姆霍尔茨，1863 年他发表

了一部具有里程碑意义的著作《作为音乐理论的生理学基础的声觉学说》，该著作以"欧姆定律"音响学理论和缪勒的神经特殊能量学说理论为基础。1883 年，德国音响学家、音乐学家施通普夫发表了《音乐心理学》，把心理学的观点渗透进赫尔姆霍尔茨的物理学和生理学的研究中，成为第一个把音乐心理学科系统化的人。第二次世界大战后，心理学上的新概念给音乐心理学带来很大的影响。当心理学家企图研究音乐能力时，许多问题便随之而来。在当时的研究中，所论述的音乐能力并没有涉及音乐的各个方面的能力。

19 世纪末 20 世纪初，音乐心理学在西方已经发展成为一门独立的学科，运用实证的研究方法是这一学科的主要特点。音乐心理学所描述的音乐能力是一种音乐的接受能力（capacity），这种音乐接受能力可以分成若干明显有区别的才能（talent），这些才能互相没有联系，可以在人们身上不同程度存在，也可以不存在。另外，每一种音乐接受能力都是一个独立的分支，不仅在感觉方面，而且在记忆、想象、思维、情感和行动方面都是如此。节奏感依赖于基本的接收能力、时间感、对强度的辨别、对音调辨别的记忆等。

人是有音乐能力的，正如人是有说话能力的一样。婴儿以特殊的方式对声音做出反应，这种特殊的反应方式跟他们对语言的反应相似。生于某些家庭的孩子渴望显示特殊的音乐才能，但这些孩子中只有少数人会显示特殊才能，因为这些孩子有较多的时间和精力从事音乐活动。李姆斯基·科萨科夫①将全部音乐能力分为两类，第一类是利用某种乐器演奏和歌唱的技术能力，即听觉能力（或音乐听觉）。第二类能力被他划分为两种："初级音乐听觉"和"高级音乐听觉"。其中初级音乐听觉包括和声听觉（含音律听觉和调式听觉）、节奏听觉或节奏感（含速度感和拍子感）。李姆斯基·科萨科夫认为，每个音乐学校都应以培养学生这四种基本能力为己任。

在音乐教育实践中，一般认为音乐能力是一种特殊的能力，它不仅关系到人的一般能力，如观察、注意、记忆、思维和想象能力，还关系到感受音乐的能力，而音乐感受能力对人的一般能力会产生较大的影响。所以音乐能力是在音乐活动过程中表现的一种个性心理特征，是指个体接收、辨别、保持和理解音乐的能力，是对音乐要素的认识过程和情感反应的一种综合能力，它由音乐感知力能力构成。

近年来的研究表明，音乐是人类思想情感的自然本性的表达，是人人具有的一种智能，关于这一点，美国哈佛大学心理学教授加登纳的多元智能理论中已有专门的论述。他在大量的科学实验和对前人研究成果进行批判性研究的基础上证明，音乐技艺是一种智能；大脑的一部分，大约位于右半球，在对音乐的感知和创作上，起着重要的作用。因此，将音乐能力作为人的一种智能是本书的一个研究特色。

对音乐能力的研究，尽管有不同的角度，但所体现的音乐特点是一致的。在此笔者从学前儿童音乐教育的角度将音乐能力确定为四种：音乐感受力、音乐的节奏感、音乐记忆能力、对音乐技能的表现和运用能力。

---

① 李姆斯基·科萨科夫（1844—1908 年），19 世纪下半叶俄罗斯民族乐派的著名作曲家。

第二节　音乐听觉能力与记忆能力

一、音乐听觉能力

（一）人的听觉

听觉是音乐存在的前提，因此在理解音乐认知的诸多方面之前，首先要从生理学的角度了解听觉机制。听觉过程始于声波，声波作用于外耳的脊和皱，经由外耳道传至鼓膜，引起听小骨的振动，并进入内耳。听觉神经连接着内耳与大脑，并可以进行双向通信。听觉传导通路（auditory pathway）在中枢神经系统（脑）之外的部分称为听觉外周，在中枢神经系统内的部分称为听觉中枢或中枢听觉系统。听觉中枢纵跨脑干、中脑、丘脑的大脑皮质，主要环节包括：耳蜗核、斜方体、橄榄旁核、上橄榄复合核、外侧丘系核、下丘和上丘、丘脑的内侧膝状体、大脑皮质颞叶的听觉皮层。

人能听到频谱为20—16000赫兹的各种声波，对400—1000赫兹的声波最敏感。物理声学分析声音的频率、振幅或声压以及复合声的频谱；心理声学考虑这些参数与人类主观听觉间的关系，相应的参数是音高、音强和音色。

听觉系统高级中枢的多数神经元都和视觉系统的神经元一样，只对刺激的某些特征发生反应。也就是说，听觉系统也有不同的特征觉察器，这些特征觉察器使不同水平的中枢都具有相当复杂的功能。大量的动物实验表明，对于声音频率的识别不一定必须在大脑皮质进行。因此，对于人类来说，音高的辨别似乎也可以在听觉中枢的低级水平上进行，而大脑皮质的功能很可能是存储和分析那些比音高更为复杂的刺激因素，如言语、音乐旋律的时间序列等。

（二）音乐听觉能力的概念及表现

所谓音乐听觉能力就是"音乐感受能力"，这种感受能力是在多听、多想的基础上提高的，它会使人产生对音乐作品的不同理解以及对不同类型音乐作品的评判态度。由于音乐给予人们的感受首先是情绪上的反应，如愉快、烦躁、激动等，而情感又是人们对于客观事物所持某种态度的反应，如喜、怒、哀、乐等；因此，音乐欣赏的重要通道是借助于音乐听觉的情感体验。从音乐欣赏的心理因素来看，欣赏是接收环节，它不是以表演或为获得某种具体成果为目的，而是聆听者结合自己的主观经验，通过听觉引起回忆、想象及联想等，丰富自己从欣赏音乐中获得的情感体验，这也是通过音乐听觉能力对音乐作品进行再创作的行为。

根据人对音乐感知能力的认识规律，音乐听觉能力主要表现在以下方面。音响感知是指通过音乐欣赏者的听觉而获得的对音乐音响及结构形式完整的感受。在音乐欣赏的感知活动中，音响感知是整个音乐欣赏的前提和基础，音乐欣赏中一切情感体验与形象联系都以音响感知为基础，如果离开了对音乐音响及其结构形式的感知，就谈不上对音乐作品的进一步欣赏。音乐作品的实际音响是节奏、旋律、和声等音乐诸要素相互参与、相互合作，经人为的艺术加工而形成的"声音工艺品"，我们的耳朵可以直接感觉到，但必须是经过训练且能分辨音乐的耳朵，否则就难以接受、理解这种音响外层的"工艺品"。

人的音乐感受能力，包括音乐听觉和情绪感受两部分。如果先天缺乏听觉，当然不可能有所感受。音乐听觉的要求比语言听觉高，需要能听出音的高低、音的方向是渐高还是渐低。例如 C 调中 123 就是渐高，321 就是渐低；音的组成是 1 个、2 个、3 个还是 4 个，如 C 调中 1 是单音，13 是双音，135 是 3 个音。区分音的组成就是要有鉴别和弦的能力，和弦的组成有许多种，有些使人感到是音乐小段或成段的终止，有些使人感到还要继续。区别音的组成要经过一段训练，有些孩子通过短期训练就能掌握，另一些孩子虽然学习了相当长时间还不能掌握；有人对变调非常灵敏，有些人竟完全不能觉察，这是音乐感受能力不同所致。

有人认为音乐基本听觉能力完全是先天遗传的，并且是不能改变的，但研究发现它会在培养下渐渐提高。例如区别半音和变调的能力，如果在 3 岁之前经常听到有半音的音乐或伴奏，或者随着琴声唱出半音和变调，这种能力会固定下来终生受用。如果 3 岁之前缺乏这种培养，过了 7 岁就难以再学会这种本领。辨别和弦的能力与后天培养更有密切关系，不过年龄要求可以放宽，所需要的声音是多种多样、丰富多彩的好的声音。概括地说，各种力度、明暗度以及它们之间的过渡等声音都是需要的。对于声音的好坏如何来评判呢？要靠我们的耳朵。这是不言而喻的，耳朵的聆听是音乐学习中至关重要的环节。在音乐听觉分析中，将这种单纯运用耳朵辨别外部音响的能力称为"外部听觉"，也就是"基本听觉"。因为这层听觉的功能在于，作为感官的耳与外部世界实际存在的物质性声音发生关系。

二、音乐记忆能力

（一）音乐记忆能力的概念

1. 音乐记忆与记忆系统

音乐记忆力（the faculty of music memory）是识记、保持、再认识和重现所获得的音乐感知和经验的能力。它同普通记忆一样是人的生理、心理以及大脑神经网络构成的复杂系统。人的记忆系统是大脑形成智能的基础，并且具有关联性、有序性、层次性和动态性等系统特征。记忆系统建立在大脑神经系统的生理与心理基础上，通过人脑神经网络的学习机理可以不断增强记忆系统的功能。

随着神经心理学、脑科学研究的不断深入，科学家已经精确发现人类大脑记忆是如何形成的。研究人员发现，当形成新的记忆内容时神经细胞会在精确的时间被激活，这对于理解人类现实生活中记忆的形成具有至关重要的意义。当有较多人脑神经细胞被激活时，就会产生较多的连接，就会具备较多的记忆与联想功能。

研究发现，与普通生活记忆相比较，音乐记忆对大脑神经细胞的激活数量要多于普通生活记忆，从一定的角度说明音乐记忆能力的提高可开发人脑记忆功能。

2. 音乐记忆属性

从音乐的基本属性来分析，音乐记忆是一种能力，其记忆的过程包括识记、保持和再现。识记就是识记主体对音乐信息产生的刺激，包括无意识记和有意识记，如第一次听到一首歌曲，对歌曲的识别和记忆就是"识记"。保持是指把通过识记所获得的音乐信息保留在头脑中的过程，包括感觉记忆、短时记忆和长时记忆。再现是指当记忆主体再次接触曾经识记或保持过的音乐信息时，进行重新辨认的活动。音乐记忆作为记忆的一个部分，既具有记忆的普遍特征，又具有特殊性。"音乐语言"是由各个音乐要素组成的，因此要进行完整的音乐记忆，必须从各个音乐要素开始，如音高、节奏、旋律、和声、复调、音色，甚至整部乐曲。对于这些要素的准确记忆，都需要经过特殊的训练。

（二）音乐可拓记忆模式

在学前儿童音乐教育中，对音乐记忆能力的训练与培养已经成为教学过程中的一个重要的环节。音乐的学习过程是一种智力开发的过程，如果学前儿童对所学的乐谱、音响等音乐内容，只是通过不断的机械重复进行强制性的记忆，缺乏必要的智能学习活动，很难达到音乐学习的目的。所以，在音乐学习中，必须开拓音乐记忆的模式，从多元角度进行音乐记忆的训练，才能有效地提高学前儿童的音乐记忆能力。以下笔者从音乐学习的感官分类角度，建立了三种音乐记忆模式，即视觉记忆模式、听觉记忆模式和动作记忆模式，统称为可拓记忆模式。

1. 视觉记忆模式

视觉记忆模式是一种有形记忆模式，是比较传统并且符合人的生活习惯的一种记忆模式。在此，以钢琴学习为例来分析视觉记忆的功能与作用。学前儿童在钢琴学习中最直观的音乐内容是乐谱，它是构成音乐的符号集合。认真地阅读乐谱，仔细地分析乐谱"形状"及乐音组织的各种形态，能够加深对音乐的理解力、发展想象力和提高音乐的记忆力。例如，年轻时代的巴赫就曾经大量地抄写乐谱，表面上这些音符只是刺激了他的视觉器官，仿佛抄写的过程只是机械的运动。但对一个懂音乐的人来说，这种不断的视觉刺激激发了他内在思维的活跃性，而反复的抄写更加深了他在记忆过程中"保持"的状态。

但是，盲目地记忆乐谱并不能真正获得音乐的视觉感知，要在聆听乐谱的前提下对乐谱"形状"的视觉模式进行联想记忆，获得对乐谱的感觉和知觉。这种音乐记忆体现了有形与无形、虚与实的可拓性原则。

钢琴作品浩瀚如海，乐谱形状千变万化，但大体上可以归纳成点线形状（水平线、斜线、抛物线、锯齿形、波浪形）、音块形状（有调性音块、无调性音块）、音型形状（圆舞曲音型、进行曲的音型）、非特征音型形状等。可通过如下几个乐谱形状例子来了解基于

"形状"的视觉记忆模式。

例如，《莫斯科夫斯基练习曲》OP. 72 NO. 5音阶上下行，属于斜线形状。而莫扎特的《D大调奏鸣曲》第一乐章则属于波浪形状。两首乐谱形状如下所示：

练习曲 OP. 72 NO. 5（片段）

〔德〕莫斯科夫斯基 曲

D大调奏鸣曲第一乐章（片段）

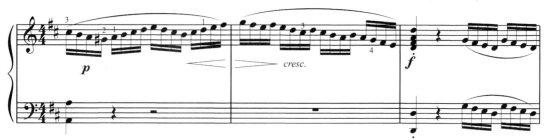

〔奥地利〕莫扎特

若在钢琴学习中，通过对这些有规律的乐谱形状进行分析并加以归类，然后通过视觉加以反复的记忆，则在熟悉乐谱的同时会在脑海中闪现出各种线、块的组合。需要说明的是，这种记忆的获得仅仅是对事物表象的一种记忆方法，是一种大体的而非精细的记忆。如同我们每天路过一座大厦，久而久之就会对它的外形有一个很深的印象，但不能对它内部的功能有进一步的了解。学习钢琴的目的并不仅仅是掌握谱面上的音符，而且要通过分析音乐本身的要素，以达到更好的理解。所以，除了对乐谱形状进行分析外，还需要对乐谱要素做进一步的研究，达到更深入细致的记忆。

2. 听觉记忆模式

听觉记忆表明在演奏者的头脑中聚集着一个完整的听觉表象，有待于转化为实际的音响。音乐是听觉的艺术，用耳朵听音乐，可以把音乐织体与其所产生的效果结合起来。脑中印记着音乐，心中想着音乐，就可以帮助你进入正确的音乐状态。可见，听觉记忆是强化记忆的另一个重要基础。例如，就钢琴弹奏而言，大多数钢琴家都能够在没有演奏时，从脑中（或内心）就能感悟（听到）所演奏的音乐，这是因为储存在他们大脑中的音乐印象并不是单纯的"乐谱"信息，而是能够引发联想、形成音乐知觉和意识的声音源泉。而这一能力的形成就是通过对听到的音乐进行"智能化"处理而获得的。需要强调的是，这里所讨论的关于听觉记忆的内容，主要来自对通过听觉而感知到的音乐信息的分析。

以钢琴弹奏为例，听觉记忆模式包括的内容有：①分析钢琴演奏时音响的差异。其中包括分析自我演奏中的音响差异、对比自我演奏与他人演奏中的音响差异。②分析不同时代钢琴作品的风格及不同钢琴家的表演风格。其中包括不同时代作曲家钢琴作品的风格特点、同一钢琴作品的不同风格处理以及不同钢琴家的演奏风格。③分析钢琴作品中的音乐形象。其中包括音乐形象的特征、标题钢琴作品音乐形象以及非标题钢琴作品音乐形象。

3. 动作记忆模式

钢琴学习中的动作记忆是将肌体的动作作为记忆的内容。心理学原理认为，动作记忆一旦形成很难改变，所以在学习作品的一开始就必须根据乐谱，对弹奏动作的合理性进行分析，以形成良好的动作记忆。乐谱是作曲者表现音乐构思、创造音乐形象、表达音乐情感、体现音乐风格的重要手段，也是弹奏者了解作曲家的创作手段、音乐语言、思想感情和各种演奏意图的重要依据。乐谱上的一切标记最终通过弹奏动作表现出来，所以弹奏者必须分析乐谱上的一切记号，以选择最佳的弹奏动作。除了音符、节奏、谱号、调号等标记外，乐谱上还有演奏法记号（包括断音、连音、琶音、滑音等）、音乐术语（包括力度、速度、表情标记）、指法记号、踏板记号等标记，这都需要仔细分析并通过弹奏动作表现出来。

第三节　学前儿童音乐能力的培养

一、学前儿童音乐能力培养的基本原则

（一）确立音乐能力在音乐教育中的主体地位

长期以来，在学前儿童音乐教育中，教师在设计和实施音乐活动和教育内容时，一直都处于主动地位，并往往把眼光放在音乐基本技能的传授上，关注的是"教什么"，而忽视对学前儿童音乐能力方面的训练与培养。教师必须转变教育观念，确立学前儿童学习音乐的主体地位，使原来音乐教育中的教与学的师生关系发生根本改变，将学前儿童从被动的技能接受者转变为一个主观能动的学习者，要根据学前儿童个体的音乐性向（潜能）设计相应的音乐教育内容。这样不仅能发展学前儿童的音乐表现力和创造力，而且有利于学前儿童自尊心与自信心的形成，为学前儿童健康成长发挥一定的促进作用。

（二）创造丰富的音乐教育环境

学前儿童的音乐能力取决于他们学习、生活环境的"音乐性"的程度，有计划的教育

工作和环境的刺激与启迪，可以促进学前儿童音乐能力的最初发展。曾有报道称，在非洲尼日利亚的亚拿人中，母亲让生下来还不到一周的婴儿去接触音乐和舞蹈，父亲为子女制作小乐鼓，孩子到了 2 岁时便进入能学到许多基本音乐技巧（其中包括唱歌、跳舞、演奏乐器）的圈子，5 岁的亚拿人就可以唱八百首歌曲，能演奏好几种打击乐器，还能做几十种复杂的舞蹈动作。这与其说是天赋的作用，不如说环境的因素更重要。为此，幼儿园、学校和家庭都应尽可能地为学前儿童创造学习音乐的良好环境。

（三）开展各种有趣的音乐活动

爱好音乐是人的天性，有趣的音乐活动能激发学前儿童学习的欲望，使其产生积极、愉快的情绪，并能充分发挥想象，表现出他们不同的感受和创造力。因此必须把音乐同他们的生活、娱乐融为一体，通过唱唱跳跳、动动玩玩的游戏活动轻松愉快地学习。

（四）注重学前儿童对音乐的感受能力

学前儿童的音乐能力具体表现是对音乐的感受能力，这种感受能力主要有以下几个方面。

1. 音乐音响的辨别能力

指对音乐的音高、节奏、力度、音色等基本要素的辨别能力，如果学前儿童具备了对这些音乐要素的辨别力，也就具备了音响感知的基础。《淮南子》中就曾记载，"六律具存而莫能听者，无师旷之耳也"。"师旷之耳"就是能辨别音响的耳朵。如果一个人连 $\frac{2}{4}$ 拍和 $\frac{3}{4}$ 拍都分不清，他就很难分辨出进行曲和圆舞曲的不同音响效果。如果学前儿童对各种乐器的音色缺乏辨别力，那就会影响他对于管弦乐作品的学习。因此，培养对音乐的辨别力对音响感知具有首要意义。

2. 音乐音响的感受能力

音乐音响的感受能力包括旋律感、节奏感、多声部的音乐感以及对乐曲结构形式的整体感知等几个方面。其中旋律感主要是对不同旋律的特点进行感受，并由此达到对旋律美以及对其中蕴含的感情内容的体验。节奏感决定着音乐的表情性质和风格特征，要获得音乐的美感，就必须培养良好的音乐节奏感。多声部的音乐感广泛应用于合唱、键盘音乐、管弦音乐领域，只有具备多声部的音乐感，才能懂得各声部的组合和音乐的和声效果。对乐曲结构形式的整体感知是把音乐的各种要素合成为完整的乐曲的感知活动，实现完美的音乐感知。

3. 音乐的注意力和记忆力

音乐是时间的艺术，音乐的音响材料在时间中展现并随着时间的运动转瞬即逝。注意力能始终保持对音乐的新鲜感，记忆力能使音乐在脑中留下深刻印象并使音乐的进行得以延伸。如果欣赏者在欣赏过程中没有对音乐的高度注意力和记忆力，就不可能得到对音乐的整体认知。欣赏者欣赏音乐在达到完美的音响感知的同时，也在借助于内心听觉而引起情感体验。

二、基础音乐能力的培养

（一）音乐感知积累

每一次音乐刺激大脑都会产生音乐感知，经过多次的音响刺激，大脑必然会积累丰富的音乐感知。由此可见，音乐意象是在音乐实践活动中不断发展和升华的。同样，以学前儿童学习钢琴为例，学习钢琴的第一步就是让学前儿童形成良好的听觉意象，唯一的办法就是有意识地多听，所以如何激发学前儿童的兴趣就显得尤为重要。卡巴列夫斯基说过，音乐课枯燥无味是最无法容忍的。因此，引起学前儿童对音乐的兴趣，使所有的学前儿童都喜爱音乐并在音乐中成长，是学前儿童音乐教育的首要任务。

教师需要在愉快的教学气氛中，引导学前儿童通过聆听音乐和表演音乐的活动，理解和掌握旋律、节奏、结构、风格以及其他音乐表现手段。这种学前儿童通过亲身体验和感受所理解的音乐，是生动的、具体可感的，有利于他们记忆和掌握，从而提高初步音乐能力。

首先，要让学前儿童学会欣赏音乐。可以根据学前儿童当时的情绪或所处的状态选择欣赏的音乐。如在情绪欢快时可以选择《狂欢节》《波尔卡》等轻松活泼的音乐，睡前则可以选择《摇篮曲》《船歌》等平静舒缓的音乐。悠扬的琴声和优美的旋律会在学前儿童脑海里形成动人的画面，让他们充分地享受音乐。

其次，要让学前儿童学会表现音乐。在可能的情况下，启发他们用简单的形体动作或者唱的形式来表现音乐旋律起伏的线条、节奏律动等。即使一时唱不准也没关系，可以引导他们通过听觉去寻找，教师可给出简单的一组音型，让学前儿童大声拍打出此音型；接着轻声拍打，然后停止一切动作和声音，让学前儿童进行想象并试着拍打所想象的声音。

最后，完全再现开始的动作和声音。这是一个将音响"初步内化"（初步智能化）的过程，以求学前儿童最终获得智能听觉。通过第一阶段的音乐接触，学前儿童对音乐诸要素已有了一定的感性积累，接下来的重要步骤就是将原始的听觉水平向思维性的理智性音乐听觉过渡。一个人的音乐感觉如何、音乐听觉的敏锐性程度高低、思维是否迅捷，往往就取决于此。

铃木镇一的天才学前儿童教学法主张："天才不是天生的，也并非可望不可即。早期教育是造就天才的良方，早期教育将决定孩子的一生。如果爱你的孩子，如果你想做成功的父母，那么就从早期教育开始吧！天才就产生于早期教育之中。"

归根结底，早期教育还是一个将声音"初步智能化"的过程，教学过程中可以采用以下方法：选择学前儿童感兴趣、适合学前儿童的优秀音乐作品，让他们学会欣赏，通过听觉的刺激加强对音乐的感性积累。选择一些简单的旋律片段，反复演奏，让学前儿童力所能及地背唱，这是将听觉强化累积的重要方法，可以增强大脑对音乐要素进行概括性思维和记忆的能力。

对有代表意义的节奏型音乐，时常进行念、打的专门节奏练习，可以强化学前儿童的节拍、节奏意识，为学前儿童准确理解和表现节拍节奏打下基础。结合简单形体动作进行的练习是让学前儿童感知时间片段内各种时值运动节律的最好办法，并且可以通过改变动作的速度和幅度使他们获得不同音值的时间感。

（二）唤起内心听觉意识

这一阶段的主要任务是引导学前儿童将耳朵听到的音乐传入自己脑中，有助于强化学前儿童对音乐诸要素的感知力，增强音乐记忆能力。可以多鼓励学前儿童唱歌词、唱谱，具体做法如下：给出一段旋律，让学前儿童在有限的次数内背出听到的旋律。一开始对学前儿童来说可能有一定的难度，此时教师如何引导显得尤为重要。应适当地从句法、曲式结构方面给予学前儿童必要的启发，使其逐步了解并掌握旋律发展的基本规律。再给出一个指定的动机，让学前儿童即兴发挥一段旋律片段，开发其创造性的音乐思维能力。

重视视唱练耳及音乐分析能力的培养。这些方面的学习能提高学前儿童的听辨力，拉近学前儿童听觉上与乐器音色的距离，对他们辨别琴音的对错和鉴别出好的音色有着至关重要的作用，要引导他们尽快地、尽可能地运用内心听觉。

（三）听觉预感训练

听觉预感是指弹奏每一个音符时，在不借助乐器、只凭乐谱的情况下，能预先在内心判断出后面不熟悉的旋律中每个音的音高和时值的一种听觉能力。听觉预感是乐感能力的重要基础，也是智能听觉培养中的一个重要方面。具体训练方法如下：

单音练习：先由教师给出标准音，让学前儿童记住它的音高，然后教师说出后面要弹的几个音的音名。学前儿童先在心里想这几个音的音高，随后教师在钢琴上弹出，学前儿童听听是否吻合，不吻合的就校正，直至正确。校正的过程，就是提高的过程。

音程练习：教师给出几个音程组合，学前儿童在心里分别分辨出低音和高音，尽力想象它们合在一起时的音响。之后教师弹出音响效果，学前儿童比较、校正。

三和弦练习：教师给出几个和弦，学前儿童在心里依次从低到高分辨出三个音的高低，再想象三个音合起来的音响。随后教师弹出和弦，学前儿童进行比较、校正。

综合练习：教师选择一些合适的旋律片段，用同样的方法，学前儿童先听旋律，后听伴奏。然后，学前儿童在心里想出两种合起来的效果，教师再弹出和弦，学前儿童进行比较、校正。以上是说先在内心听，然后教师弹出音。也可以反过来，教师先弹出声音，听清后收掉声音，学前儿童再在内心回想刚刚聆听到的声音。

（四）音乐记忆训练

音乐记忆是音乐能力的一个重要部分。音乐记忆训练是在音乐活动中感受音乐节奏和情感的变化，记忆音乐并跟随节奏做动作，根据旋律变化来变换动作，用动作表达情感发展。

1. 音乐记忆阶段

音乐记忆包含三个阶段：识记阶段、保持阶段和再现阶段。

识记阶段："识记"又称"编码"，即学前儿童获取音乐信息并进行记忆的过程，是学前儿童音乐教育的主要目的之一。在学前儿童成长的阶段，什么样的事物能够吸引他们是更能使学前儿童产生记忆的关键因素。因此，在学前儿童音乐内容的选择上，应选择具有动听的音律和充满快乐情绪的音乐内容。

保持阶段："保持"又称"储存"，即学前儿童将音乐信息储存在脑海里并不断重复经历，从而加深记忆的过程。学前儿童的注意力保持时间较短，因此，重复的方式关键要使学前儿童保持积极性。在这一过程中，可以采取多种方式来进行音乐要素的展现，使学前儿童不断重复体验音乐要素，从而加深对节奏、音高和旋律等的记忆。从听觉、视觉和动作多方面切入，以协同的方式使学前儿童的音乐记忆得到保持。

再现阶段："再现"（或恢复）是指在音乐记忆的后期，信息在保持的前提下还能够不断重现，从而为长时记忆打下基础。再现可以是以情景表演的方式来反映，也可以是以绘画的方式来表达对音乐的理解。

2. 音乐记忆的内容

培养学前儿童的节奏记忆。可以以游戏的方式训练节奏。要培养学前儿童的节奏记忆，"重复"是很重要的手段。但是"重复"是相对枯燥的过程，如何设计适合学前儿童的"重复"方式，是值得深思的问题。对学前儿童而言，游戏是最好的学习方式。在音乐活动中，穿插各种各样的音乐小游戏，能够使学前儿童投入参与，并且保持兴趣和动力。在不断地思考和实践过程中，研究者意识到"节奏游戏"的方式，是最适合学前儿童的节奏重复训练方式。另外，节奏的表现方式也要注意多样化，除了用拍手来表现节奏，也可以采取同伴之间互相击掌、拍膝盖、拍肩膀、轻拍桌子等方式。节奏是音乐的基础，节奏与语言相结合进行训练，既是对节奏记忆的锻炼，也是对歌词记忆的训练。

培养学前儿童的音高记忆。音高记忆测试的重点是学前儿童的音程模唱能力，因此音高记忆训练的重点，是提升对音程的感受能力和表现能力。可以以歌唱学习的方式训练音高感觉。

培养学前儿童的旋律记忆。旋律记忆对学前儿童是一个挑战，在整个音乐活动之后，旋律记忆分数的提升相对较小。旋律记忆包含着对音高和节奏的记忆，因此旋律记忆培养的过程与节奏记忆、音高记忆的培养是相类似、相融合的，培养音高记忆、节奏记忆的过程往往也是旋律刻画在学前儿童脑海中的过程，旋律记忆综合了音高记忆和节奏记忆的各种方式。

三、音乐智能的培养

（一）智能听觉训练

1. 旋律的智能听觉训练

旋律听觉的训练，首先是对旋律的熟悉。因为在音乐语言中最能感染人的就是旋律，它是音乐的灵魂。教师可以通过示范曲目或播放影音资料等途径让学前儿童对所要学习的曲目产生一个最直观的印象，使学前儿童身临其境地感受优美的旋律、丰富的和声以及钢琴独特而富有变化的音色；辅以对作品背景生动的讲解、有说服力的示范演奏和对乐曲结构的分析等，充分激发学前儿童的积极性。可以先让学前儿童大声唱出旋律，然后进一步分析旋律，最后动手弹出旋律。例如以《巴赫初级钢琴曲集》中第六首小步舞曲为例进行听觉训练，曲谱如下所示：

小步舞曲（片段）

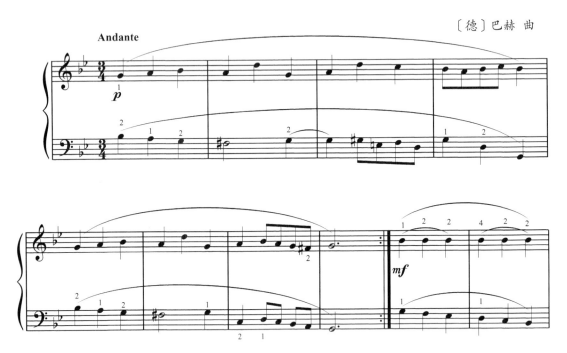

〔德〕巴赫 曲

这首小步舞曲为小调，速度属于平缓的行板，抒情却略带忧郁。左右手旋律线条化，右手作为主要旋律，左手进行补充同时呼应右手，两个声部相对独立，合起来十分和谐。训练时可以让学前儿童通过模唱在脑中留下旋律的声音感知，然后基于这种感知去带动这段旋律的弹奏，以此来训练智能听觉。

其次，应注意乐曲结构、旋律框架以及旋律的分句。很多学前儿童拿到教师布置的新曲目后，第一反应就是上琴摸谱，对作品的结构还一无所知，就盲目地开始练琴。因此要让学前儿童养成认真读谱的好习惯，要求学前儿童看清谱面上的每一个音符、每一条连线、每一个表情记号，并理解它们的含义。还应该鼓励学前儿童独立思考，尝试自行分析曲式结构。学前儿童在学习新的曲目时，必须做到先仔细地研究音乐，以形成一个总的概念，再找出最困难的段落。需要仔细听，耳朵除了能帮助人辨别不同的和弦、和声组合产生的音响外，还可以让人更有效地寻找最好的表达方法。这样，学前儿童在听到具有标志性的旋律时，听觉立刻就会对其做出判断，如这段旋律代表什么，那段旋律代表什么，其在听觉分析乐曲结构方面的能力便会得到有效的培养和训练。

最后，应注意和声听觉的训练。钢琴作品中的和声常常是随着音乐形象的变化而变化的。和声色彩的变化能决定音乐段落中情绪的变化，不协调的和声会造成音乐的紧张，而稳定松弛的音乐通常用协调的和声来表现。欧洲的音乐体系是建立在和声基础之上的，西方音乐从最初的格里高利圣咏开始发展，直到古典音乐时期和声框架体系基本完成，西方音乐从此具备了一个相对完整的和声系统。和声是以和弦的纵向音响和横向连接为主，使听觉感受到音响的浓、淡、薄、厚的不同效果。大小调的和声及和声连接终止时所产生的听觉感受是学前儿童能够学习和掌握的。大调的感情基调是明亮且积极向上的，小调与之对比明显较阴暗和忧郁，这些学前儿童听觉练习时是很容易听辨出来的。和声终止通常出现在乐曲的结尾，有结束的听觉感受。例如，《巴赫初级钢琴曲集》第二十五首谐谑曲，是学习和声调性及和弦终止式的乐曲。曲谱如下所示：

谐谑曲（片段）

〔德〕巴赫　曲

学前儿童在练习时一定要细心聆听每一个和声，用听觉去感悟和声的情感色彩变化以及和声与旋律的关系、和声与肢体的关系，发掘和声进行中若隐若现、似有似无的旋律。

在旋律与和声听觉训练的基础上，还可以进行记忆训练。前面所列举的小步舞曲和谐谑曲左右手旋律线条清晰、曲调朴素、节奏规整、易于听记。教师将第一乐句左右手分别弹出，学前儿童模唱后弹出，再依据大脑的音乐记忆双手合奏，这是一种十分有益于训练音乐记忆的练习方法。学前儿童在学习钢琴的同时进行视唱练耳课程的学习，在练耳课当中听辨单音、双音、和弦等，使瞬时记忆和对声音高低的瞬间感知得到训练，还可通过模唱旋律的方法练习更长旋律的短时记忆，最后可以通过对乐曲的背奏来训练对音乐的长时记忆。

钢琴演奏中除了打动人的旋律外，与之相映衬的还有丰富的和声和肢体动作等，这种多声部层次综合的特点，决定了学前儿童必须具备"立体化"的多声部听觉水平。培养学前儿童"立体化"多声部听觉的能力可以从以下两个方面进行。

一方面是弹奏主调音乐时的声部听觉训练。在演奏主调音乐时，除了音乐的风格、音乐形象和演奏技巧外，还应注意听旋律与伴奏之间的音响平衡关系。例如肖邦的《小调圆舞曲》（Op. 69），曲谱如下所示：

小调圆舞曲 Op. 69（片段）

右手优美且富有歌唱性的旋律，是肖邦特有的魅力表现，要弹出肖邦式的感觉，旋律的音色要细腻，对每一个乐句都要发自内心地歌唱，做到张弛有度，收放自如。

另外一方面是弹奏复调音乐时的声部听觉训练。有些学前儿童开始接触复调音乐时常有抗拒的心理，不肯下功夫苦练，把它当成一项任务来完成，其结果是难以达到学习作品的真正目的。在弹奏复调音乐时要避免只强调主题声部而忽视副题等声部。突出主题是重要的，但仅仅突出主题，将其他声部压下去的弹法是不能弹好复调乐曲的。教师要针对学前儿童弹奏中出现的问题一边亲自做示范一边耐心讲解，要求他们找出并分别弹出各个声部的主题，启发他们体会音乐的内在旋律美，去感受声部交织进行时音乐跌宕起伏的效果，提示他们用耳朵监听。

例如巴赫平均律的赋格曲，教师应该引导学前儿童把曲子分解成几个部分，划分每个部分的小节数，这样整首曲子的结构脉络就清晰了，改变了最初练习时一片混乱的印象。

接着可以分析第一部分的主题，例如主题是从低声部开始照声部顺序上行出现的，启发学前儿童找出另外三个部分主题的进行方式。同时，要求他们准确细致地把握音乐的内涵，明确复调音乐的基本特点、主要类型、术语，如主题、副题、答题、对题、模进、倒影以及曲式分析等，逐步培养学前儿童对复调音乐的理解能力，引导他们听各声部的走向，体会所要表达的音乐情感。

2. 背谱弹奏时的智能听觉训练

背谱弹奏是训练内心听觉的有效方法之一。在练习过程中，需要背的是整段的音乐而不是每一个分解的音符。背谱弹奏的目的是更好地聆听音乐，摆脱谱子的束缚，尽情地细听弹奏的每一个细节，从而更好地表达音乐的思想感情。因此，教师可以有意识地在教学过程中对学前儿童进行背谱训练，这样不仅会提高他们的音乐感，也有助于他们对音乐整体的把握。

许多学前儿童在背谱过程中没有养成想象声音的良好习惯，曲子弹熟以后，只顾埋头反复练习、反复背奏，形成肌肉动作的"自动化"。在这样的处理下，"听"的心理功能就落后了，而且这种"自然背谱"的方法在演奏中极易出错。所以，教师要充分发挥学前儿童智能听觉的心理功能，让他们用耳朵听自己的弹奏，理性与感性结合来记忆乐谱，包括曲式结构、旋律、和声、肢体动作、调性转换、表情记号等，使他们对乐曲的轮廓有清晰、明确的印象，并能把握住乐曲的整体脉络，这样就能从"自然背谱"变成"自觉背谱"。

（二）动作智能记忆训练

钢琴学习中的动作记忆是将肌体的动作作为记忆的内容。心理学原理认为，动作记忆一旦形成很难改变，所以在学习作品的一开始就必须根据乐谱，对弹奏动作的合理性进行分析，以形成良好的动作记忆。乐谱是作曲者表现音乐构思、创造音乐形象、表达音乐情感、体现音乐风格的重要手段，也是弹奏者了解作曲家的创作手段、音乐语言、思想感情和演奏意图的重要依据。例如钢琴的手指运动基于乐谱上的指法标记，弹奏者需要根据自己的情况去分析其合理性。这是因为指法编排的合理性直接影响着手指动作的记忆。所谓合理的指法编排，要考虑到基本的指法规则和特殊的指法运用两方面，基本指法规则要求尽量遵循每个手指的天然特点，尽可能达到手指运行自然。除了基本的指法规则外，乐谱上某些指法的制定，可以根据手的特点及作品所需音响效果的不同而做出不同的设计，灵活处理指法。

要想获得良好的动作记忆，首要的前提是掌握各种正确的弹奏法。"人的肌体本身是一个整体，但又是由具备不同功能的各个部分构成的整体。从钢琴弹奏动作上分析，掌关节、腕关节、肘关节、肩关节等，都是具有相对独立活动机能的局部。"可见，手指动作时，肌体其他部分并不是消极的，相反，是头脑、意识高度集中和控制的结果。只有认真分析肌体各部位的动作配合与协调，掌握正确的弹奏法，才能在弹奏时表现出音乐需要的声音，获得良好的动作智能记忆。

（三）可拓展音乐智能培养

音乐学习是一个由感性认识上升到理性思维，再由理性思维指导实践的过程。学龄前儿童在钢琴学习中的音乐记忆，需要从视觉、听觉和动觉入手，通过理性的分析，把握乐谱形态的变化、音乐的形态、音色的变幻、风格的演变和肌体的运动规律，在分析与总结中进行音乐记忆的实践。在钢琴学习的过程中，视觉记忆、听觉记忆、动作记忆三者并不是相互割裂的，而是相互联系的。根据心理学的研究，最好的识记是多种感觉器官参与的一种识记。利用多种感觉器官协同记忆会使学习者对作品有综合的理解，识记和回忆都比单一学习效果好得多。所以，钢琴学习中的音乐记忆不应仅限于某一方面的记忆，而应将视觉、听觉与动作记忆加以综合，并将分析的方法同时贯穿于各种类型的记忆中，使各种记忆得以深化。这样就能做到演奏时大脑再现乐谱，内在听觉记忆建构将要弹的音符，动作记忆指挥手指弹奏，三个程序连贯地在瞬间完成，使视觉、听觉、动作达到最理想的协调，获得良好的音乐记忆。

音乐同其他艺术一样，也具有形象性。"音乐主要通过声音的音响、旋律、节奏等描绘手段，表现对象为主观情思，作用于人们的听觉，使人们产生联想，塑造出间接的音乐形象。"可见，人的听觉器官为音乐形象在人的思维空间存在提供了渠道。然而，人的思维与想象没有形象性的特征，因此，存在于人脑中的音乐形象也具有抽象性、不确定性和概括性的特点。一个音乐爱好者聆听音乐往往用音乐逻辑分析的方法理解音乐形象，并从中总结出一些规律，记忆作曲家们的惯用手法，以培养自身发现与判断音乐作品风格的能力。而一个缺乏音乐理论知识的人记忆音乐，主要依靠反复的强化式的聆听，他们所联想到的音乐形象往往是与自身生活经历相关的事件。例如，听到钢琴曲《云雀》，一个没有见过云雀的人就可能会把乐曲中描写云雀鸣叫的声音想象成麻雀，因为音乐给他们印象深刻的是高低起伏的音乐旋律，而不是云雀与麻雀叫声的音色差异。不同的聆听者获得的音乐形象记忆不尽相同。

有心理学理论认为："音乐记忆的生理机制，是人脑在外界刺激作用下形成暂时的神经联系并留下一定的痕迹，这些痕迹在分析时经强化而得到巩固，再现时旧痕迹被激活，过去感知的音乐现象就会得到反映。"因此，在钢琴学习中，要学会运用分析的方法去理解音乐形象，巩固音乐形象，让音响这种听觉的刺激能真正作用到人的内心深处，同时激发人的情感。这时所获得的听觉感受会是深刻的，所得到的记忆也是永久的。

"我们的左脑更多的是以理性的、强调理解的方式来记录我们周围发生的事情过程，而右脑却更多的是以感情的方式来记录。"左脑掌管着人的逻辑性思维，右脑负责人的幻想和直觉。"著名物理学家尼古拉特斯拉具有一种近似摄像般的记忆，这归功于他母亲在他很小时就开始训练他的形象性的想象力。"可见，良好记忆力的获得要依靠两个半脑的通力合作。在听无标题音乐时，人带着思考进入丰富的联想和想象之中，大脑思维活动异常积极，这时人的注意力会高度集中，全身心地沉浸在音乐虚拟的空间中，所得到的音乐感悟会更加深刻。

苏联钢琴家亨利·涅高兹曾说过："由于人的个性特点不同，艺术形象的研究是各不相同的。"既然个人的想象不同，也就不在乎想象的对错，而在乎是否有自己通过分析所获得的想象。只要是通过对音乐信息的分析而得出了自己的想象，就可以帮助弹奏者获得对于音乐形象的记忆。

所以，在实际教学过程中，选择具有多声部思维的古典曲目是培养学前儿童音乐智能的理想素材。音乐思维能力是学习音乐过程中脑力方面最重要的一个能力，弹奏钢琴不仅是肌肉的运动，而且是大脑的指挥和对身体各部位的分工、支配。在训练大脑思维清晰并开发左右脑平衡方面，选择巴赫等音乐作品对发展学前儿童多声部思维能力收效甚多。复调音乐分为对比复调、模仿复调。对比复调是乐曲中有几段不同的旋律进行对比，如《巴赫初级钢琴曲集》第十五首，曲谱如下所示：

练习曲（片段）

根据认知理论，学前儿童可从多个角度来进行音乐学习，这里笔者从四个方面来探讨。第一，视觉认知，扫描音乐视觉表象。视觉认知适合学前儿童的心理发展特点。学前时期儿童主要运用视觉和直觉的认知方式，在学习巴赫初级钢琴曲时，旋律波浪式走向或柱式的进行使得学前儿童能更快地掌握旋律形式。第二，使用语言对音乐进行描述。教师引导学前儿童针对音乐的情节编故事、讲故事，这样不仅增加了其对乐曲的理解，同时还增强了学前儿童的语言能力和表达能力。第三，对音乐进行推理。音乐认知中比较难的环节即对音乐的判断和推理，就是对音乐将要如何发展进行推理，练习心理的预感预知能力。第四，音乐风格的认知。音乐风格是指在一个特定的时期形成的有别于其他并具有独特特点的特定音乐类型，随着各种特定音乐类型的发展，出现了不同的音乐流派。如巴洛克时期音乐风格、古典时期音乐风格、浪漫主义音乐风格、印象派音乐风格、民族乐派风格、现代音乐风格、无调性音乐、十二音体系等属于不同的音乐风格，具有不同的音乐特点。音乐风格的认知需要积累大量的听觉资料，同时需要演奏不同风格的乐曲，开阔学前儿童的视野，只有这样才会建立起学前儿童对不同音乐风格的认知体系，钢琴教师在学前儿童钢琴启蒙阶段应加入大量的不同风格的音乐欣赏内容，并为学前儿童弹奏各种风格的乐曲，让学前儿童描述音乐的内容并说出他们对音乐有怎样的理解，从而为学前儿童增加主动思考、主动探寻每首乐曲的不同之处和相似之处的机会，使学前儿童在大脑中逐渐自动地建立起音乐理解的智能。

第四节　幼儿园音乐教育变革的思考

学前儿童音乐教育应以什么为核心？什么样的音乐教育才能唤起学前儿童的学习兴趣，真正促进学前儿童情感、态度、智慧、个性等方面全面和谐的发展？这是学前儿童音乐教育课程改革的出发点和立足点。对幼儿园音乐教育现状的审视为幼儿园音乐教育变革指明了前进的方向，研究国外学前儿童音乐教育理论为幼儿园音乐教育变革提供了理论参考，在发现已有问题和寻求理论支撑的基础上，产生了关于幼儿园音乐教育变革的一系列理论思考。

一、幼儿园音乐教育变革的价值取向

任何教育教学改革都有其价值取向，否则就会失去方向。幼儿园的音乐教育改革也同样如此。笔者从音乐教育的本质和学前儿童的天性出发，将"愉悦""生本"和"发展"确定为价值取向。

（一）愉悦：幼儿园音乐教育变革的价值诉求

在幼儿园音乐教育活动中，愉悦体现在三个层面上：其一，学前儿童能体验音乐活动的愉悦性。这就要求教师在设计音乐教育活动时，能够基于学前儿童特性将音乐作品转化成好玩的音乐活动，创设生动有趣的教育环节，使音乐活动的内容、形式、方法等符合学前儿童的身心特点，以探究、操作、游戏等学前儿童学习方式替代死板重复的教师教育方式，提升教育活动的可玩性，并使学前儿童能在教育过程中真正感受到快乐并且全身心地投入，由此学前儿童的学习主动性便会随之提升。其二，学前儿童能体验音乐作品所带来的愉悦感。当情境创设恰如其分、学前儿童情绪到位之时再配以音乐，学前儿童自然能体验到音乐作品本身的美感，由此产生的愉悦感是其他活动所不能及的。其三，学前儿童能体验自我实现的愉悦感。学前儿童在参与活动中被教师、同伴接纳和肯定时可获得成功与自信的快感。

可以说，音乐活动的愉悦性和音乐作品的愉悦性两者之间存在着递进关系，没有音乐活动的愉悦性作为铺垫，就不可能吸引学前儿童主动参与音乐学习，也不可能将学前儿童的注意力吸引到音乐作品上，那么就更不用谈达成提升学前儿童音乐素养的目标了。教师应注意发挥学前儿童的主观能动性，灵活运用多种趣味性的教育方法，激发学前儿童的学习兴趣。

传统教学目标突出教师的"教"，忽视学前儿童的"学"，三个目标均从教师的角度去进行设计，注重知识的传授和技能的培养，满足于学前儿童会唱会做，强调教学活动的结果。新目标则围绕歌曲速度这一音乐要素，引导学前儿童通过各种形式（动作、声音、视觉材料、内心体验等）感受、表现歌曲的快慢变化，充分享受歌唱活动的快乐和快慢变化的美感，更强调音乐本身的情感教育和审美教育功能；同时注重学前儿童在活动中的行为，从学前儿童的角度提出与他们实际发展水平相当的要求，让学前儿童在活动中掌握学习方法。这种教育强调学习过程，更具时代性、操作性和艺术性，体现了新的教育观和学前儿童观。

此外还需要强调的是，幼儿园音乐教育活动中的愉悦与学前儿童自主游戏中的愉悦有着本质的区别，前者是有目的性的愉悦，而后者是为愉悦而愉悦。一个有价值的幼儿园音乐教育活动不可能局限在好玩的层面，而应以此为立足点，在此基础上引导学前儿童在无意识中回归音乐作品本身。

（二）生本：幼儿园音乐教育变革的价值基点

学前儿童是学习的主体，是受教育活动影响最大的群体，幼儿园音乐教育的变革无法忽略也不能忽略学前儿童的主体地位，只有将学前儿童视为生命实体的存在，充分考虑学前儿童的学习特点和发展规律，重视学前儿童作为学习主体的重要价值，才能保证幼儿园音乐教育变革的道路不会走偏。

在教育实践中，目前的幼儿园音乐教育更关注教师能教给学前儿童什么、最终教会了学前儿童什么，这就导致了音乐教育活动中教师占绝对主导地位、学前儿童只被视为教育对象而非学习主体的问题，因此教师很难充分考虑教育内容、教育环节是否真正符合学前儿童的学习特点以及是否被学前儿童所喜欢。笔者认为幼儿园音乐教育变革应当加重

"学"的分量，提高学前儿童在教育活动中的地位，从教育活动的设计到教育活动的开展都充分考虑学前儿童的特点和需要。

幼儿园音乐教育变革中，"生本"这一价值基点主要体现在以下两个方面。

1. 设计教育活动时充分考虑学前儿童特点

针对学前儿童很难用听觉理解音乐作品的特点，教师应对音乐作品做出合理处理，为抽象的音乐符号寻找具体的参照物，在对学前儿童前期经验充分了解的基础上，为音乐作品选择适宜的、学前儿童感兴趣的参照物。基于学前儿童学习方式的特殊性，教师可尝试将探究、操作和游戏等融入音乐教育活动中，在生活中引导和鼓励学前儿童用音乐表达自己的思想与情感。例如，在带领学前儿童户外观赏秋风扫落叶或散步等日常活动中，若教师随机唱《小树叶》，则学前儿童的体验会更深，几遍之后，学前儿童就能跟着教师哼起旋律。以后学前儿童一见到落叶，就会自然而然地哼唱起来，还可能主动要求教师一起唱。

2. 设计教育活动时充分考虑学前儿童自主性的发挥

音乐是一门独特的艺术，由于每个学前儿童的生活经验、家庭背景、个性素质、性格等不同，他们对音乐的兴趣、偏好、理解、感受及表达方式都会有所差异。当接触到音乐这种富有艺术性的表达产物时，学前儿童会很自然地产生自己独特的理解和感受，想要进行创造和表达，我们理应给予学前儿童自由发挥的空间，允许并鼓励学前儿童对音乐的独特理解与自我表达。但这种自主发挥是有规限的，即必须是把握音乐关键经验、有艺术标准指向的自由表现，教师在引导过程中应注意开放性、宽容性与低控制性。

开放音乐活动的内容，使不同性别、兴趣与偏好的学前儿童有更多的选择。目前幼儿音乐教育存在的一个突出问题就是教育内容的女性化，尤其是舞蹈"柔性"十足，使得男学前儿童对此缺乏兴趣，影响他们的个性成长。因此，在活动内容、形式的选择上应充分考虑学前儿童的性别或性格差异，提供给学前儿童更多的自主选择空间。

尊重学前儿童对音乐的个人理解与表现，注重引导学前儿童用自己特有的童心和纯真去感悟音乐。每个学前儿童对音乐都有独特的感悟与体会，"有一千个观众，就有一千个哈姆雷特"，教师不要用成人的眼光去标准化地理解音乐，不要自以为是地给学前儿童太多的思维限制，应给他们创造更多的感悟空间，让学前儿童最鲜活、最真实的童真童趣得到张扬、获得发展。

（三）发展：幼儿园音乐教育变革的价值归宿

无论是追求愉悦，还是基于生本，它们都是达到幼儿园音乐教育目标的方法和途径，其最终归宿旨在实现学前儿童个体的发展。我国教育家楼必生、屠美如等人认为，学前儿童无论有多大的艺术潜能，仍然不具备接收系统知识教育和技能训练的基础，只能接收以艺术美为核心的艺术启蒙教育。

1. 音乐素养

若一个音乐教育活动以学前儿童的生活经验为起点，笔者认为只完成了一半，只有以学前儿童获得音乐经验为终点，才算完整的、成功的音乐教育活动。全球教育日益重视艺术课程的建设，达成了"没有艺术教育就是不完整的教育"的普遍共识。可以确定的是，幼儿园音乐教育一定是有明确目标指向的，而且目标不是使学前儿童学会几首歌，而是获得能够提升音乐素养的关键音乐经验。学前儿童不可能从一两个音乐教育活动中快速获得这些关键音乐经验，只能通过持续不断地参与隐含内在目标的音乐教育活动，以潜移默化的方式获得。笔者希望当学前儿童结束 3 年幼儿园学习生活时，能够合拍做动作、合音乐结构做动作、有旋律轮廓线地歌唱[①]，这样笔者才认为幼儿园音乐教育发展学前儿童音乐素养的价值有所体现。

2. 学习品质

音乐与游戏一样对学前儿童有着无穷的诱惑，是学前儿童生活中不可缺少的部分。对于学前儿童来说，音乐是他们表达思想、交流情感与对外交往的工具，是激发他们生命与智慧活力的甘泉。

音乐教育会影响学前儿童的情感发展、智力发展、社会性发展、审美能力发展以及个性发展。情感发展是指通过广泛接触表现不同情感内容的音乐，学前儿童的情感世界将逐渐变得丰富、充实。智力发展是指通过感知觉训练提高学前儿童听觉的敏感性、选择性和对音乐的整体感受性。音乐学习会引起全身官能的反应，伴随律动、舞蹈、乐器进行的歌唱或表演活动，能培养学前儿童的敏锐感觉，提高大脑反应的灵活性。社会性发展是指学前儿童在一种愉快的"不强迫"的形式中，养成自愿遵守规则的习惯，培养自律和自我激励的良好品德。也正是在这些活动中，学前儿童体验到集体创作的愉快，学习与他人进行非词语的交流和默契合作，学会理解、接纳、欣赏他人。审美能力发展是指学前儿童在反复聆听、充分感受音乐的过程中逐步对音乐产生兴趣后，随即会产生强烈的表演欲望表现自己的内心感受，展现出音乐中的美。个性发展指的是学前儿童的自我意识、品德和性格的发展。学前儿童音乐教育要使学前儿童增强自我意识，找到同伴并与其友好共处，能尽情地寻找自我的感觉，并从成人与同伴的评价中逐渐了解自我存在的价值。

综上所述，从幼儿园歌唱教育活动的目标来看，歌唱活动的价值在于培养学前儿童用歌唱的方式表达自己的情感，促进学前儿童各种能力的发展，让学前儿童体验歌唱的快乐。从幼儿园课程综合性的角度来看，学前儿童的学习品质作为影响学前儿童学习效果的重要因素，应当由各个学习领域的努力合力培养。在幼儿园音乐教育中，教师应通过努力创设学习情境、优化教育环节等方式，使学前儿童成为具备学习愿望、具备坚持毅力、能自我控制的个体。

---

① 王秀萍. 歌唱教育活动 [M]. 苏州：苏州大学出版社，2015：5.

二、幼儿园音乐教育变革的基本理念

依据幼儿园音乐教育变革的价值取向，笔者确定了十二字基本理念，即"经验还原①、动感取向、音乐操作"。

（一）经验还原

这里所用的"经验"二字出自杜威的教育本质论。杜威认为，教育即生长，生长即经验的不断改造，而经验的不断改造即经验的组织。

1. 经验还原的含义

就经验的种类而言，杜威认为存在着种族经验和学前儿童经验两种经验类型，这里所指的"种族经验"就是我们一般人所理解的"学科经验"，幼儿园课堂教育就是将学前儿童经验引向学科经验，以学前儿童经验为起点、以学科经验为终点的学校教育活动。学科经验与学前儿童经验在三个方面存在分歧：第一，学前儿童经验是关于学前儿童个人的一个狭小的世界，而学科经验是关于一个在空间与时间上无限大的世界；第二，学前儿童经验是统一与整合的，而学科经验是分门别类并专门化的；第三，学前儿童经验是实际与情绪的结合，而学科经验是分类和排列的抽象原理。

"经验还原"是指把种族经验形式的学科知识转换为能引起学前儿童兴趣与冲动的一种活动状态。在幼儿园音乐教育范畴内，种族经验是指充满音乐元素特性的、以音响方式呈现的音乐作品。学前儿童音乐学习的兴趣与冲动是指学前儿童对音乐中潜在的内容与动作的本能痴迷，学科知识的转换手段是为音乐符号寻找参照物。在幼儿园音乐教育范畴内，经验还原是指把音乐作品抽象的音响形式转换为激发学前儿童音乐学习兴趣与冲动的内容化动作的参照物形式。

2. 经验的连续性原理

学校课程的目标在于有效地组织学生的经验。杜威提出了经验组织的连续性与交互性两个标准，其中连续性标准是关键经验组织的方向性内涵。

在教育论域内，"经验连续性"体现为经验的方向性，即经验具有从学前儿童个体经验或原初经验到种族经验累积发展的方向性要求。杜威认为，凡是经验，无论是有教育价值的还是无教育价值或者反教育的，都具有连续性和推动力，问题在于"经验的价值只能由它所推动的方向来判断"②，教育的任务便是指导学生明确这种方向，这种符合学生成长的方向。杜威认为存在两种倾向违背他的经验连续性要求：第一，在评断学生经验的方向时，对原初经验的理解不深入。第二，回避学生的原初经验。无论是对学生原初经验理解不透还是不理会学生的原初经验，都不可能为学生指明经验的方向，其结果会走向反教

---

① 王秀萍. 经验还原幼儿园音乐教学 [M]. 合肥：安徽文艺出版社，2011：1.

② 杜威. 经验与教育 [M]. 姜文闵，译. 北京：人民教育出版社，2005：258.

育。首先，需要理解并支持学生的现有经验，察觉出其本能冲动与能力；其次，要引导通过主动学习方式使学生有反省学习内容和自我的时间与空间；再次，使学生获得这一学习内容的相对完整且对个体具有意义的经验；最后，学生以此经验为动力进入下一个学习内容，并预见未来的经验。[①]

3. 幼儿园音乐教育论域内的经验还原

如果说杜威提出的经验观是从理论上阐述了经验与教育活动的关系，那么在幼儿园音乐教育实践中，经验还原则具有操作性的意义。

还原的理由经验：对学前儿童来说，音乐学习首先是一件有趣的事，如果学习情境与内容不能引起他们的兴趣或没有触动他们的情感，那么学习就是无意义的。这一事实早已被桑代克证实——"兴趣与能力是趋向互相符合的"[②]。如果学前儿童在被激发了本能、自身需要的情境中学习音乐，他们会显示出极大的学习兴趣，兴趣带来的学习专注与持久支撑着学前儿童音乐经验的获得，而音乐经验的获得又反过来激发与维持学前儿童音乐学习的兴趣。

所谓的"经验还原"就是将相对抽象的种族经验还原到学前儿童的生活中，让它贴近学前儿童个体经验，通过为音乐符号寻找参照物，把音乐作品中抽象的音乐形式特征转换成与学前儿童生活经验相连接的参照物形式。这种经验还原旨在激发学前儿童学习音乐的兴趣与动机，让音乐学习看起来不再那么枯燥乏味，最终目的仍是让学前儿童获得种族经验。

经验还原幼儿园音乐教学的含义：经验还原幼儿园音乐教学是以具体音乐作品为教学内容单位，以音乐作品还原、教学内容和过程的组织设计为基本框架，以有效的师幼互动为教学实施目标的一种音乐教学方法。经验还原幼儿园音乐教学的教学内容以音乐作品的方式串联成曲目库，就数量而言，小、中、大班年龄段各有 15 个音乐曲目的要求。

经验还原音乐教学是在幼儿园集体课堂教学情境中展开的一种教学，是一种预设性教学。其教学设计策略由音乐作品还原策略与教学内容和过程的组织策略两部分构成。其中，音乐作品还原策略的完成是教学设计的基石部分，是对教师音乐素养的考验，目的是把抽象的音乐符号转换为学前儿童喜欢并能理解的生活化符号。教学内容和过程的组织策略的完成是教学设计的途径部分，是对教师教育素养的考验，目的是把转换好的学前儿童化音乐作品以符合学前儿童音乐学习能力的状态，分步骤带任务地呈现给学前儿童。

综上所述，幼儿园音乐教育中的经验还原就是指通过寻找音乐符号参照物的方式，把抽象的音乐作品和音响形式转换成能激发学前儿童音乐学习兴趣与冲动的参照物形式。参照物类型很多，在还原时可以使用一种，也可以对多种进行有层次的使用。

4. 基于经验还原的幼儿园音乐教学

基于经验还原的幼儿园音乐教学的音乐性目标：通过多种音乐作品的还原方式激发学

---

① 王秀萍. 论杜威的教育经验观 [J]. 学前课程研究，2007（2）：42—45.

② 穆塞尔，格连. 中小学音乐课教学法 [M]. 章枚，译. 成都：四川人民出版社，1983：83.

前儿童在音乐学习中的兴趣、本能和冲动，从而使他们获得对音乐作品的身体动作表现技能，为学前儿童由音乐作品的身体动作表现转向歌唱与演奏等音乐表现打好坚实的基础。

基于经验还原的幼儿园音乐教学的设计：教师首先要通过动作还原把音乐作品中的音乐特性全部投放到身体动作表演中，然后设置音乐故事情境，让学前儿童在音乐故事情境中模仿学习音乐作品的身体动作表演。如果学前儿童的身体动作表演达到与音乐特性匹配的程度，说明学前儿童已经学会用身体动作表达音乐特性的技能，所以还原教学阶段中学前儿童的学习任务就是获得针对音乐作品进行身体动作表演的技能。

音乐经验还原标准：音乐经验还原与提升应具备以下三条标准。其一，音乐形式规限标准。节奏、音色、力度、旋律、结构、速度、风格等每种音乐元素的模型特点都规定着一首曲子的再现内容，所以分析音乐元素模型特点是教师挖掘音乐作品中再现内容的前提。其二，意象思维标准。音乐是无法只通过语言与音乐的对应来理解的，还需要通过音乐元素模型所汇集的音响的听觉"形态"或听觉形象与生活中形象的类比联想来理解，这种类比联想是一种意象思维，是教师挖掘音乐再现性内容的思维机制。其三，以身体动作呈现方式为主、以其他呈现方式为辅的标准。用身体动作来呈现音乐再现内容是最理想的。这是因为，首先，身体动作是在音乐背景中完成的，它内在地满足音乐形式规限；其次，身体动作表达音乐是一种形象表达，它自然地运用意象思维；最后，用身体动作来呈现音乐再现内容也是学前儿童的音乐趣味所在，因为学前儿童不是爱音乐，而是爱这种能让他们运动起来的感觉。所以，音乐经验的还原最好以身体动作的方式呈现，当然需要辅以语言或图片说明。

（二）动感取向音乐教学

"动感"指的就是动作体验（音乐是通过动作来体验的）。动感取向音乐教学是指以动作体验为基本途径，从教学设计到组织实施均以动作体验为方式的幼儿音乐教育活动。借鉴诸多理论中身体动作对音乐学习有重要作用的观点，笔者试图基于动感取向开展幼儿园音乐教育变革的实践探索。所谓动感，是指个体基于对外界事物的高度注意力，自发地或模仿性地产生肢体运动，由身体动作产生的肌肉感来获得对外界事物更深层次的感知。基于动感取向的幼儿园音乐教学活动能充分调动学前儿童的身体动作，使他们以身体动作操作为起点，感受音乐作品的节奏、旋律、歌词；以身体动作表演或嗓音演唱为终点，进行音乐的创造性表达；以身体动作贯穿始终，使学前儿童真正获得音乐经验。

在幼儿园音乐教育中，启用躯干与四肢的行为都称为"身体动作"。从动作内容性角度来分，笔者把幼儿园音乐教育中的身体动作分为三种类型：律动、声势、集体舞。

律动指人类的日常随意动作与所有模仿性动作。随意动作如行走、跑跳等动作，模仿性动作如模仿动物、模仿劳动行为等动作。律动突出的特点是动作比较随意，动作技能要求不高，动作范围很广泛。

声势是奥尔夫音乐教育体系中的概念。在奥尔夫音乐教育体系中，声势有两种类型：

身体打击声势与嗓音声势。身体打击声势是指以人体为天然乐器，用捻指、拍手、拍腿、跺脚等方式发出不同声效的音响。这里的声势只指身体打击声势。声势与律动的区别在于律动更具有动作的内容性，更重视动作所表达的意思；而声势则着重于拍打身体不同部位后发出的不同声效及这些声效的组合。就内容性而言，声势是不具有真实内容的。

集体舞是舞蹈的一种，强调一群人起舞。就舞蹈而言，舞蹈的身体动作比律动的要求更高，倾向于对美感与动作技能的追求。在经验还原幼儿园音乐教学中，本研究是取集体而非舞蹈的概念，准确地说是集体律动而非集体舞蹈。本研究不要求学前儿童的"集体舞蹈"动作达到舞蹈的程度，而认为维持在律动层面更符合学前儿童音乐学习的特征。所以幼儿园音乐教学中的集体舞，如螃蟹舞、兔子舞等就是有内容的集体舞，因为所有动作的发出是对某种动物行为的模仿。有的集体舞只是做一些基本步子、基本动作，这类集体舞就是无内容的集体舞。

动感取向音乐教学至少有以下三种意义。其一，动感取向有利于体现课堂活动的音乐氛围。在动感取向下，整个课堂的音乐活动处于一种开放的状态，因此处处可见音乐的氛围。教师和学前儿童在一种联动的状态下，使得音乐充满整个环境，学前儿童也能在这个过程中得到音乐的有效体验，可以发展学前儿童的音乐能力。其二，动感取向有利于激活学前儿童本身的音乐潜力。因为整个活动都在动感之中，学前儿童的音乐潜能包括他们平时的音乐积累，都能在这样的场合得到很好的发挥。于是，在活动中就能生成更为多元的音乐资源。一旦激活了学前儿童的潜能，音乐活动便注入了学前儿童的色彩。其三，动感取向有利于凸显教学方式的音乐特征。在动感取向之下，可以激发教师的教学行为。在音乐教学活动中，教师会根据学前儿童的表现以及音乐所具有的无限的创造性，开发出多维的教学方式，并且这些方式都能够促进学前儿童音乐素养的提升。

动感取向音乐集体教学活动的实践。首先是教学的动感设计。在设计教学方案时，需要完成音乐作品的学前儿童化实践操作取向的处理。处理有两个标准：具有游戏、故事或真实生活情境的内容；能够用身体动作的表演方式表现这些内容。音乐作品按这两个标准进行处理才是以学前儿童为对象的动感取向的音乐教学，但对每一个音乐作品的处理都达到这两个标准是有挑战性的。其次是教学的动感实施。在实施音乐教学方案时，需要教师与学前儿童双方都在实践操作中完成教学内容要求，这种集体做中学的教学形式对教学策略的要求非常高，学前儿童很容易兴奋过度，导致课堂教学失控。所以，加强对课堂实施策略设计与执行的有效性把控是教师需要解决的难点问题。

动感取向音乐在日常生活环节的渗透。"一日生活皆课程"已成为幼教工作者的共识。如何将动感音乐向学前儿童的日常生活环节进行有效的渗透，让学前儿童在美妙的音乐伴随下排队、做早操、洗漱、运动、行走，从而激发学前儿童积极的情绪情感，需要幼教工作者去探索和实践。

动感取向音乐在区域活动中的呈现。区域游戏成为幼儿园实施课程的重要方式。教师需要创设满足学前儿童需要并能促进学前儿童音乐经验提升的自主音乐区，让学前儿童在与材料（乐器）、同伴、情境的互动中感受音乐，进而表现与创造。

（三）音乐操作

20 世纪 90 年代，音乐教育哲学领域出现由审美范式向反思性实践范式的转型。在反思性实践范式的价值引领下，音乐教育更重视培养音乐实践者，音乐知识被视为程序性知识，强调音乐学习者运用音乐元素进行音乐实践或操作的能力。同样，在幼儿园音乐教育领域，更重视学前儿童操作音乐而非聆听音乐的能力。音乐操作作为一种多样化的人类实践，包括歌唱、即兴表演和演奏乐器等[①]。它是解决音乐问题的成果体现，并且对于学前儿童主体经验获得来说，一方面，做中学的学习方式是关注主体经验的最好注解；另一方面，音乐教育界持音乐是表演艺术的立场，承认只有关注表演才称得上是音乐教育。因此，无论何种类型的幼儿园音乐教育，最终都应走向音乐操作，如此才能实现非音乐经验向音乐经验的转换。在音乐学习的前期，学前儿童更多的是通过非音乐经验来感受音乐作品、体验音乐形式特征，如果缺乏实践操作的环节，幼儿个体经验便只能停留在非音乐经验水平。

1. 音乐教育的价值观变革：由"实践"到"欣赏"再到"实践"的钟摆式超越

世界范围内，音乐教育经历了两次巨大的变革，变革的时间焦点为 1950 年与 1995 年，变革的价值观冲突在于音乐教育的价值是实践（表演）活动还是听觉（欣赏）活动，在变革历程中音乐教育价值呈现出"实践"到"欣赏"再到"实践"的钟摆式上升轨迹。[②]

1950 年以前音乐教育的价值在于实践，此时音乐实践的内涵直指技艺，但指向技艺训练的音乐教育最终会走上忽视学生主体、失去教育性的不归之路。1950 年，审美哲学引领下的审美音乐教育萌生。到了 1970 年，代表审美价值的欣赏音乐教育以不可阻挡之势迅速替代了技艺音乐教育并风靡全世界。指向听觉感受的审美音乐教育最终由于其文化霸权、权威意识等现代性气质（如认为西方经典才是最好的审美对象）与音乐课堂的无效性（如学生在学校音乐课堂内无法获得音乐能力）而被后现代社会诟病。1995 年以来音乐教育领域重新确立了音乐是操作艺术（实践艺术）而非仅仅是听觉艺术的价值，确认了音乐能力或经验获得的途径是操作、实践。

2. 音乐教育的知识观变革：音乐知识的本质由陈述性知识转向程序性知识

当音乐教育的价值被再次确立为"实践"时，靠耳朵感知、语言反应的陈述性知识就很难成为音乐知识的价值取向。"实践"音乐教育的代表人物戴维·埃里奥特曾在他的著作中，用大量的论据来论证"音乐知识的本质是程序性知识"这一命题。他认为，学音乐就像学开车一样是一种做事或操作的活动，音乐知识获得的检验标准是会操作音乐。关于

① 埃里奥特. 关注音乐实践：新音乐教育哲学［M］齐雪，赖达富，译. 上海：上海音乐出版社，2013：47.

② 王秀萍. 中小学音乐教育应重视审美性与实践性的融合：基于对杜威"审美经验"的内涵的理解［J］. 教育研究，2015（5）：133—140.

如何操作音乐的知识、音乐事实知识、音乐历史知识等音乐的陈述性知识不是没用，而是具有辅助、提升、深化音乐操作的作用。但是音乐的陈述性知识的有用性建立在音乐的程序性知识发挥作用的前提下，离开音乐的程序性知识（音乐操作能力），所有的音乐陈述性知识就会变成沙堆上的建筑或海市蜃楼，"灿烂"过后很快就烟消云散。把音乐知识作为陈述性知识的音乐教学是无效的。

做音乐即操作音乐。戴维·埃里奥特把音乐制作的类型分为作曲、音乐表演、即兴创作、编排和指挥等，其中音乐表演是这些操作类型中最基本的形式。以中国目前的音乐教育条件来看，幼儿园音乐教育中能进行的音乐操作主要是音乐表演，所以本书中"音乐操作"与"音乐表演"是同义的。加登纳与达尔克罗兹在阐述音乐与运动觉之间的关系时，都明确提到早期学前儿童的音乐学习与身体动作表演是不可分的。[①] 对早期学前儿童音乐学习而言，身体动作表演的重要性等同于乳汁对初生婴儿的重要性，所以很难不把身体动作表演列入学前儿童音乐表演的范畴。[②] 据此，笔者认为学前儿童的音乐制作（表演）包括身体动作表演、歌唱与演奏三种类型，以及每种类型的即兴表演。不过，笔者也强调身体动作表演与歌唱、演奏在表演层次上是有区别的：身体动作表演为第一层次，旨在感知；歌唱、演奏与即兴表演为第二层次，旨在表现。学前儿童音乐经验的获得过程是由音乐制作的第一层次向第二层次不断转换的过程。

因此，让音乐操作即音乐动作表演贯穿音乐学习的始终是动感取向课程的要求，也是学前儿童音乐课程的要求。在教学初始环节，颠覆传统音乐教学的静听方式，让身体动作操作贯穿始终；在教学提升环节，分别进入歌唱、演奏与即兴表演环节，使学前儿童实现以自己的方式来表现与创造。在这里需要强调的是，教学提升环节中，不仅要关注学前儿童的原初经验，而且要关注学前儿童的经验积累与改造。

---

①　加登纳. 智能的结构 [M]. 沈致隆，译. 北京：中国人民大学出版社，2008：124—157.

②　蔡觉民，杨立梅. 达尔克罗兹音乐教育理论与实践 [M]. 上海：上海教育出版社，1999：15—27.

第六章　学前儿童音乐教育的流派与实践

第一节　柯达伊音乐教育理论与实践

一、柯达伊生平及教育体系概述

柯达伊出生于 1882 年，是匈牙利著名的音乐教育家、作曲家和民族音乐家，在全世界范围内的音乐教育体系中，"柯达伊教学法"是其中最具影响力的一种，并且该教育体系就是以柯达伊的名字命名的。柯达伊从小生活在一个具有良好艺术氛围的家庭，在小的时候就学习了许多种乐器。到了中学时期，他开始了自己的音乐创作。对于作曲和指挥方面的学习，是在高中毕业之后进入了布达佩斯音乐学院，他正式开始了这两方面内容的学习。1907 年，柯达伊到了法国巴黎。当时较为出名的作曲家是德彪西，他所属的流派是印象派，他所制作的和声使用的是五声音阶的方法，这些对于当时的柯达伊产生了深刻的影响。他在回国之后留在了李斯特音乐学院参与教学，并在 1919 年正式被任命为该学校的副院长。柯达伊对于音乐的贡献主要在于他的音乐创作、音乐教育，以及在民间音乐方面所做出的理论研究。这三方面的内容看似相互独立，但互相之间又存在着密切的关联，无论是哪一方面的内容，柯达伊都投入了大量的精力。

20 世纪初，柯达伊创建了一种音乐教育体系，该体系包含的内容主要是音乐教育观念中的根本问题以及音乐实践中的根本问题，包括音乐文化在整体知识文化中起到了什么样的作用，人们的成长和发展同艺术教育之间又存在着怎样的关系，以及民族民间的音乐在音乐教育中有着怎样的含义，等等。这些内容不仅带有教育哲学的思想，而且是在极高的艺术标准和审美标准下进行的研究和探索。

柯达伊真正开始关注青少年在音乐方面的教育活动是在 1925 年之后，从这时开始，他所研究的主要内容发生了转变，主要研究对学前儿童的音乐教育，包括情感和审美两个方面。同时，他还创作出了用于学前儿童音乐教育的音乐教材与合唱作品。在他开始着重研究青少年的音乐教育之后，他为具有不同音乐水平的学前儿童创作了上千首用于唱歌练习和读谱练习的作品，人们将他的这些作品称作"黄金储备"。

在匈牙利，学前儿童的音乐教育是因柯达伊才得到了全面的发展，并且柯达伊为匈牙利的民族音乐教育也同样做出了不小的贡献。他所创造的音乐教育体系不仅针对青少年的教育，还是在弘扬自己民族的文化，以及文化中所蕴含的民族精神。柯达伊所创建的音乐教育体系不仅是匈牙利所使用的最为普遍的一种体系，在世界范围内也受到了广泛认可。他的音乐教育体系中所包含的内容不管是在幼儿园还是在高等音乐学院，无论是在亚洲国家还是欧美国家，都得到了广泛传播和发展。

二、柯达伊音乐教育体系

（一）音乐教育的始端

关于学前儿童柯达伊曾表示，这些孩子只注重当下，对于过去和未来并没有多么深刻的概念，而音乐对于一个人的影响也是当下的，同样不存在过去和未来的含义；因此，学前儿童最适合接受音乐的时期是他们人生最开始的五六年，这是开展教育活动的黄金时期。同时他还提出，关注学前儿童音乐教育活动需要从早期阶段开始。

对于婴儿，人们总是觉得那么小的孩子是不会聆听音乐并且随着音乐做出动作的，即不会存在音乐性行为。但实际上通过对婴儿的研究可以发现，婴儿是可以做到这些的。音乐可以被看作是利用听觉所产生的一种交流方式，不同年龄段的人都可以运用这种方式，也包括婴儿。婴儿在最初是"接受者"的身份，但是他们想通过音乐同其他人之间开启"音乐对话"，从而转变为"参与者"。在前语言方式中，音乐也属于其中的一种方式，并且通过这种方式同周围的世界产生关联，婴儿便是利用这种方式，并通过模仿声音来实现交流。

学前儿童对于音乐的使用，并没有一个极其规范的方式，他们不仅在音乐课堂上参与音乐活动，在平时的生活中也会选择使用自己喜欢的音乐来自娱自乐。这个时候的学前儿童对于音乐会产生较强的兴趣，教师对这些学前儿童进行仔细观察后，就能发现音乐教育不是只有通过音乐课堂才能实现的，任何时候都是对学前儿童开展音乐教育的好时机。

从柯达伊的观点来看，之所以选择从幼儿园开始就对学前儿童进行音乐教育，是因为幼儿园所创造的学习环境是一个可供学前儿童开展集体活动的环境。而且从幼儿园开始就开展音乐教育不仅可以让学前儿童在较早的时间段里获得良好的音乐体验，还有助于发展学前儿童的音乐听觉。

柯达伊在匈牙利学前儿童教育改革中，提出把民间歌曲和歌唱游戏曲作为幼儿园的主要音乐材料，在歌唱游戏进行的过程中歌唱联系着动作和活动，既符合学前儿童的天性，也能培养学前儿童的集体感和社交能力。学前儿童在身体的运动中感受、表现音乐，也可消除紧张和不安情绪，体验到游戏带来的欢乐。

学前儿童接受音乐教育所获得的是一种直接体验，这种体验是后续感知音乐以及发展音乐技能的基础，这是整个音乐教育过程中的准备阶段。针对该阶段，柯达伊的音乐教育体系将其音乐教育目标做了简单的归纳，认为该阶段的学前儿童最重要的是能够获得对音乐的兴趣，并且这种兴趣是通过对音乐的感受、聆听以及歌唱所产生的，同时在这个阶段还要让学前儿童获得关于音乐的审美以及对音乐产生的趣味。从这里可以看出，柯达伊的音乐教育体系实际上是以早期的音乐教育为基础所建立的。

（二）课程进度安排的主要依据

柯达伊曾提出过"学前儿童自然发展法"，主要用于编排音乐教学的课程以及课程的顺序，这种编排的方式包含了学前儿童发展的各个时期，编排的依据是在不同的时期学前儿童所拥有的音乐能力。这种方法是经过大量实验和研究后得出的一种方法，具有一定的科学性。

柯达伊认为在传统的主体逻辑课程中，对于课程的顺序和题材的组织，在编排的过程中除了要考虑到学前儿童对于教学的内容是否能够接受，更重要的是要考虑其编制的内容是否合理。例如，在教授学前儿童节奏方面的内容时，如果按照全音符、二分音符、四分音符、八分音符以及其他音符的顺序开展教学就是一种不合理的教学顺序。因为在学习节奏的时候，在教学过程中首先要做的是让学前儿童感知节奏，并且学前儿童更容易接受的节奏是移动的节奏。在教授学前儿童关于四分音符和八分音符的相关内容时，可以利用他们生活中比较常见的节奏作为比较，如让学前儿童将四分音符的节奏看作是正常行走时的速度，将八分音符的节奏看作是正常跑步时的速度。大部分的儿歌和童谣，都是由四分音符和八分音符这两种音符和节奏组合而成的，因此，关于节奏教学柯达伊认为四分音符和八分音符是学习节奏内容的基础。

再比如，关于旋律的教学如果首先教授的内容是自然大小调音阶，那么这种教学活动设计就是不合理的。学前儿童开始唱歌的基础主要有三个音，即小三度 so、mi 和 la，并且这三个音是所有学前儿童在最开始的音乐教学中能够通用的一种乐汇。因此，更合理的安排应该是以小三度开始，帮助学前儿童依次先掌握五声音阶（so、mi、la、do、re），然后再教 fa、si 以补足整个七声大小音阶。柯达伊在音乐教育体系中，正式提出了以"学前儿童自然发展法"为依据安排课程进度的编排，从而突破了传统的不够合理的编排顺序。

针对学前儿童在音乐方面的发展过程中所呈现出的一般特点，柯达伊也做出了相应的总结，一共提出了四个方面的内容：第一是关于音域的内容，学前儿童的音域最高为六度，其中最难唱准的音为半音；第二是关于音调的内容，学前儿童更容易唱出来的是下行音调；第三是跳进与激进方面的内容，学前儿童唱得更加准确的是跳进；第四是关于音阶的内容，相比于七声音阶，学前儿童更容易掌握的是五声音阶。同时，柯达伊还提出，在制定教学顺序的时候需要将这些特点作为参考。

（三）基本教学工具

在教授关于乐谱读写方面的内容时，柯达伊借助了音乐前辈们的一些教学工具，包括首调唱名法、节奏唱名法和柯尔文手势，这三种教学工具在教学过程中的使用是十分有效的。

1. 首调唱名法

首调唱名法指的是，在视唱时无论用的是什么调，一首歌的重音或中心音都是大调的 do 和小调的 la，各级音阶的唱名都不变化。其优越性明显体现在当学前儿童知道小三度（so—mi）这一基本音调后，他也就能够在乐谱的任何一个调、任何一个地方毫不费力地把它们读出来。如图 6—1 所示，在 C 大调里，音名 C 所对应的唱名为 do，将 C 大调换为 G 大调后，音名 G 所对应的唱名依旧为 do。

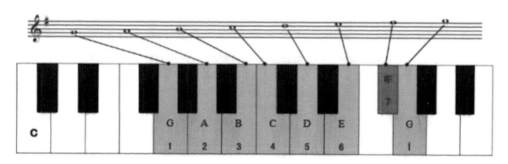

图 6—1　首调唱名法示意图

2. 节奏唱名法

在节奏教学中，柯达伊所使用的方法是利用相似的音阶系统，这些音阶系统在法国视唱练耳的教学中是经常使用的。该方法记谱的方式是利用符号，时值的表示方法是利用特定的音节，比如四分音符就用"ta"来表示，八分音符就用"ti"来表示。

学前儿童用节奏唱名唱出选自歌曲的节奏、节奏型，在演唱的过程中体会到节奏唱名的时值。八分音符的节奏练习，学前儿童可以根据音节和音符提示，进行哼唱的练习。节奏练习曲及范例示意图如下：

节奏练习曲
附点八分音符

1＝D　$\frac{4}{4}$

♩=60

3

5. 5̲5　5. 5̲5　｜5. 5̲5̲5　5. 5̲5̲5　｜5　5. 5̲5　5. 5̲｜5̲5　5. 5̲5̲5　5. 5̲｜

5

5. 5̲5　5̲5̲5. 5̲5　5̲5̲｜5. 5̲5̲5̲5̲5　5. 5̲5̲5̲5̲5̲｜5̲5̲5　5. 5̲5̲5̲5̲5̲5. 5̲｜5̲5̲5　5. 5̲5̲5̲5̲5　5. 5̲‖

7

129

节奏范例示意图

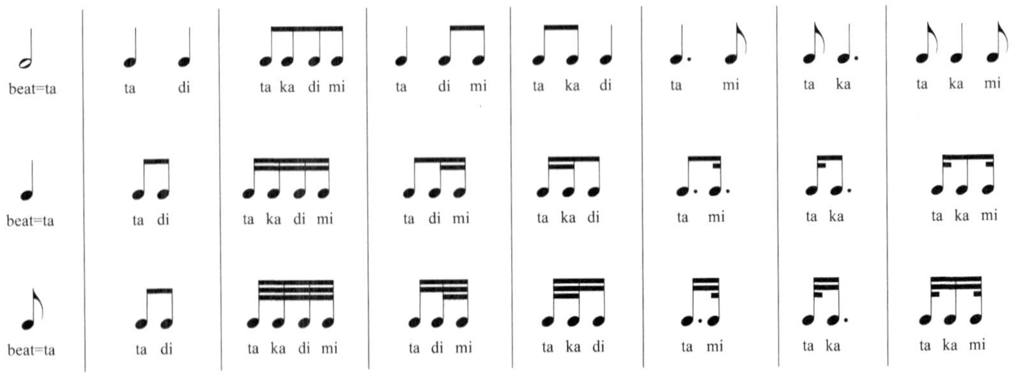

3. 柯尔文手势

柯尔文在1870年创造出了一种手势，该手势主要包括七种，并且每一种手势都代表着一个固定的唱名，该手势被称作"柯尔文手势"，并被柯达伊用在他所创造的教学系统之中。柯尔文手势主要用于帮助学前儿童理解音程的空间感以及不同音之间的高低关系，这种高低关系是通过手势在空中高低位置的不同来表现的。同时，这种表达方式更加直观也更加形象。具体的手势如图6—2所示。

图6—2　柯尔文手势

上述的这三种教学工具在柯达伊的音乐教育体系中都有被应用，并且在这三种教学工具的使用下，学前儿童在音乐方面得以进入更深层次的学习。

（四）教材的选择

"学前儿童音乐教育首先应该用更纯洁的、真正民族的、民间的音乐作为主要教材。""让我们打破那种认为只有经过简化了的艺术替代物才适合于学前儿童的'教师的迷信'，学前儿童是最容易受感动、最热心于纯朴艺术的，除此之外，他们能够理解每一位伟大的艺术家，这是由学前儿童们的天性、纯真的气质所决定的。"柯达伊的这些鲜明的观点向世人强烈地表达了他的看法：只有最好的才是最适合学前儿童的，只有最优秀的才应该给学前儿童，民族的也是最好的。

（五）教育目的

对于音乐教育，柯达伊不仅将重点放在了教育上，关于文化的内容柯达伊也在其中给出了相应的定位，认为音乐教育还背负着发展文化的重要任务。因此，在柯达伊的教育体系之中，其教育目的是推动学前儿童的全面发展，并且这种发展是在传承文化和发展文化的基础上产生的。分析柯达伊音乐教育体系的教育目的，主要可分为四个方面：第一个方面是关于音乐文化水平培养的内容，即具备利用传统的音乐语言进行创作、读写和思考的能力；第二个方面是通过学习民族民间音乐，对于本民族的文化内容多加了解，从而产生对自己国家和民族的一种文化认同感；第三个方面是让学前儿童参与到各种音乐活动中去，尤其是集体的音乐活动，提高他们的表演能力，丰富他们的生活；第四个方面是许多的音乐作品通过在学前儿童音乐教育中的使用，成为他们最宝贵的财富。

第二节　达尔克罗兹音乐教育理论与实践

一、达尔克罗兹生平及教育体系概述

达尔克罗兹出生于1865年，是瑞士最出名的作曲家和音乐教育家之一。达尔克罗兹从小便开始学习音乐，6岁就开始了钢琴的学习，并且在7岁就已经开始了乐曲的创作。一开始他所就读的学校是日内瓦大学，在学习一年之后选择了辍学，并在1876年踏上了去往巴黎的旅途，到了巴黎之后他在法兰西戏剧院找到了一份工作，工作的同时继续对音乐的学习。直到1886年，他回到了家乡，并通过考试进入了维也纳音乐学院的作曲班，该作曲班曾走出过众多的知名作曲家，例如安东·布鲁克纳。毕业之后，达尔克罗兹进入了教育的领域，其所在的学校是日内瓦音乐学院，所教授的内容包括和声、音乐史以及视唱练耳等。在教授课程的同时，他还在继续他的创作活动。

在进入音乐教育领域之后，达尔克罗兹发现人们之前的音乐教育同音乐的本性是相违背的，音乐是没有办法脱离律动而存在的；同时，律动和人的身体运动是存在紧密联系的。因此，在教授音乐课程的过程中需要结合人的身体运动，才能让音乐教学变得更加全面。也是因为发现了这点，达尔克罗兹提出了一种新的教学方法，即"体态律动学"。达尔克罗兹在1894年出版了一本名为《实用音准练习》的书，该书主要用于视唱练耳的教学，在书中他开始了关于"体态律动学"这种教学方法的实验和研究。随后在1905年，达尔克罗兹建立了自己的音乐教育体系，并在1906年专门出版了一本名为《达尔克罗兹体态律动教学法》的书籍，在书中主要介绍了"体态律动学"这一教学方法。该书一经出版便在当地的音乐领域产生了巨大的反响，达尔克罗兹也通过该书与书中的教学方法获得了不小的知名度。在此之后，体态律动教学法得到了推广，不仅在瑞士，在其他的一些国家和地区都有所使用，包括德国、巴黎、纽约和英国等，并且还设立了专门的体态律动学校。

达尔克罗兹的音乐教育体系是在经历了三个阶段发展之后才得以形成的：第一个阶段是关于视唱练耳在教学方面的改革阶段；第二个阶段，经过了长时间的探索，"体态律动学"有了理论基础；第三个阶段，在音乐教学中加入了即兴创作的教学内容，从而推动该

音乐教育体系变得更完整。

达尔克罗兹所提出的体态律动教学法不仅可以应用于音乐领域之中，还能应用于舞蹈领域、绘画领域以及运动领域等众多方面，并且经过多年的发展，该教学方法除了应用在教学领域，在康复医疗领域、音乐治疗领域乃至在残疾或弱智的学前儿童之中，也都有所应用。达尔克罗兹所创建的这种教学方法已经有了一百多年的历史，但是在如今依旧被广泛使用，并且经过时代的发展，该教学方法也得到了发展。达尔克罗兹音乐教育体系对于20 世纪之后的众多音乐教育思想，产生了比较深远的影响。

二、达尔克罗兹音乐教育体系

（一）体态律动

达尔克罗兹曾表示，音乐是人们情感的重要来源。同时，人们的情感又是通过身体一系列的行为活动所表现出来的，人们的身体所具备的能力有很多，包括感受的发展、对音乐内容的分析以及对情感的分析等，他认为学习音乐要从人们的体态活动开始，而不是从学习乐器开始。这些观点是他在经过了音乐教育实践之后才提出的，尤其是在教授学前儿童关于和声以及视唱练耳的内容时，学前儿童在演奏的过程中没有同自己对于音乐的内在感受相结合，对于音乐节奏中一些细节并没有很好地理解，也就没有充分地表现出来他们的感受。

发现问题之后，达尔克罗兹便开始了针对解决该问题的研究，其研究方向为运动与心理之间的关系，并做了许多实验，比如在视唱练耳的教学中加入新的练习，让学前儿童在学习的过程中将肌体产生的反应和教学内容结合起来，同时还要结合自然的身体动作。达尔克罗兹认为，人们能够快速地跟随大脑的想法做出一系列的行为，是因为人们的肌肉处于一个轻松的状态，身体也是放松的。因此，在学习音乐和体验音乐的过程中，最初要学会的就是让自己的身体放松下来。达尔克罗兹提出体态律动学也是因为身体的运动反应和音乐之间是密切相连的，在音乐表演的过程中，自然状态下所产生的身体动作可以成为表演的一部分，音乐的节奏以及音乐的力度也是通过身体动作表现出来的。

在教学过程中加入体态律动学，实际上是增加了一种训练，该训练的主要目的是让学前儿童可以对音乐产生身体反应，训练主要安排在学前儿童聆听音乐和感受音乐的活动中，让学前儿童可以随着音乐的节奏、音乐的速度以及音乐所表达出的情绪变化等做出身体动作，并且这些动作需要有节律，动作的力度和幅度可以是不同的，以此将音乐中所具备的情感表达出来。从达尔克罗兹的观点来看，他认为人们对音乐所产生的情感反应是音乐最本质的内容，如果将人的身体看作是乐器，音乐就是由人内心深处的情感转化而来的，这种转化是通过人身体的运动实现的。

体态律动的中心内容就是节奏训练，这里所说的节奏训练并不是人们通常所认为的数拍子活动，其节奏的内容包括音乐的节奏型、音乐的节拍、音乐的速度、音乐的复合节奏以及切分单声部曲式，包括音乐中的乐段或主题等。达尔克罗兹认为在节奏体验中处于第一位的载体是人们的身体，因为只要有节奏就会有运动，并且这些运动从本质上来看都是物质的运动，同时还需要有足够的时间和空间提供给运动的活动。从学前儿童的角度来看，他们所做出的运动具有无意识的特点，并且这种运动就是单纯意义上身体的运动，身体所获得的体验再转换为意识，经过完善后形成智能知觉，这种知觉清晰有序，所以对于节奏心理的培养主要是通过对运动的控制实现的。

在音乐教育的过程中，节奏是作为一种特殊力量而存在的，人们在理解了音乐之后，会通过身体的动作表现出来。因此，体态律动教学法的主要教学内容，就是将音乐中所具备的各项要素同学前儿童在运动时所具备的各项运动相结合，并在结合的过程中使他们获得感受音乐中所包含情感的能力。

可以用公式来表述：动作＝能量＋时间空间（其中能量是指身体运动用力的强度，时间和空间涉及身体动作的速度和幅度）。身体动作的完成是肌肉能量和空间、时间的综合结果，最终以时间—空间—能量—重量的平衡作为基本定律和要求。体态律动强调的是对音乐的体验与感受，与体操和舞蹈有本质上的差异，它在根本上服从音乐的指导。

（二）视唱练耳

达尔克罗兹曾经说过，"一切音乐教育都应当建立在听觉的基础上，而不是建立在模仿和数学运算的训练上"。良好的听觉是接受音乐教育最重要的禀赋，通过体态律动的方式可以帮助学前儿童发展听觉和记忆能力，培养绝对音高感，发展内心听觉。例如，在课堂上教师可以为学前儿童弹奏《啊，我的太阳》和《新四季歌》，让学前儿童感受大小调的色彩对比并引导他们视唱 C 大调音阶和 b 小调音阶。曲谱如下页所示：

啊，我的太阳（片段）

新四季歌（片段）

1=G　4/4

周译英　刘尊　词
刘尊　曲

♩=66

（三）即兴音乐

在达尔克罗兹所设计的课程中，最重要的内容就是训练即兴反应，所以对于授课的教师也有着比较高的标准和要求。在教学的过程中，要求教师对于听辨要准确，对视奏要熟练，同时还要有极快的即兴反应能力。对于不同类型的音乐，例如民谣、童谣或者一些音乐曲调等，需要多记忆一些，且达到熟练的程度。教师要能够做到即兴创作，即兴创作出来的音乐，可以让学前儿童对音乐产生兴趣，并指挥和引导学前儿童利用身体动作做出相应的表达。当为学前儿童播放音乐时，要引导他们通过自己的想象，利用身体动作将从音乐中感受到的情感变化以及紧张度变化表现出来。

现在所说的即兴音乐并不是单纯的只利用钢琴即兴进行作曲，现在的教师已经将这种即兴音乐作为一种有效的教学手段应用在了教学的过程中，不同的乐器、不同的人声以及人们的身体动作都可以用来表达创作，并且这种创作存在于教学活动的所有环境中，贯穿教学活动的始终。教师要通过教学实践活动，让学前儿童通过即兴创作培养自己的创造能力，提高想象力。在开始音乐教学活动的第一天就可以加入即兴音乐，并由教师引导学前儿童逐渐进入学习和创作的状态，让他们找到学习音乐的乐趣。采用即兴音乐活动的最终目的是帮助学前儿童将自己的真实情感通过想象以创作的形式表达出来。从众多的教学实践活动中都可以发现，对于学前儿童的音乐潜能的发展，利用即兴音乐活动的形式进行训练是极其有效的。

三、达尔克罗兹音乐教育体系的教学特点

（一）以听音乐和即兴伴奏为主

教师即兴演奏的音乐材料最好包含学前儿童以前所学过的音乐要素，这样做能够帮助学前儿童唤起音乐情绪与音乐记忆，迅速进入学习情境。例如学前儿童歌曲《小燕子》，这是一首适合5—7岁儿童演唱的歌曲，优美抒情，旋律起伏不大，表现小燕子的美丽和为庄稼除虫害的歌曲内容，有再现单三部曲式结构 C 宫五声调式。和弦按照传统和声进行原则配置即可，选用 I、IV、V、K46。整曲可以完全运用带旋律伴奏的方式，右手弹奏主旋律，左手第一、三乐段采用全分解音型表现小燕子优美的形象，第二乐段采用半分解音型表现小燕子为庄稼除虫害的情景，歌曲结束则在伴奏声部采用主和弦分解进行的尾声来补充和加强歌曲的终止感。曲谱如下所示：

小燕子

胡鹏南 词
王京其 曲

（二）以身体为乐器

舞蹈和体态律动是完全不同的两个概念。在体态律动中，身体就相当于乐器，音乐的速度、音乐节奏的力度以及音乐节奏的时值变化都是通过身体动作表现出来的，这种表达方式有助于学前儿童获得节奏感，获得协调节奏感的能力。

在训练过程中，可以先让学前儿童分别单独练，比如手指的练习。手指是整个身体中最轻巧、最灵活的部位，可以用来表示快的节奏；也可以形象化地把一个个手指编上号，以训练听觉反应和节奏，从一只手的训练扩展到两只手同时进行训练。在逐个对身体各部分进行训练后，可以使身体的某些部位和谐地结合起来，如用脚和身体的动作表示时值，手臂表现节拍，最后才是整个身体的加入。

例如在教授《两只小象》音乐时，可以将学生分成六组，让每一组儿童跟随不同的音乐来表现：第一组可以演唱歌曲，第二组利用整个身体模仿大象的动作，第三组利用脚围成一个圈跟着节奏单腿跳，第四组利用脚跟模仿大象走路的样子，第五组利用手指想象自己正在用乐器演奏，第六组可以利用手和手臂，敲击桌子或手臂等为音乐伴奏。曲谱如下所示：

两只小象

1=F 3/4
稍快地

常　瑞　词
王小军　曲

1 3 5̇	1	3 3 3 0	1 5 5̇ 6̇	2 2 2 0
两 只 小	象	哟 啰 啰，	河 边 走 呀	哟 啰 啰，
就 像 一	对	哟 啰 啰，	好 朋 友 呀	哟 啰 啰，

3 1̇ 3	1	6̇ 6̇ 6̇ 0	2 5̇ 2	3.̇ 2	1 1 1 0
扬 起 鼻	子	哟 啰 啰，	钩 一 钩	呀	哟 啰 啰。
见 面 握握	手	哟 啰 啰，	见 面 握握	手	哟 啰 啰。

（三）教学方式

体态律动教学以集体活动的方式，使学前儿童在学习的过程中获得的既是一种社交游戏感，又是一种艺术追求。教师的即兴音乐能够在发现个别学前儿童松懈、涣散时，立即变换，永远使教学处于新鲜状态。

例如，在《小螃蟹没礼貌》的音乐教学中，运用集体活动的教学方式，可以是教师先描述螃蟹的特点和样子，让学前儿童猜测是什么动物，然后教师再和儿童一起编一些和螃蟹相关的动作，比如模仿螃蟹走路的动作，或手部模仿螃蟹钳等，之后教师再带领学前儿童听《小螃蟹没礼貌》的音乐，并对音乐内容进行学习。接下来教师可以组织游戏，规定游戏情境，让学前儿童利用刚刚创编的动作在音乐的旋律中开始游戏，教师也可以带领全体儿童进行舞蹈。曲谱如下所示：

小螃蟹没礼貌

1=F 2/4

刘秉刚 词
朱沁汀 曲

♩=80 叙说地

（曲谱略）

歌词：

小螃蟹，没呀没礼貌，大摇大摆挺骄傲，车子来了不让路，朋友见面不问好。举起钳子用力咬。哎呦……都说螃蟹没呀没礼貌，没呀没礼貌，没礼貌。

（四）教师的"即兴能力"

"即兴能力"是教师必不可少的教学技能，只有具备这项技能，教师在对学前儿童的音乐的训练、指挥等工作才能游刃有余地进行。教师要在钢琴上能够进行正常的即兴创作需要具备六个方面的能力和条件，分别是：①听力要非常准确和迅速；②演唱和演奏旋律要运用得非常自如；③对于转调的弹奏要非常熟练，应用要非常协调；④拥有熟练的视奏能力；⑤听过的音乐非常多，对于一些常用的童谣、民歌以及戏曲等的曲调非常熟悉；⑥对音乐和舞蹈具有良好的创编能力，同时能够用音乐的声音来教授音乐。

综上所述，达尔克罗兹的教学方法大体上看来是一个"螺旋上升"的状态：听—动作—感受（情感体验）—感觉—分析—读谱—写谱—即兴创作—表演。这种音乐教育体系具有高度的综合性，它培养孩子朝多个不同的方向发展，因此它的教学内涵是非常丰富的。

这种教学方法除了对学前儿童有着非常关键的启蒙作用之外，还能够对各个年龄段的、不同层次水平的人产生良好的教学效果。由此可见，达尔克罗兹教学方法有着非常强大的潜能，除了能够全面挖掘出学前儿童在音乐方面的潜力，还对学前儿童其他方面的发展有着非常积极的影响。

达尔克罗兹所创建的音乐教育体系，其主要的教育内容在于培养学前儿童最基础的节奏感和音乐感，关于身体的动作反应他不仅从理论的角度论述了其重要性，还通过实践活动证明了在音乐教育活动中身体动作反应的重要地位。达尔克罗兹的音乐教育体系之所以能够形成，离不开他对音乐教学长期以来的探索，以及在音乐教学活动中所做的各项实验。由此也能证明，理论和实践之间是相辅相成的关系，离开了实践的理论是不具备说服力的，缺少理论的实践也是没有意义的。

达尔克罗兹音乐教育体系将理论与实践结合起来，获得了事半功倍的教学效果，它从根本上把只是书面上、理性上的音乐学习改变为结合律动听觉、情感、心灵去感受音乐，使音乐活了起来，因此使学习饱含生机，使音乐充满活力。

第三节　奥尔夫音乐教育理论与实践

一、奥尔夫生平及教育体系概述

奥尔夫，德国人，现代著名的作曲家、音乐戏剧家和学前儿童教育家。他出生于1895年，地点在德国慕尼黑。他的家庭是一个军人世家，同时在音乐方面有着非常高的素养，因此奥尔夫从小就受到音乐的熏陶，音乐和戏剧是他的兴趣所在。奥尔夫于1914年从慕尼黑音乐学院毕业。第一次世界大战打响的时候，奥尔夫参加了战斗，在军队服兵役。战争结束以后，奥尔夫成了一名专业的作曲家，工作地点在地方歌剧院，在工作的同时，他也在不断地继续深造。纵观奥尔夫的发展道路，他基本上是自学成才的，对大师们的作品刻苦钻研，不断地研究大师们的创作风格，同时在这一过程中不断寻找和凝练属于自己的独特艺术表现方式和特点："那种'野生'的具有原本性的音乐、戏剧"。除此之外，他并没有把自己禁锢在某一个专业的小范围中，他的研究范围非常广泛，包括作曲、舞蹈、指挥和戏剧等。对于每一个学科，他都不是浅尝辄止，而是以巨大的热情去进行探讨研究，这也为他音乐教育体系的建立奠定了坚实基础，做好了充分的准备。1924年，奥尔夫与舞蹈家冈特一起开办了一所学校，这所学校在慕尼黑，是一所体操音乐舞蹈学校，叫作"冈特学校"。在这所学校里，奥尔夫变革音乐教育的所有尝试，以及对音乐与动作结合的综合音乐教育的尝试等都得到了实践，比如在新的音乐教学中，将动作与音乐相互结合起来的探索等。除此之外，奥尔夫在音乐教学方面最突出的成就在于节奏性乐器的发明和运用。他在即兴演奏自己设计的音乐的过程中，创造出了一套小乐队编制乐器，这套乐器可以进行合奏，其演奏主要以打击方式为主。此套乐器的发明，旨在帮助学前儿童能够在音乐学习的过程中亲身参与乐器演奏。奥尔夫发明的这套乐器对学前儿童音乐教育有着深远的影响，现在被人们统称为"奥尔夫乐器"。

奥尔夫于 1948 年举办了专属于学前儿童的音乐节目，举办的地点位于慕尼黑拜耶州的广播电台，众多的学前儿童以及音乐教育工作者都纷纷前往，他们对演奏奥尔夫乐器产生了极大的兴趣。在节目举办后的第二年，奥尔夫便和朋友一起创建了一个工作室，该工作室主要用于设计和制造奥尔夫乐器，并对奥尔夫乐器进行改进。在之后的 1950 年到 1954 年的五年时间里，奥尔夫出版了《学校音乐》共五卷，并被众多的欧美国家翻译成本国的语言。位于奥地利萨尔兹堡的莫扎特音乐学院也在 1961 年专门成立了奥尔夫研究所，并逐渐扩大研究所的范围最终形成奥尔夫学院。该学院主要有三种功能：第一种是探讨奥尔夫的学前儿童音乐教育理论；第二种是作为学前儿童音乐教育的实践交流中心；第三种是作为一个基地对使用奥尔夫教学法的师资力量进行专业的培训。

奥尔夫教学法在东方文化中产生影响是从 1962 年开始的，这一年奥尔夫同凯特曼一起访问了日本，并为日本带去了自己的教学方法。在经过不断实践和研究之后，日本在音乐教育中开始运用这种教学方法，奥尔夫教学法也因此开启了新的历程。之后奥尔夫在 1976 年出版了《学前儿童音乐教材》，在教材中奥尔夫融入了自己的所有教学内容、科学研究内容、音乐教育实践内容以及音乐教育的改革成果。该教材被译成了 16 国语言，并传播至众多国家，奥尔夫的音乐教育思想也因此得到了广泛的传播。奥尔夫的音乐教育体系在世界范围内对音乐教育活动产生了重大的影响，不仅被世界公认，还成为了十分重要的一种音乐教育体系。

二、奥尔夫音乐教育体系

（一）"原本性"音乐教育

19 世纪末 20 世纪初，一股非常强大的思潮在欧洲蔓延开来，这股思潮主要出现在艺术创作领域，主题是突破传统文化对人们的禁锢，倡导人们回归自然。除此之外，这一时期民族主义音乐思潮飞速发展，古典主义音乐和浪漫主义音乐也开始在欧洲大陆蔓延开来。当时许多音乐家为了寻找音乐的出路，开始把目光转移到原始音乐和民族音乐上来。在这种状态和背景下，奥尔夫发现，传统音乐教学法自身的缺陷表现得越发明显，其对于技巧的强调太过分，而对于音乐的生命、创造和表达却太过忽视。因此，奥尔夫根据这种现状发展了一种以前从来没有的独特的音乐创作风格。

奥尔夫认为这种风格下所创造的音乐具有原本性和元素性的特点，于是便将这种音乐创作风格命名为"Elementary"音乐。随着奥尔夫思想不断发展，这种音乐创作风格在奥尔夫的音乐教育体系中成为最为重要的中心指导思想。[①] 对于学前儿童来说，这种具有"原本性"的音乐最适合用在音乐启蒙之中，这种原本性主要体现在音乐中所使用的素材

---

① 张丽. 浅析奥尔夫原本性音乐教育思想［J］. 文学教育（中），2020（12）：144－145.

都是最原本且朴实的。例如，节奏是音乐中最基本的一种要素，而用于音乐启蒙的节奏一般都是最简单的，经过不断反复之后固定而成。适用于音乐启蒙的旋律是五声音阶，这对于学前儿童来讲是最容易唱出来的旋律。适用于音乐启蒙的调式一般为大调、小调或其他一些调式。

奥尔夫因此提出，在面向学前儿童开展音乐教育时，要使用具有原本性的音乐，所利用的节奏和元素也要是最简单、最原始、最自然且具备元素性的，开展音乐实践的形式也要是最自然且最古老的形式。教学方式可以利用一些简单的打击乐器，通过即兴合作或者只是通过简单的拍手的方式来完成音乐。对于处在不同生活环境并且性格各异、能力水平不同的学前儿童，都可以利用上述的方式激活他们体内存在的音乐本能，尤其是对于具有音乐天才潜质的学前儿童，可以让他们养成以自发的形式对音乐产生要求的习惯。

"Elementary"音乐也因此成为"为了孩子们"的音乐，它将学前儿童的音乐教育活动变得更具创造性，让学前儿童对音乐产生浓厚的兴趣，并从中获得情感，培养对音乐的感觉。

（二）课程内容

1. 嗓音造型

"嗓音造型"，其含义是节奏朗诵活动和歌唱活动。节奏朗诵活动包含的范围非常广泛，主要有童谣、游戏、儿歌、谚语、谜语、名言以及无意义的单音、多音音节等。节奏朗诵活动在奥尔夫教学中占有非常重要的地位，是奥尔夫教学内容中最接近学前儿童音乐天性的内容，也是教学体系上的一种独特的创新。除此之外，节奏朗诵还可以按照学前儿童的年龄进行难易程度的划分，如年龄小的可进行简单程度的学习。在教学中，可根据作品的结构大小、声部的多少以及肢体节奏语言的复杂程度等因素来区别作品的难易程度。

例如，区别音的长短。

教学目的：培养学前儿童想象力、创造力，挖掘学前儿童模仿力、即兴性；培养学前儿童稳定的节奏感，让他们体验多声部节奏；让学前儿童感受二分音符、四分音符、八分音符时值的不同。

教具准备：三角铁、手鼓、响棒（其他奥尔夫乐器均可）。

适合年龄：3—4岁学前儿童。

教学思路：播放音频资料，启发学前儿童模仿声音和动作，感受二分音符、四分音符、八分音符的时值；引导学前儿童即兴创编语言对话，培养学前儿童创作节奏的能力；组织学前儿童进行多声部节奏组合练习，体验多声部节奏；为学前儿童即兴创作的对话加上乐器伴奏，进行集体表演。

教学过程：

（1）播放音频资料，启发学前儿童模仿声音和动作，感受二分音符、四分音符、八分音符的时值。

先播放动物的音频，让学前儿童通过听然后模仿它们的声音和动作，让学前儿童初步感受二分音符、四分音符、八分音符的时值。整理学前儿童收集到的声音，如小羊咩咩的叫声、青蛙呱呱的叫声等。

引导学前儿童用不同方式表现声音的节奏，可以比一比谁表现得多；收集学前儿童的声音和动作，教师要引导学前儿童使发出的声音形成一定的节奏感。节奏如下所示：

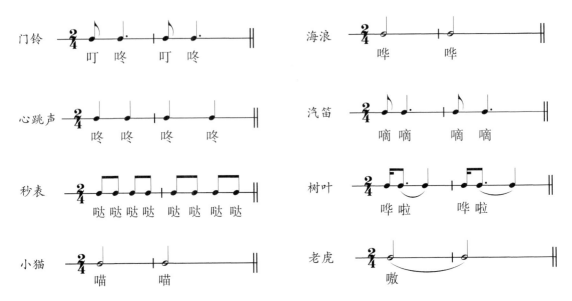

让学前儿童收集自己所熟悉的声音或动作，并按节奏模仿出来，使学前儿童进一步掌握二分音符、四分音符、八分音符的时值。以教师问学前儿童答的方式，进行单声部节奏朗读练习。经过多次练习，使学前儿童掌握稳定的节奏。节奏如下所示：

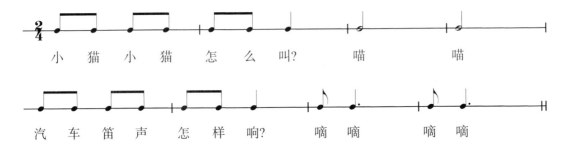

(2) 引导学前儿童即兴创编语言对话，培养学前儿童创作节奏的能力，也就是即兴创编。启发学前儿童用二分音符、四分音符、八分音符的语言节奏对话，教师可以设定主题，将学前儿童分为两组一问一答，进行角色扮演。节奏如下所示：

《身体歌》教学中，教师也可以按照类似于这首儿歌的内容与学前儿童展开床边语言

对话，由教师进行提问，儿童进行回答。曲谱如下所示：

身体歌

1= C 2/4

| 1 | 1 | 3 | 3 | 5 | 6 | 5 | – | 5 | 3 | 2 | 3 | 1 | – ‖ |

眼睛　眼睛　在　哪　里？　　眼睛　在　这　里；

鼻子　鼻子　在　哪　里？　　鼻子　在　这　里；

嘴巴　嘴巴　在　哪　里？　　嘴巴　在　这　里。

（3）组织学前儿童进行多声部节奏组合练习，体验多声部节奏。分成 A、B、C 三组，从学前儿童创编的对话中挑选出最出色的部分，进行二声部、三声部的节奏组合练习。例如教师可做指挥，先进行 A、B 两组合说，然后进行 A、B、C 三组的合说练习。教师也可以三组任意组合，加入强弱、快慢等音乐要素，增加练习的难度。节奏如下所示：

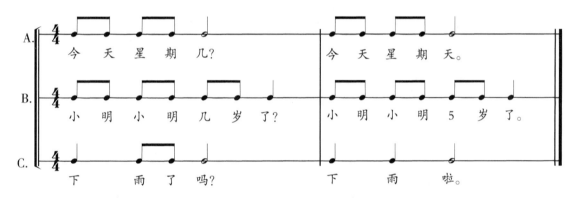

再如，教师可以在儿童学习完《数蛤蟆》这首儿歌后，组织学前儿童做多声部节奏的练习，其练习的内容需要同《数蛤蟆》这首儿歌的内容相关。例如，教师可以询问"一只蛤蟆几张嘴"，学前儿童就会回答"一只蛤蟆一张嘴"，以这样的方式完成多声部节奏的练习。

（4）为学前儿童即兴创作的对话加上乐器伴奏，进行集体表演。教师引导学前儿童运用奥尔夫乐器尝试演奏二分音符、四分音符、八分音符的时值。如用三角铁演奏二分音符，用手鼓演奏四分音符，用响棒演奏八分音符。在上述的节奏练习中，教师可以为学前儿童分发一些奥尔夫乐器，例如三角铁和沙锤等，让学前儿童在做练习的过程中，使用手中的乐器，配合着节奏进行练习。例如，在儿歌《雪花和雨滴》的教学中，当儿歌内容唱到"沙沙"时，可以跟着节奏晃动沙锤；当儿歌内容唱到"滴滴"时，可以跟着节奏轻轻敲打三角铁。曲谱如下所示：

数蛤蟆

四川民歌

```
1=F  2/4   5 3 5 3  | 5 1  2 | 5 3 5 3  | 5 1  2 | 5 3 5 3  |
           一只 蛤蟆  一张 嘴， 两只 眼睛  四条 腿。 乒乒 乓乓
```

```
1 2 3 2 1 | 6 1 6 1 2 | 1  1 6 5 | 6 1 6 1 2 | 1  1 6 5 |
跳 下 水 呀，蛤蟆 不吃 水，（太 平  年） 蛤蟆 不吃 水。（太 平  年）
```

```
3 5 2 3 5 | 3  1  2 | 3 5 2 3 5 | 3  1  2 |
（荷儿梅子梭） 水 上 漂，（荷儿梅子梭） 水 上 漂。
```

雪花和雨滴

1=C 2/4

佚名 词曲

```
1    1 2 | 3 3 3 4 | 5 5 5 6 | 5  - | 5 4 3 |
甲：是 谁  敲着 窗户  沙沙沙沙 沙   。 乙：是   我
甲：是 谁  敲着 窗户  滴滴滴滴 滴   。 乙：是   我
```

```
4 3  2 | 4 4 4 2 | 3  - | 1   1 2 | 3 3 3 4 |
是 我， 我是 小雪 花。 乙：我 从  天空 中
是 我， 我是 小雨 呀。 乙：我 从  天空 中
```

```
5   6 5 | 3  - | 5 4 3 | 4 3 2 | 3 3 2 2 | 1  - |
飘 下 来 。 甲：告诉你 告诉他 ，冬天 来到 了 。
落 下 来 。 甲：告诉你 告诉他 ，春天 来到 了 。
```

2. 声音造型

人们通常将乐器演奏活动称作"声音造型"，在学习声音造型时，既可以使用奥尔夫乐器，也可以使用其他不同类型的乐器，或者可以直接使用能够发出声音的任何物体。奥尔夫发明的乐器主要是方便学前儿童的使用，让学前儿童在演奏时可以直接使用这些乐器，并在演奏的过程中对音乐进行探索，学会享受音乐。在奥尔夫制作的乐器中有一种音条乐器，例如钟琴、木琴以及钢片琴等，这种乐器的安装与拆卸都比较灵活，并且利用这种乐器所演奏的音乐，既可以是简单的旋律以及一些固定的节奏型，也可以是一些复杂的、具有多声部的音乐作品。

（三）教学组织形式及方法

1. 教学组织形式

教学组织形式主要有两种：一种为集体教学的形式，另一种为综合教学的形式。组织集体教学的主要目的是让学前儿童互相之间进行交流与分享，同时提供一个合作的机会，其创造的学习音乐的环境是便于交流且自由共享的。在这种组织形式下，学前儿童参与音乐活动主要是以小组为单位。综合教学所综合的内容主要为音乐、唱歌和舞蹈，同时综合欣赏、表演和动作，这种教学组织形式注重的是学前儿童的感性经验和主题创造，帮助学前儿童通过实践活动学会感受音乐，并表达音乐。

综合教学的目的是创造全面、完整的综合性审美体验。奥尔夫音乐教育体系的观念认为这两种教学组织形式，对于处在个体发展原始（初级）状态的学前儿童来说，不仅是十分适宜的，而且也是十分必要的。

2. 教学方法

教学方法一共有两种。第一种教学方法为引导创作法，这种方法主要是由教师来引导学前儿童进行创作，启发学前儿童，让他们根据教师给出的范例，或者是在教师的帮助下完成创作，这种创作可以是集体创作也可以是协助创作。在奥尔夫的教育体系中，一个最为核心的观念就是获得新的生命力，这种生命力的获得是通过创新来实现的。在教学的过程中使用引导创作法，需要教师在一开始的时候，向学前儿童提供一些简单的音乐原材料，这些材料一定要具有元素性，包括音乐中最基本的一些节奏和音调，或者是最基本的用于组织结构的方法以及最基本的动作。之后教师可以为学前儿童做一些示范，让学前儿童在示范中获得创作的启发和灵感，并通过集体和教师的帮助完成创作。在创作的过程中，学前儿童便学到了音乐知识。

引导创作法主要由四个环节构成，即探索、模仿、即兴、创造。其中探索环节是为了让学前儿童以动作的方式探索如何才能制造出音响。模仿环节是为了让学前儿童的基本技能得到发展。奥尔夫也曾提出，音乐教育体系要想变得完整，就必须有模仿这种学习方法的存在。即兴环节是为了让学前儿童的艺术技能得到发展，并让他们通过即兴使自己学习到的知识内容成型。创造环节是为了让学前儿童创造出属于自己的内容，在创造的过程中需要运用到在不同的学习阶段学习到的所有内容，这种学习方法具有比较强的综合性。在这四个环节中，对于音乐教学来说最重要的就是最后两个环节，也就是即兴环节和创造环节，奥尔夫也认为这两个环节具有极其重要的意义。

针对学前儿童，奥尔夫提出最重要的内容就是让他们学会寻找并运用自己的力量去创造音乐。在音乐教学的过程中，教师需要向学前儿童教授基本的音乐技能。但在练习的时候，学前儿童的即兴能力以及创造能力是教师要重点关注的内容，教师要引导学前儿童进行即兴与创造，并充分发挥和发展他们的即兴和创造能力，要做到这点就要让学前儿童充分发挥自己的想象力。

第二种教学方法是"节奏第一"的方法，即认为构成音乐的第一个要素是节奏，而并不是人们所认为的旋律，因为如果没有其他的音乐元素，节奏依然存在，但是如果没有了节奏，产生的旋律就没有任何意义。

由此可以知道，节奏是音乐的基础，是音乐的生命。因此，奥尔夫认为学前儿童学前音乐教育中最为重要的是从节奏入手，将节奏、语言、动作三个元素相互结合在一起，来培养学前儿童的节奏感。

在奥尔夫的音乐教育体系之中，最具特色的教学方法就是节奏第一的方法。同节奏相关的内容还有语言节奏朗诵，具体指的就是将语言同节奏结合起来。针对这个内容，奥尔夫就曾提出，人们的语言本身就是带有节奏的，这种节奏所蕴含的内容丰富且十分生动，并且如果没有语言的节奏就不会出现音乐的节奏。

教师可以在教学过程中让学前儿童在民谣、儿歌的学习中通过语言来掌握节奏，然后再在民谣、儿歌中加入一定的舞蹈或者动作等，之后对节奏进行加强和重复，这样做可以降低教学的难度，同时还能提高学前儿童的学习兴趣，使教学富有生命力。

在关于节奏的音乐教学中，奥尔夫主要是让学前儿童先从自己比较熟悉的内容开始，包括诗歌、顺口溜或者一些普通事物的名称等，寻找一些节奏单元。这些节奏单元通常都比较简单，之后让学前儿童根据自己找到的节奏单元加入一些简单的舞蹈动作，从而提高内容的节奏性。这些节奏单元的规模，最小可以是以两拍为一小节，也可以是三拍或四拍，其时值可以由四分音符组成，也可以是由八分音符组成的，还可以是由二分音符组成的。奥尔夫将这些具有简单元素的节奏单元称作"节奏基石"。有了"基石"就有了无限的发展空间，发展的方向和内容也变得更广阔。比如音乐中的节拍在"基石"的基础上可以从两拍向三拍进行转化，学前儿童体验这种变化，再对节拍所带来的情感进行讨论。

动作节奏教学指的是节奏与动作的结合，这种教学的作用是能够使学前儿童在拍手跺脚等动作中跟着节奏一起动，从而培养起学前儿童对节奏的敏感性。教学中的动作节奏主要包括律动舞蹈以及声势活动等元素。其中声势活动是一种行之有效的方法，它不受条件、环境、时间制约，极其简单易行，还能够有效地培养学前儿童的节奏感。将各种多变的节奏型通过各种不同的形式如拍手、拍腿、跺脚等来掌握，这种方法还能为学前儿童的音乐创作积累素材。

（四）教材和教具

在奥尔夫的音乐教育体系中，最具有特色的一类教学工具就是奥尔夫乐器，其最主要的特点就是具备原始的乐器所具有的特征。对于刚开始学习音乐的学前儿童来说，这类乐器是最适合用于学习的，并且对于学前儿童来说也是比较简单的一类乐器。如果在音乐活动中需要演奏，也可使用这类乐器，只需要随着肌肉的动作就可以完成演奏。具体的奥尔夫乐器如图 6－3 所示。除了图中所示的奥尔夫乐器，有一些简单的物品也会被当作乐器使用在音乐教学活动中，这些被当作乐器的物品同样也可以被归纳进奥尔夫乐器中。

通常奥尔夫乐器指的是一些特定的乐器，这些乐器一般是由工厂或奥尔夫的工作室制作出来的，经过奥尔夫早期的音乐教育机构承认。可以将这类乐器分为两种：一种是音乐乐器，这类乐器存在固定音高；另一种是打击乐器，这类乐器没有固定音高。

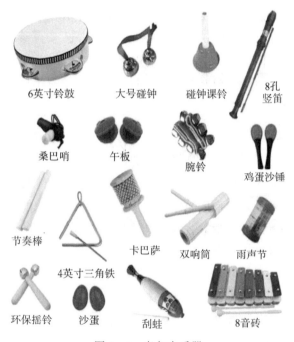

6英寸铃鼓　　　大号碰钟　　　碰钟课铃　　　8孔竖笛

桑巴哨　　午板　　　腕铃　　　鸡蛋沙锤

节奏棒　　4英寸三角铁　　卡巴萨　　双响筒　　雨声节

环保摇铃　　沙蛋　　刮蛙　　8音砖

图 6－3　奥尔夫乐器

最能突出节奏的是打击乐器，在实际教学的过程中能够达到"节奏第一"的要求。同时打击乐器具有自身鲜明的特点，如幻想性非常强，音色十分鲜明。另外，运用打击乐器还能为学前儿童排除演奏技术上的障碍，使学前儿童在做即兴演奏的过程中不受到任何约束。因此，奥尔夫强调在教学中采用打击乐器，而不用平时较多应用的钢琴、小提琴等。

（五）奥尔夫音乐教育体系的特点

1. 综合性

奥尔夫音乐教学是将节奏、律动、舞蹈、器乐演奏、语言、歌唱、戏剧表演、绘画等多种不同的学科综合在一起的一种教学方法，具有高度的综合性。以原本的音乐为桥梁，使人们能够找到最接近自然的状态和感觉。所谓"原本的音乐"指的是集音乐、语言、戏剧和舞蹈等艺术为一体的形式。在奥尔夫的教学过程中，学前儿童可以接触到非常丰富的艺术世界，音乐这种艺术并不是孤立出来的、单独片面的，也不是有了旋律和节奏就能称为音乐，而是将多种视觉艺术如舞蹈、儿歌、戏剧、律动、雕塑以及绘画等综合。在教学过程中，学前儿童不是欣赏者，也不是听众，而是以演奏者的身份参与其中。多种不同的学习形式，在提高学前儿童学习兴趣的同时，还能使学前儿童的语言能力、表演能力和理解能力得到有效的提高。

总之，音乐（声乐、器乐）、语言（包括朗诵）、舞蹈（包括声势、表演）等多种元素之间是具有紧密联系的。

2. 亲自参与、诉诸感性、回归人本

原本性音乐是一种人们必须自己有所参与的音乐，音乐的作用在于它使学前儿童成为一个主动者参与其中，而不仅仅是一个聆听者。通过自己亲自参与音乐活动，通过视、听、触、嗅多种感官的不同感受，学前儿童可以最大限度地调动各个方面的积极性，开发潜能。奥尔夫教学以人的自然性为出发点，发掘人体内的音乐性，重视学前儿童的感性体验，给学前儿童充分展现的机会。

3. 从学前儿童出发

音乐不是精英人才的专属，艺术是每个人的本能。虽然学前儿童的身心没有完全发育成熟，其手指小肌肉也尚未发育完全，但每个孩子都能感受和体验到音乐的魅力。

学前儿童最需要培养的是对音乐的热情以及乐感，关于音乐的技巧并不是这一时期所要重点发展的内容，而奥尔夫教学方法的重点就在于培养这方面的内容。奥尔夫针对学前儿童所开展的音乐教育活动，主要是让每个学前儿童都有感受音乐丰富性和表现音乐丰富性的机会，这也是其音乐教育的价值所在。奥尔夫音乐教育使学前儿童在学习音乐的过程中不再只是聆听音乐，也不是反复地做提升各项音乐技巧的训练，而是将音乐表现出来，让音乐不再那么枯燥，也让学前儿童对音乐充满兴趣。

奥尔夫用最基本的音乐元素、素材，对学前儿童进行音乐能力的培养。例如，从语言进入音乐教学，用耳熟能详的儿歌、民谣让学前儿童在亲切和轻松中走进音乐殿堂。再比如，从节奏入手，在没有教学前儿童正式歌唱、学习乐谱之前，通过有节奏的走、跑，身体动作的拍手、跺脚、拍腿等起步，训练他们的节奏感。在学习的过程中，最吸引学前儿童注意的大概还是像玩具一样好玩的奥尔夫乐器，奥尔夫发明和设计的以敲击方法来演奏音乐的这些乐器，用音响吸引了接触它的孩子，且以设计上的精致、使用的方便和适用于教学而很快闻名世界。

三、奥尔夫音乐教育思想在中国的传播

(一) 奥尔夫音乐教育在中国的传播盛况

在我国的不同时期，奥尔夫音乐教育的传播特点也是不同的，根据其特点可将奥尔夫音乐教育的传播分为四个阶段：播种阶段、萌芽阶段、成长阶段、壮大阶段。

1. 播种阶段

奥尔夫音乐教育在我国的播种阶段始于 20 世纪 70 年代，当时我国的音乐教育先驱在对西方关于音乐教育的经典作品进行翻译的过程中，了解到了奥尔夫的音乐教学方法。随后，时任上海音乐学院音乐研究所所长廖乃雄，在 20 世纪 70 年代末，得到了德国洪堡的资助，前往德国进行考察学习。当时的奥尔夫已近 84 岁，在一个庄园中接待了廖乃雄教授，两人相谈甚欢，奥尔夫还将自己的作品和回忆录等资料都送给了廖乃雄教授。1980 年，廖乃雄教授回国，回国之后便将奥尔夫所编写的教材翻译成中文，同时自己也编写了教材，之后去往不同的地区开展演讲和教学。除此之外，廖乃雄教授还曾在上海本地举办过针对在全国教授不同年级的音乐教师的培训班，培训的时间长达半年。在这半年里，他培训出了包括张福元、孙幼丽、吴国本、郁武等人在内的音乐骨干教师，这些教师是在我国最早使用奥尔夫音乐教育体系的一批教师。

2. 萌芽阶段

奥尔夫音乐教育在我国的萌芽阶段是从奥尔夫的专家团队到我国进行演讲和教学开始的，但在萌芽阶段这种讲学活动并不多。1985 年，廖乃雄教授邀请施耐德夫人来到我国进行讲学，施耐德夫人在西柏林是奥尔夫小学音乐教育家，并获得过联邦德国的十字勋章。施耐德夫人在我国的讲学活动开展了三个多月，其讲学的地点包括上海、南京和广州等，在这三个多月里听她讲学的共有一千多人。施耐德夫人还送给我国三套打击乐器，这些打击乐器都是由奥尔夫的乐器厂制作的。

第二年，施耐德夫人又一次来到我国讲学，这次听她讲学的学员一共有八百多名，来自全国二十多个省市。经过这次的讲学，奥尔夫教学法对这些学员产生了强烈的吸引力，并在音乐教学上开阔了大家的眼界。学员们在回到各自的省市之后就开始向其他人介绍自己所了解到的奥尔夫教学法，介绍的方式有的是以举办报告会的形式，还有的是以举办培训班的形式，更有一些地区还自发成立了实验小组，专门研究奥尔夫教学实验法，所有的小组成员都可以针对这种教学方法互相交流自己的心得，共同学习进步。

在这之后的两年时间里，奥尔夫学院又派了三名教师到北京开展讲学。经过廖乃雄教授的努力，奥尔夫的音乐教育体系在我国才算真正开始了发展。不仅如此，廖乃雄教授还和杭州的一家乐器生产厂开展了合作，制作奥尔夫乐器，这些乐器主要是提供给学前儿童进行使用，并且这些乐器质量较高。至此，奥尔夫音乐教学法在我国再一次得到了很好的传播。

3. 成长阶段

奥尔夫音乐教育在我国的成长阶段中，得到了众多音乐教育者的认可，并且这种教育思想在我国得到了广泛传播。关于音乐教育，我国在改革开放之后对其越来越加以重视，并于 1989 年 4 月正式成立中国音乐教育考察团，前往德国、奥地利进行音乐教育方面的考察，并在同年 6 月成立了中国奥尔夫会。我国当时唯一一个公开发行的、同音乐相关的报刊是《音乐周刊》，1991 年该音乐报刊上发表了关于奥尔夫音乐教学的内容，并且有介绍该内容的专版。

1991 年 8 月，奥尔夫教学法的第二期师资培训班在北京正式举行，前来负责讲学的教师包括曼努艾拉和库巴斯，参与此次培训班的学员共有五百五十多人。除了国外的讲师，我国台湾的陈惠龄女士也接受了邀请，在培训班上进行讲学活动。此外培训班还举办了公开的教学观摩课，开展观摩课的人员包括许卓娅、易悦以及李燕治等人。在开展培训班的同时，我国正式成立了有关奥尔夫学会的领导小组，奥尔夫学会归属于中国音乐家协会，参与该领导小组的成员包括许卓娅、赵佳梓、李妲娜、郁武等人，从中发展出来的第一批会员就有 410 人。

1993 年，我国再次举办了奥尔夫教学法的师资培训班，我国第二届奥尔夫学会年会也是在培训班期间召开的。年会宣布了理事会的名单，该名单是经由选举产生的，确定了李妲娜担任理事长，副理事长包括许卓娅、吴国本、李燕治等人，同时还发展出了第二批会员，共有 91 人。

1993 年 9 月，北京再次举办奥尔夫教学法师资培训班，但此次培训班是由中国音协音教委组织的，并且该培训班主要针对的是幼儿阶段的师资培训。参与培训的学员共有 80 人，培训班举办的时间为 10 个月。在此期间第三批会员得到了发展，共有 34 人。

在成长阶段，传播奥尔夫教学法的形式已经有很多种，传播奥尔夫教学法的人主要为理事成员以及众多的会员，这些人经常去往不同的地方举办多种师资培训班，以此来推广奥尔夫教学法；还在不同年级不同类别的学校中对奥尔夫教学法进行实验，为此还特地编写了许多新的课程案例。奥尔夫音乐教学法正是在这样的环境下在我国成长了起来。[①]

4. 壮大阶段

奥尔夫音乐的壮大阶段是从 21 世纪开始的，当时的奥尔夫音乐教学法已经不再局限于我国的东部城市，在我国的中西部城市也逐渐有所传播，也不再只有城市才使用这种教学方法，农村也已经开始有所了解。在此阶段，国外的相关专家来到我国举办的讲座和培训班越来越多，举办的频率也越来越高，使得更多的人了解到奥尔夫音乐教学法。

我国的奥尔夫师资培训班包括初级班和提高班两种，这两种培训班都已经举办了许多届，参与培训的教师也有数千人，这些教师在结束培训之后，大部分都选择去培育儿童，也有小部分的教师选择培育高年级段的学前儿童。到了 21 世纪，我国依旧有举办奥尔夫

① 曹青. 奥尔夫音乐教学法的中国本土化进程初探［D］. 南京：南京艺术学院，2007：2—4.

音乐培训班，并且大家对于该培训班的热度丝毫没有减弱。从 2002 年开始，德国的奥尔夫基金会就同我国的北京中央音乐学院合作，其合作的主要内容是帮助我国筹备奥尔夫音乐培训班。培训一共有三期，这三期的培训直到 2004 年才结束。和以往的培训班不同，这次的培训班所培训的内容更加系统和全面，所有与奥尔夫音乐教学法相关的训练内容都在此次的培训班中有讲解。

2007 年，以色列耶路撒冷音乐学院的凡罗伊克·科恩博士、美国哈特福德大学的约·法阿本特博士、美国伊斯特曼音乐学院的唐纳·福克斯博士、国际著名奥尔夫音乐教育专家索菲亚女士、美国音乐教育界十分有威望的莫尔教授都来华开展了有关奥尔夫音乐教育的讲座或培训。2008 年，安吉丽、尼克斯等奥尔夫音乐教育专家应中国奥尔夫专业委员会邀请来郑州讲学，曹利、陈蓉、何璐获全额奖学金赴美国参加旧金山学校的奥尔夫师资培训。2011 年 5 月，哈特曼教授到无锡市杜克双语艺术幼儿园进行师资培训，并在江苏省南京艺术学院举办了为期三天的讲座。2014 年 5 月，德国奥尔夫协会主席维摩·丁恩教授也应邀在福州进行了为期两天的奥尔夫音乐教学法培训。①

（二）奥尔夫音乐教育对我国音乐教育的影响

奥尔夫音乐教育所运用的教育理念以及教育方法，在当时都是最为先进的内容，也是凭借于此，该音乐教育体系才能在正式形成之后得以在世界各地得到广泛的传播。我国的音乐教育也同样受到了影响，再加上改革开放的时代背景，无论是从理论的角度还是实践的角度来看，我国的音乐教育都已经发生了变化。

1. 对我国音乐教育思想的影响

音乐教育属于美育的一种，也是实现美育的一条重要道路。开展音乐教育的最终目的不仅在于培养学前儿童的情操，而且在于促进学前儿童的全面发展。

在我国传统音乐领域中，也处处体现着音乐教育这一目的，例如蔡元培先生在"五育并举"的教育理想中，大力提倡美育。他认为美育可以使人用超越利害关系、人我之分界的特性去破除现象世界的意识，进而陶冶、净化心灵。刘承华教授在对比中西方传统音乐文化之后，也认为中国传统音乐更注重"自然"，即重内心体验、情味、自我愉悦和自我修养。

然而在 20 世纪中叶，在苏联对我国经济、政治等方面的援助下，我国教育，包括音乐教育也全盘"苏化"，音乐教育慢慢演变成大量学习苏联的红色歌曲和创编本国红色音乐，音乐文化内容和政治紧密联系起来。

在奥尔夫音乐教育思想传入我国之前，我国音乐教育的主要教学内容为教授学前儿童应该如何唱歌，教育目的是让学前儿童能够熟练掌握音乐技能，吸收重点音乐知识。教学

---

① 贾晓星. 奥尔夫音乐教育与中国学前音乐教育：以一个奥尔夫实验班的个案研究为例 [D]. 曲阜：曲阜师范大学，2011：2—4.

课堂以教师为主，学前儿童处于被动地位，这样的音乐教育思想和我国传统的音乐教育思想已然大不相同。在奥尔夫音乐教育思想传入我国之后，我国的音乐教育再一次受到了冲击，再加上国家教育部门对音乐教育的重视，音乐教育的内容开始重视多样性和丰富性，音乐教育的目的开始重视对于兴趣的培养，教学课堂变成以学前儿童为主，开始强调学前儿童的主体地位。音乐教育不再是枯燥的，而是充满了趣味性的，并且在教学的过程中不再只有唱歌这一内容，还融入了动作和语言，音乐教育成为一种综合性的教育。

2. 对我国音乐教育实践的影响

在西方世界，音乐被称为"灵魂的栖息地"，这个称呼与音乐给人的愉悦和灵性密不可分。一个民族的音乐文化水平在一定程度上反映着一个民族的精神质量，标志着一个民族的智能水平。德国奥尔夫音乐教学法等西方音乐教育思想传入我国以来，我国音乐教育尤其是学校音乐教育实践发生了翻天覆地的变化，奥尔夫音乐教学法所强调的原本性、创造性、即兴性、整合性、参与性等特点逐渐被国内同行认同并逐步融入我国音乐教育实践。

在奥尔夫音乐教育思想等国外音乐教育理念的影响下，我国自 20 世纪 80 年代先后颁布了一系列关于指导学校音乐教育实践的法律法规，如《关于加强中小学教师队伍管理工作的意见》《全日制十年制中小学教学计划试行草案》等，这些文件都对小学音乐教育给予了重视，规定小学每个年级都应该开设音乐课。1982 年，我国颁布了《全日制五年制小学音乐教学大纲（试行草案）》，文件规定："小学音乐教育是进行美育的重要手段之一，是全面贯彻党的教育方针的重要组成部分，通过音乐教学陶冶优良品质，培养高尚情操，发展形象思维能力和活泼乐观情绪。"当时的音乐教育内容包括唱歌、音乐知识、技能练习、欣赏，但唱歌还是主要部分。1988 年，我国又陆续颁布了《九年制义务教育全日制小学音乐教学大纲（初审稿）》《九年制义务教育全日制初级中学教学大纲（初审稿）》，与 1982 年的教学大纲相比，1988 年的教学大纲肯定了歌唱的重要性，进一步强调了音乐知识、技能、欣赏等的重要性，还增加了唱游（即在音乐中融入游戏）以解决幼儿园和小学在教育内容上的衔接问题。实际上，奥尔夫音乐教育对中国音乐教育实践的影响主要体现在课程制度相对宽松的学前教育，《幼儿园教育指导纲要（试行）》和《3—6 岁儿童学习与发展指南》均强调幼儿音乐教育的游戏性，强调对于音乐兴趣的培养，强调创造性地对音乐进行感受、欣赏表达、创作，强调音乐和人、生活密不可分，强调音乐教育内容的丰富性。这些无一不和奥尔夫音乐教学法有联系。

（三）奥尔夫音乐教育对我国音乐教育的启示

1. 课堂教学，丰富多彩

在音乐教学的过程中，要想让课堂的气氛活跃起来，就要让教学的内容更加丰富且具备综合性，这样才会收获更好的教学效果。比如，在教授唱歌识谱的同时，还可以教授学前儿童如何演奏乐器。可以结合一些带有趣味的小游戏，教授学前儿童如何进行演唱和演奏。在教学的过程中还可以引导学前儿童进行创作和交流，对内容进行评价。奥尔夫表示，音乐教育是一种综合性的教学活动，其综合性体现在融合了欣赏、创作和表演，融合了音乐、唱歌和舞蹈，也正是这样的综合性使学前儿童在审美的体验上更加丰富和全面。

2. 伸缩性大，适宜性强

奥尔夫音乐教学法具有很大的伸缩性和自由施展的空间。在具体的教学实践中，教学内容不需要实时更新，教师可以根据教学对象和教学条件等的不同，制定不同的教学目标，并对教学过程进行填充或缩减。如前面提到过的多声部节奏练习，教师可以根据学前儿童的实际水平和课堂教学中师生的互动情境，灵活地添加各种元素，选用相应的教学形式，引导学前儿童进行充分的体验练习。可见，奥尔夫音乐教育适合不同年龄层和不同起点的人。

3. 重视创造，培养能力

奥尔夫音乐教育主张使学前儿童的表现力、想象力、创造性思维得到充分发挥。音乐课堂上，教师可以通过丰富多彩的音乐欣赏、生动活泼的表现活动、灵活即兴的创编活动，激发学前儿童的表现欲望和创造冲动，让学前儿童在主动参与中展现他们的良好个性和创造才能，增强自信，培养学前儿童的艺术表现力、想象力、创造性思维能力。

"无声胜有声"——重视观察力和模仿能力的培养。奥尔夫在音乐课堂上，尤其提倡从游戏入手，教学的起始点都采用律动方式帮助学前儿童体验音乐，教师在课堂上极少使用语言，主张运用语言以外的表达方式，如噪音展示、乐器演奏、肢体造型、图谱说明等非语言手段与学前儿童进行沟通和交流，十分注重学前儿童对教师所提供范例的观察和模仿。

即兴表演和创作就是在培养学前儿童的记忆力和创造能力。在即兴创作上教师只需要向学前儿童展示一些具有原始性的材料即可，这类材料包括音乐中最基本的音调、最简单的动作以及最基础的节奏等。教师开展活动的时候需要先从学前儿童的角度来思考该音乐活动是否适合，学前儿童则是在教师的引导和帮助下完成音乐的学习和创作活动。在教学的过程中，教师可以让学前儿童做一些即兴的活动，比如根据音乐即兴创作动作、即兴诵读韵文等。在进行即兴活动的时候，学前儿童可以使用一些标记，对自己的即兴创作进行记录，这种记录的方式也会加深他们对音乐内容的印象，对音乐的记忆能力也是一个很好的锻炼。

（四）学习与借鉴奥尔夫音乐教育应遵循的原则

奥尔夫音乐教育之所以被称为世界三大音乐教育流派之一，必然有其先进之处。然而，德国的文化毕竟与我国有诸多差异，因此我们在学习和借鉴奥尔夫音乐教育的过程中，应该坚持本土化、本质性和量力性的原则，避免"拿来主义"。

1. 本土化原则

从语言学的角度来讲，本土化是指使相应的事物发生转变，使其适应本国、本民族、本地域的实际情况，并具有本地区的特色。[①] 学习和借鉴奥尔夫音乐教育的本土化原则是指在学习、借鉴奥尔夫音乐教育方法的过程中，要和我国的音乐教育文化、地域特征等结合起来，使其适应本土音乐教育发展的需要。这种本土化既包括音乐教育理念的本土化，又包括教育实践的融合与创生。具体来讲，它囊括了教育理念的本土化（在奥尔夫教育理念和本地区音乐教育理念之间找到平衡点）、教材的本土化、乐器的本土化（如在没有条件购买奥尔夫乐器的情况下，可以就地取材制作打击乐器，这也是奥尔夫音乐教育所倡导的）、教学的本土化（并非完全照搬和模仿奥尔夫教学，而应考虑教育者和受教育者的自身状况）等多方面的内容。世界上没有两片完全相同的叶子，同样世界上也没有完全相同的两种音乐文化，因此，学习和借鉴奥尔夫音乐教育必须坚持本土化原则。

2. 本质性原则

我国的奥尔夫音乐教育实践在很大程度上表现出对奥尔夫音乐教育大师、名师的照搬，很少有大量的融合和创生。因此，在奥尔夫音乐教育实践中必须抓住奥尔夫音乐教育的本质特点，抓住其元素性、即兴性、整合性、参与性、多元性等特点，这就是学习、借鉴奥尔夫音乐教育的本质性原则。在一线的音乐教育实践中，教师要多思考几个问题：有没有最大限度地从儿童的自然本性出发？有没有最大限度地实现音乐语言、动作等的融合？有没有最大限度地让每个儿童成为音乐学习的主人？有没有既注重本民族文化的传承，又注重外来文化的借鉴？有没有既重视儿童对音乐的感性经验的积累，又让儿童最大限度地充满幻想、想象和进行创造？等等。

3. 量力性原则

任何事物的发生、发展都有一个从量变到质变的过程，在这个过程中总是充满着各方面的矛盾和斗争，难以一步到位。同样，学习和借鉴奥尔夫音乐教育也是如此，它与教育管理者对奥尔夫的认可程度、奥尔夫音乐教育的硬件设施状况、奥尔夫音乐教师的教学水平等紧密相关。例如山东大学秦文华的硕士毕业论文《奥尔夫音乐教学法在幼儿音乐教育中的应用——以济南市城区为例》中提到，一些教育行政部门的管理者和幼儿园园长对奥尔夫音乐教育根本没有深入了解，没有认识到它的先进之处，有的甚至从未听说过；一些幼儿园没有或者很少配备乐器，有些幼儿园虽然有配备，但是由于教师担心太吵，几乎很少使用；很多幼儿园缺乏或者根本没有本土化奥尔夫音乐教育，可操作的奥尔夫音乐教育教材很少或几乎没有；大部分幼儿园教师没有经过专门、系统的奥尔夫音乐教学法培训，师资匮乏。从上述状况来看，奥尔夫音乐教育的应用不可能一蹴而就，而要根据园所自身的状况逐步进行，正如《左传》中所说："力能则进，否则退，量力而行。"

（五）学习与研究奥尔夫音乐教育常用的方法

随着奥尔夫音乐教育在我国的传播，越来越多的人对它产生了浓厚的兴趣，但是在学

---

① 王丽新. 奥尔夫音乐教学法的本土化研究 [D]. 北京：北京师范大学，2012：18.

习、研究奥尔夫音乐教育的过程中，很多人不知如何下手。以下简要介绍几种方法供学习者参考。

1. 教育文献法

教育文献法是对文献进行查阅、分析、整理，从而探索教育问题和现象、揭示教育规律的一种研究方法。到目前为止，关于奥尔夫音乐教育的论文已经数以万计，各类书籍层出不穷，查阅、学习、整理和总结这些介绍奥尔夫音乐教育的优质文献，是学习和研究奥尔夫音乐教育最方便快捷的方法。

2. 教育观察法

教育观察法是研究者在比较自然的条件下，通过感官或借助于一定的科学仪器，在一定时间、一定空间内进行有目的、有计划的考察，并描述教育对象的方法。一般来说，依据不同标准，可以将教育观察划分为自然观察和实验室观察、结构观察和非结构观察、参与观察和非参与观察等。对奥尔夫音乐教育实践的观察以及在观察基础上的反思，是直观学习和研究奥尔夫音乐教育的重要方法。

3. 教育经验总结法

教育经验总结法是指在奥尔夫音乐教育实践中依据教育学、心理学理论有目的地整理、抽取和提炼教育过程中所包含的教育教学规律的方法。一线教师可以将自己开展奥尔夫音乐教学法的经验，加以概括、归纳、提升，并用文字记录下来，这种方法也是学习和研究奥尔夫音乐教育的常用方法。

4. 教育行动研究法

教育行动研究是指在自然、真实的教育环境中，教育实际工作者和科研人员按照一定的操作程序，综合运用多种研究方法与技术，以解决教育实际问题为首要目标的一种研究方法。它具有三个明显的特征：以解决实际问题为研究目的；以一线教师为研究主体，科研人员和教师紧密合作；一边研究一边修改方案，使研究更符合实际。显然，这种方法是进行奥尔夫音乐教育实践探索的重要法宝。

第四节 铃木镇一音乐教育理论与实践

一、铃木镇一生平及教育体系概述

铃木镇一是日本著名小提琴家、音乐教育家。铃木镇一1898年出生于日本音乐世家，父亲拥有当时日本最大的小提琴制造工厂，他的父亲对于小提琴的研制工作有浓厚的兴趣，而且也非常擅长。生长在这种音乐气氛非常浓厚的家庭中，铃木镇一从小就对音乐耳濡目染，很早就开始学习小提琴。1915年，17岁的铃木镇一于名古屋高等学校毕业。之后他并没有停下学习的脚步，为了继续学习小提琴，他在1920年去了德国，拜卡尔·克林格尔教授为师，跟随教授学习小提琴演奏长达 8 年的时间。铃木镇一的小提琴演奏深受卡尔·克林格尔的影响，不管是在演奏技巧上还是在对音乐的看法和态度上，皆是如此。1928 年，铃木镇一完成学业回到日本，与自己的兄弟组成弦乐四重奏乐队，开始了他的演奏生涯。同时，他的小提琴教学活动也开始同步进行。通过音乐教学实践，他领悟到了音乐和语言之间具有密不可分的关系，发现了学习和环境也有密不可分的关系，年龄幼小的学前儿童都具有学习潜力。

在铃木镇一的想法中，他认为没有天生的才能，所有人都需要经过后天的培育以及自身的努力才能拥有才能。对于教育的理想，他认为是针对某一年龄阶段的学生，配备合适的教师，且该教师具有优良的资质；同时教育方法要正确，教育环境要适合。

1946 年，凭借教授学前儿童演奏小提琴的实践，铃木镇一开始建立其"天才教育体系"，发起"才能运动"，创立了世界著名的"才能教育研究会"。到 20 世纪 50 年代他的做法出现了非常好的效果，有很多人开始接受铃木镇一的教育方式。这一时期很小就开始学习小提琴的学前儿童有很多，巴赫、莫扎特的音乐作品就非常适合早期学前儿童的音乐教育。

关于小提琴的学习方法，铃木镇一建立了一种新的体系，建立这种体系的主要目的是让学习的效果有所增强，让学前儿童可以在短时间内提升自己演奏的能力。同时，这种学习的方法对欧洲传统的学习小提琴的方法产生了巨大的冲击。

他的教育理念引发了世界范围内的教育革命。此外，他的音乐教育体系也在世界范围内得到了广泛关注，铃木镇一很快就成为现代学前儿童音乐教育领域中的翘楚。现在，铃木镇一发明的教学法已经风靡全世界。铃木镇一音乐教学法最初应用在小提琴教育上，后来由小提琴教育不断向外推广至其他乐器的教育，并最终跻身于世界著名的四大音乐教学法之中。

二、铃木镇一音乐教育体系

（一）环境的影响

铃木镇一表示，人们的文化能力并不是通过遗传获得的，而是在自己所处的环境中产生，并得到发展的。遗传只是决定了人们身体中各项机能的好坏，从而影响人们的身体健康等方面，而环境中只有真实存在的事物才能得到发展。

才能并不是生来就有的，是通过后天的教育逐渐积累形成的。刚出世的婴儿，他们的大脑就像一张白纸一样干净，而且每个人之间都没有什么差异，但是到五六岁的时候，居然都能够将母语说得非常流利。在这种司空见惯的现象中，其实包含着非常惊人的教育成果。针对这种情况铃木镇一认为，这种方法不光可以应用在语言的教育上，在所有领域都是适用的，人在其他方面的才能和潜力，也能够在后天得到很好的培养和开发。

铃木镇一提出，针对学前儿童的本能，如果其父母能够提供相适应的生长环境，那么该学前儿童的本能将会在该环境的影响下得到发展，并在此基础上获得其他优秀的能力，而且这样的论点指的对象并不是某一类学前儿童，而是所有的学前儿童。比如，如果一个出生在热带的学前儿童，在寒带地区成长，那么该学前儿童就会拥有抗寒的能力；如果一个出生在其他国家的学前儿童，在美国成长，那么英语就会变成该学前儿童的母语。由此可见，人们的能力是在环境中经过培养和教育才获得的，而不是生下来就有的。因此，铃木镇一强调，早期教育对于人们天才能力的培养是十分重要的。

才能不是与生俱来的，才能教育是培养英才的正确途径，学前儿童的才能需要从小训练。铃木镇一认为，对人进行培养才是教育的主要目的，也是最终目的。他曾经说过，通过向学前儿童教授音乐，可以使音乐对学前儿童产生潜移默化的影响；通过早期教育可以使学前儿童的潜力得到最大限度的开发。如果学前儿童都能够接受到这样的教育，那么将他们培养到与巴赫和莫扎特相仿的音乐高度是非常容易的。他还指出，可以让学前儿童从人格到其他的不同方面，甚至整个人都全部融入音乐之中，因为学前儿童在欣赏、感知音乐的过程中，人格能够在不知不觉中得到很好的培养。

一个人从刚出生就能接受的教育只有音乐。除此之外，人的不同能力之间是有密切联系的，一种能力的培养和形成，对其他能力的培养和发展会产生非常有力的辅助作用。铃木镇一多次呼吁要"尊重孩子"，因为每个学前儿童都是天才，教育就应当及早发现学前儿童的才能。

（二）母语教学

实际上，人们与生俱来的语言除了母语之外，还有一种，那就是音乐。音乐和母语一样，都是人们从小便开始接触的语言，并伴随人们的一生，这也是学前儿童都可以将母语说得十分流利的原因。

掌握一种语言是需要从小就开始进行学习的，如果将音乐看作是一类语言，那么对于这类语言的学习就要从小开始，并且学习的时间越早其掌握的程度越接近母语。如果在小的时候就具有使用某种乐器的能力，那便意味着开始了对音乐的学习。在铃木镇一的观点中，人们相互之间既可以使用语言进行沟通。也可以使用音乐进行沟通。同语言相比，音乐是更加简单的一个系统，可以学习好语言，一定也可以学习好音乐。

在铃木镇一音乐教学的基础理论中，最重要的一个内容就是关于音乐的学习过程。因为对于语言的学习是一个极其漫长的过程，在这个过程中需要先模仿音节，再形成词语，最后形成句子，并且还需要有不断的练习以及父母的鼓励。因此，铃木镇一在使用该教学方法开展小提琴的教学时，第一步就是让学前儿童聆听音乐，这就好比孩子在学会说话之前需要先多听大人们的讲话，只有在孩子学会说话之后，才能教孩子如何写字，以及语言的语法。对于音乐的聆听也是一个不断重复的动作，就算所学的音乐十分简单，也同样需要不断重复地听，并且这种听并不只是坐在那里全神贯注地反复地听，而是在学前儿童最为放松的状态下听，比如可以是在吃饭的时候、做游戏的时候，也可以是在入睡之前。总的来说，学前儿童在学习一首乐曲之前，需要在自己的日常中不断反复地聆听这首乐曲，就像是在交流的过程中聆听对方说话一样。

经过了听的阶段，就要开始模仿。学前儿童在受到了潜移默化的影响之后，会对自己所听到的乐曲感觉熟悉，经由教师的引导，就可以将这首乐曲按照记忆中的内容演奏出来，这个过程是不需要查看乐谱的，也不需要学习乐理。而之后学前儿童对于乐曲的学习，也不再只是学习乐曲本身的内容，而是学习怎样才能使自己的演奏更舒服，怎样才能通过自己的能力在演奏著名的音乐作品时，呈现出更好的演奏效果。上述的关于学习乐曲的过程同其他方法相比，往往更加容易，学习速度也更快。

因此，要想让学前儿童好好学习音乐，首先要做的工作是为学前儿童的学习提供一个合适的环境，这个环境要和学习母语的环境一样，让学前儿童学习音乐的时候像学母语的时候一样。这样，所有的学前儿童在学习音乐的时候都会非常容易，而这样的学习方式也会令学习更加有效。因此，铃木镇一创造的教学法也被人们叫作"母语教学法"。

（三）家庭的影响

铃木镇一认为，每一个人刚出生的时候，大脑都像一张白纸一样干净，而出生后由于周围的环境各不相同，因此所受的影响也不相同，所谓的"性相近，习相远"说的就是这个道理。所以有的人能够成为天才，成为大有作为的人，而有的人却变得非常平庸。由此可以知道，在学前儿童的成长过程中，对其影响最为巨大的是家庭环境，所以说学前儿童成长的过程中家庭的作用是非常重要的。心理学的研究也说明，每一个人刚出生的时候，他的大脑都是非常干净的，随着时间的推移，他每天都会受到来自生活的各种各样的刺激，在这一过程中脑细胞开始慢慢联结，于是能力就逐渐地形成了。每个人的能力并不是天生就有的，而是出生之后在适应环境的过程中培养出来的。不管学前儿童的出生地在哪里，生活在哪里，他们能力的培养都与生活地的国情、文化、风俗和习惯等多种因素有密切的联系。在不同国家的不同地区，都有着不同的父母和不同的家庭环境，这些父母在不同的环境中培养出来的学前儿童也是千差万别的。父母为学前儿童创造的生活和发展环境——家庭，是培养学前儿童自身能力最为重要的因素和条件。学前儿童在不同的环境中会发展成为不同的人，在良好的环境中，学前儿童会成长为善良的、正直的、感觉敏锐的人；在恶劣的环境中，学前儿童会成长为品行较恶劣的、感觉迟钝的人。此外，好的家庭环境并不是指外表上装饰得有多漂亮，而是指家庭的气氛是愉快的、温馨的。

挖掘学前儿童的内在能力是所有父母义不容辞的重大责任。铃木镇一强调，如果想要向学前儿童灌输东西，父母首先要做的是为学前儿童树立好的榜样。为了能够培养出学前儿童高尚的品德，父母首先应该谨慎把握好自己的行为。

在铃木镇一的音乐教学方法中，对于父母的要求包括陪同学前儿童一起学习，有一些课程还需要有父母的帮助，比如帮助学前儿童调整弹奏的姿势、帮助学前儿童认识到学习过程中的难点。学前儿童离开教师回到家中练习的时候，父母还能起到辅导的作用，陪伴学前儿童一起练习并鼓励他们，父母尤其不能强迫他们练习，否则他们容易出现反抗心理，从而达不到很好的练习效果。

旧的曲子要不断地复习。重复练习就如同讲话一样，家长需要经常陪伴学前儿童练习音乐。家庭教育是如此的重要，因此铃木镇一强调没有失败的孩子，只有失败的家长。

三、铃木镇一音乐教育体系的教学方法

铃木镇一的小提琴教育成绩是十分惊人的。他带领学生在每年3月举行的毕业典礼上进行的毕业演奏都会令人震撼。

参与演奏的学前儿童共有3000多名，包含了各个年龄阶段，最小的学前儿童还没有3岁。他们站在台前十分开心，怀中的小提琴就好似他们心爱的玩具，就连观众看了也想不到他们是要进行演奏。这些学前儿童在铃木镇一的指挥下，演奏着一首又一首的世界名曲，不但准确且十分熟练。观众看到这样的场面都觉得十分惊讶，因为无论是巴赫的作品还是贝多芬的作品，他们都能完美地演出。

在欧美，许多有识之士对他取得的伟大教育成果深感震惊，他的音乐教育法被称作"莫扎特教育风暴"。铃木镇一音乐教育到底是如何进行的呢？其具体的教学方法是什么？

（一）环境

铃木镇一曾经说过，学前儿童自身能力的培养和发展，取决于他受到什么样的教育以及处于什么样的环境。铃木镇一认为，为了培养学生的能力，学校应该为学生创设一个最优秀、最舒适的学习环境，教师的整体素质也要非常优秀，学习内容要用最优秀的名曲，只有这样做，培养出来的学生才会是最优秀的。铃木镇一曾经说过，学前儿童在学习音乐的过程中，环境是第一重要的条件。他以日本训练黄莺发出优美叫声的方法为例说明环境的重要性：日本人捕捉野生幼莺带回家喂养，等幼莺长大一些能够自己进食的时候，开始训练它啼叫。这时候，日本人取来能够发出优美声音的黄莺，将黄莺与幼莺放在一起，这样幼莺每天都能听到黄莺的叫声，对这种声音耳濡目染，就会开始模仿这种声音。这种练习需要进行大约一个月的时间，在这一个月左右的时间内，需要注意不要让幼莺听到野马叫的声音，否则之前所做的努力就全都白费。这种训练是最基础的，也是最为重要的，是以后训练的基础。在这一个月左右的时间内，幼莺每天都在黄莺优美的啼叫声中度过，幼莺的生理、机能都在这种啼叫声的影响下发生着变化。从幼莺学习啼叫这一事件中可以推测，学前儿童的学习方式与幼莺可能是一样的。因此，当学前儿童还未长大的时候，他适应环境的能力是非常强大的，在这一时期如果让他接受各方面都非常良好的教育，那么学前儿童对这些教育的内容印象就会非常深刻，是终生都不会忘记的。通过幼莺学习黄莺啼叫的事例，还可以知道，才能并不是由遗传决定的，人的能力并不是天生就有的，后天的环境和教育是培养才能最为关键的因素。

正因如此，铃木镇一在教学前儿童学习小提琴的时候，最初并不是直接教学前儿童，而是最先开始教这个学前儿童的母亲，这样做的目的就是让学前儿童在生活中能感受到一个充满音乐的环境，如让他们听母亲或录音唱片的示范演奏，以此提高学前儿童的音乐感受性。优秀的教育环境主要表现为：将最优秀的音乐拿给学前儿童听、教授学前儿童的教师是位优秀的人选。铃木镇一曾经说过，学前儿童在学习音乐的时候可以像学习母语一样简单容易，只要能够为学前儿童的学习创设一种非常优良的环境——像学习母语时候的环境，同时学前儿童每天都在这样的环境中学习，那么任何人都可以非常容易地学到那些看似很有难度的音乐知识和技能。

例如，学前儿童在学习音乐时可以让父母陪同一起学习，回家之后父母可以根据学习的内容在家里为儿童播放相关的音乐，先让儿童生活的环境中充满音乐的气氛，再对其音乐方面进行培养和教育。

（二）兴趣

兴趣是激发学习潜能、提高学习效率最有用的因素。如果一个人对他的学习或者工作没有兴趣，那么学习和工作的过程肯定是情绪非常低落、没有激情的，因此创造力肯定也是非常低下的。激发和唤起学前儿童的好奇心，是提高学前儿童兴趣的最佳方法，铃木镇一音乐教学主张利用游戏的学习方式激发学前儿童的兴趣。同时，铃木镇一音乐教育体系在这方面最具特色的方法主要有两个，分别是"母亲参与"与"集体教学"。他认为教学活动中最为重要的角色应属母亲，因为母亲和孩子在一起的时间最长，也是他们最亲近的人，因此只有通过母亲的亲身示范与教导，孩子才能养成良好的习惯。与此同时，集体教学和个别教学在教学过程中是非常普遍的两种不同的教学方式，若将二者同时运用，则既能针对每个学前儿童不同的情况给予不同的教学辅助，还能通过集体活动来提高他们的学习热情，增加对学习的自信心。同时还要对学前儿童进行鼓励式教育，让他们在团队中突出和表现自己，在合奏的过程中大方地和同伴一起分享获得的成果，学前儿童之间的学习方式应该是合作，而不应该是竞争。

在集体教学中，引起学前儿童学习兴趣最好的办法是在教学过程中加入游戏活动，并且让每一个学前儿童都能参与到游戏当中，让大家在游戏的欢乐氛围中体会音乐所带来的乐趣。在个别教学中，则需要针对不同的学前儿童设计不同的教学活动，对性格比较外向的儿童可以设计动作幅度较大的活动，对性格比较内向的儿童则可以设计动作幅度较小的活动。

（三）练习

铃木镇一音乐教育体系认为，在学前儿童对音乐、对乐器演奏表现出非常浓厚兴趣之后，对音乐的大量反复的练习也是学前儿童学好音乐必不可少的因素。铃木镇一认为：儿童学习音乐的时候，需要进行反复训练，使这种技能深深地刻在脑海里，成为儿童的第二天性，这种练习活动不仅能增强儿童对于音乐内容的记忆，还能培养儿童的音乐能力。如果想要掌握非凡的技能，反复训练是最直接的，也是最有效的，所谓的"熟能生巧"就是这个道理。

　　针对教学过程，铃木镇一曾提出过三个需要重点关注的方面：一是重复。这也是他一直以来强调的内容，在教学过程中一定要不断地重复。二是训练记忆能力。铃木镇一认为，记忆在人的一生中起着举足轻重的作用，在学习中也是一样的，只有有了良好的记忆能力，才会对学习有自身的体验，从而产生推理。在学校教育中那些学习好的孩子，大多是他们的记忆能力在学前儿童时期得到了很好的开发。相对于其他学前儿童，那些学习能力较弱的儿童，其真正较弱的是他们的记忆能力，由于没有在正确的阶段对记忆能力进行训练，这种能力也就不会得到发展，而获得优秀的记忆能力的最重要的办法就是不断地训练。三是直觉。在铃木镇一的观点中，直觉是一种理性的思维模式，这种模式通常会处于休眠状态，只有在需要它的时候才会被激活，人们通过直觉做出正确的判断。直觉作为一种能力，同样也是可以经过训练得到提升的。

　　这种锻炼需要学前儿童付出大量的练习时间以及坚持不懈的努力，这样的锻炼不仅能够锻炼学前儿童的直觉能力，同时还能培养学前儿童做事不半途而废的好习惯和坚韧不拔的意志品质。在学前儿童反复的练习过程中，家长也要辅助孩子，给予孩子适当的鼓励，使孩子拥有更强的自信心和兴趣。

（四）倾听

　　"想把音乐学好，必须从训练听力开始。"铃木镇一认为无论是音乐还是语言，听力都是最重要的基础。这是个很浅显的道理，就像人们开始学习骑自行车时，首先需要掌握身体的平衡技巧，而不是去掌握物理学知识。同理，拥有良好的音乐感觉的人肯定也具备心理上的协调能力。人的直觉能力、感觉能力、协调能力、判断能力都是感性的东西，如果没有这些基本的能力，就不会有向更高能力发展的可能性，而培养这些能力的最好方式就是聆听音乐。这种方法通常和环境营造相结合使用，在学前儿童生活的环境中，应创造音乐氛围，使其学会聆听音乐、享受音乐。

　　在铃木镇一的音乐教育体系中，所有的教育手段都是以他的教育理念为基础，并以其为根据所提出的。开展音乐教育的最终目标是对学前儿童进行培养，使其拥有高超的人格以及伟大的理想，并且这些内容只有通过音乐教育才能培养出来。同时，音乐还是对学前儿童单纯的心灵产生启发的重要途径，以音乐培育出的学前儿童也是更完美的。

第七章 学前儿童音乐教育教学实践研究

第一节 学前儿童唱歌活动的设计与指导

歌唱活动具有重要的教育价值。一方面，它可以锻炼身心、陶冶情操、启迪智慧、活跃思想、完善品格等；另一方面，它还包含了多种音乐知识和唱歌技能的传授，在歌唱中音乐欣赏能力也可以得到提高。总之，歌唱是培养学前儿童音乐感受能力、表现能力和鉴赏能力的重要方式和途径。

学前儿童歌唱领域的教育内容主要有：歌曲（含节奏朗诵），歌唱的表演形式，理解歌曲和表现歌曲的简单知识、技能，保护嗓子的知识，等等。富有感染力的歌曲可以培养学前儿童积极向上的精神面貌，多种多样的歌曲可让学前儿童有机会接触世界各民族的音乐文化，开阔他们的眼界。同时，真正优秀的歌曲还可以诱发学前儿童的想象和联想，培养他们的创造能力。

歌唱形式与歌唱活动中参加者的数量、合作方式及伴随的表演方式等相关。在学前阶段，学前儿童可以掌握的歌唱形式（包括节奏朗诵形式）主要有：独唱、齐唱、对唱、领唱齐唱、轮唱合唱和歌表演。

一、学前儿童歌唱水平的发展特点

孩子从学说话起，就把语言当作有旋律、有音色、有节奏的声音来记忆，并根据对它的感受，理解成人语言的意义，如温和高兴的语言代表赞扬、大声严肃的语气意味着责备。美国夏威夷大学的林伯格教授认为，学前儿童唱歌能力的发展与说话能力的发展是平行的，在学前儿童的咿呀学语期其唱歌能力也相应地发展到咿呀学唱期，而后逐渐从近似唱歌发展到能唱音域合适的歌曲。

（一）歌词和音域

3 岁前，学前儿童已经能够部分地再现歌曲的片段，但是他们对歌词含义的理解十分有限，往往只是把歌词当作一种声音来重复，尤其是对他们不熟悉不理解的歌词，发音错误的频率会大大增高。4—6 岁的学前儿童一般已经可以比较完整准确地再现熟悉歌曲的歌词，唱错字、发错音的情况会大大减少；当然，学前儿童面对不理解的词义时，唱错歌词的情况还是会经常发生的。

3—4 岁的学前儿童，一般可以唱出 5—6 个音（$c^1—a^1$），其中听起来最舒服的声音是 $d^1—g^1$。4—6 岁学前儿童的音域会稍有扩展，向上一般可以达到 b^1 或者 c^2，向下一般可以达到 b 或者 a。在幼儿园的集体音乐教育活动中应着重注意帮助学前儿童唱好 $c^1—c^2$ 这个音域范围内的音。

（二）节奏和音准

到了小班末期，约 90% 的学前儿童能比较合拍地唱歌。4—6 岁的中、大班学前儿童对歌曲中的二分音符、四分音符、八分音符的节奏已掌握得比较好，甚至能够较好地掌握带附点的节奏和切分节奏。到了大班末期，大多数学前儿童能比较自如地把握常见的学前儿童歌曲的节奏，唱歌的速度稍快或者稍慢也不会影响他们表现节奏的准确性。

3 岁学前儿童在没有乐器伴奏的情况下，独立歌唱时的"走音"现象相当严重。4—6 岁学前儿童如有琴声伴奏，唱的歌曲难度又较适宜，一般能基本唱准音高；但在无伴奏一个人独立唱歌时，尚有部分学前儿童不能较好地把握音准。在适宜的音域范围内，学前儿童比较容易掌握的音程首先是小三度、大二度，其次是大三度、纯四度、纯五度，他们对小二度音程和六度以上的大音程比较难以掌握；另外，下行音程一般来说要比上行音程容易掌握。

（三）呼吸和表情

3 岁以后，学前儿童能够逐步学会使用较长气息，一字一顿或者唱两三个字就换气的情况逐步消失；但他们常常会根据自己使用气息的情况来换气，因此因换气而中断句子、中断词义的情况也会时有发生。4—6 岁学前儿童，一般能够学会呼吸时自然而迅速，不耸肩、不发出很响的吸气声，能有节制地消耗气息，能按照音乐的意思来换气，不中断音乐的句子。但即使到了 6 岁，学前儿童的肺活量和控制气息能力还是很有限的。

进入小班以后，学前儿童能够养成初步的表现意识，表现技能也会获得一定的发展。3 岁末期，学前儿童在唱他们所熟悉和理解的歌曲时，可能做到用速度、力度、音色的明显变化来表现歌曲中的不同形象、情绪。4—6 岁学前儿童已具备一定的表现意识，已能较熟练地应用一些简单的表现技能；同时，他们对歌曲的形象、内容、情感的体验和理解能力也在一定程度上增强了，能较好地唱出速度、力度的逐渐变化，还能较好地唱出中等的速度、力度。学前儿童也可能出现一些不正确的表现、观念和习惯，如过分夸张地唱下滑音，过分夸张地使用气声，过分剧烈地晃动身体或头部，做出不自然的脸部表情和身体姿态等。

（四）独立歌唱与合作协调

进入幼儿园以后，大多数 3 岁学前儿童愿意在集体中跟着大家一起唱歌。如果得到机会并受到鼓励，少数开朗、大胆的学前儿童也会愿意几个人一起面对大家唱歌。在班级气氛比较宽松的情况下，到 5 岁末期，大多数学前儿童愿意独自面对大家唱歌。

学前儿童在 3 岁末期基本上能做到在音量、音色、音高和速度上与集体相一致，能够与集体同时开始和结束，不使自己的歌声特别突出。小班学前儿童还可能掌握简单的对唱和接唱，并能从合作唱歌活动中初步体会到协调一致的快乐。4—6 岁学前儿童已经积累了一定的合作唱歌的经验，发展起较强的合作协调意识和技能，已能从合作唱歌中体会到更多的愉悦感。

（五）创造性表现

3 岁学前儿童进入幼儿园以后，能逐步形成较明确的创造性表现的意识，创造性表现的技能也会获得一定的发展。3 岁末期，学前儿童能学会为较短、多重复的歌曲编填新的歌词，如果仅是改换句子中的某些部分，大多数学前儿童能做到。4—6 岁学前儿童已经积累了一定的创造性歌唱表达的经验，有一定的创造性表现意识，能较熟练地应用一些简单的创造性表现技能，创造性表现的兴趣和自信心也逐步增强。

二、学前儿童歌曲的选择与设计

（一）选择歌曲

1. 歌词方面

歌词的内容和文字应该是学前儿童能理解并且生动有趣的，歌词要有重复和发展余地，便于学前儿童记忆和掌握。学前儿童歌曲的内容一般是描写动植物和自然现象、节日和学前儿童的日常生活，还包括一些无意义的音节、象声词等。《太阳喜欢》《小兔子乖乖》《小海军》等都是学前儿童喜欢的歌曲。

2. 曲调方面

学前儿童不宜唱音域较宽的歌曲，适合学前儿童的音域是：

小班 d^1—a^1 [1=C，2—6]；中班 c^1—b^1（c^2）[1=C，1—7（高音 1）]；

大班（b）c^1—c^2（d^2）[1=C，（低音 7）1—高音 1（高音 2）]。

为学前儿童选择的歌曲的音域范围应符合学前儿童的音域，同时注意不能机械、绝对地处理音乐问题，要因歌而异，体现灵活性。如有的歌曲音域只有八度，但旋律主要在高音区内，学前儿童感到难唱，此类歌曲就不宜选用。有的歌曲音域为七度，但主要旋律在学前儿童最感舒适的音区内（d^1—b^1），则中班学前儿童能唱好，小班学前儿童也可适当学唱。对于一些优秀的学前儿童，还可以通过升降调的方式让他们学唱。学前儿童歌曲的速度一般为中速，中班、大班可以适当选择偏快或偏慢的中速，以及其他多种速度的歌曲。在节奏和节拍方面小班初期多选用 $\frac{2}{4}$ 拍、$\frac{4}{4}$ 拍，以后逐渐增加 $\frac{3}{4}$ 拍、$\frac{3}{8}$ 拍。旋律中常用音符为四分音符、八分音符、十六分音符、附点四分音符和附点八分音符等，其中四分音符、八分音符用得最多。如歌曲《雪花飘飘》为 $\frac{2}{4}$ 拍，旋律中音符均为四分音符和八分音符。总之，在为学前儿童选择歌曲时，要充分考虑学前儿童的年龄特点，注意歌曲的艺术性、思想性，同时要注意歌曲题材、体裁、风格的多样化。《雪花飘飘》曲谱如下所示：

雪花飘飘

（二）对歌曲的处理

教师在处理歌曲时，通常要从三个方面来分析歌曲：歌曲的主题思想和教育意义，歌曲的基本情绪，歌曲的节拍、节奏、旋律、结构等表现手段所起的作用。在对歌曲进行分析之后，根据教学要求及学前儿童歌唱能力的发展水平，设计歌曲演唱的速度、力度、音色等，使歌曲形象鲜明，富有表现力，并能激发学前儿童学习兴趣，调动其学唱歌曲的积极性、主动性。例如，中班歌曲《拍手唱歌笑呵呵》反映了学前儿童与父母、同伴、教师在一起时开心快乐的生活，歌曲的情绪欢快而生动，旋律平稳而有起伏。教师在设计范唱时，应用偏快的中速，总基调优美、流畅，音色宜明亮。第一、第二乐句抒情而悠扬，第三、第四乐句速度稍快，体现学前儿童快乐的游戏生活。

（三）设计学前儿童歌曲的伴奏和前奏

在学前儿童学唱新歌时，伴奏要突出旋律，音量不能盖过歌声，一般宜淡不宜浓，应尽量选用艺术性强而又简单的伴奏型。注意要经常让学前儿童不用伴奏演唱，减少学前儿童对伴奏的依赖性，培养他们的音准。

歌曲的前奏提示了歌曲的情绪、速度和音高，教师不能随意变化前奏。在运用前奏时，教师要注意以下两点。第一，用前奏帮助学前儿童齐唱，可以在前奏的最后一拍加上"唱"字，在学前儿童学会接前奏后去掉"唱"字。如教唱歌曲《小熊找家》，可用最后一句"小熊就是它"作为前奏。第二，不用伴奏唱歌时，教师可唱歌曲的第一句，再用呼拍的方式指示学前儿童唱歌。二拍子的歌曲呼"预备，唱"，三拍子的歌曲呼"一、二、唱"，四拍子的歌曲呼"一、二、三、唱"。呼拍要遵守"强拍起唱弱拍呼，弱拍起唱强拍呼"的规则。《小熊找家》曲谱如下所示：

小熊找家

佚名 词曲

三、学前儿童唱歌活动的设计与指导

（一）导入新歌，介绍歌曲

在开始学习一首新歌前，一般有导入新歌的过程，通常是由教师的启发引导以及和学前儿童的谈话交流来完成的。导入新歌的任务是把学前儿童的注意力吸引到新歌的题材和意境中去，做学歌前思想和情绪上的准备，为感受音乐、表现音乐打下基础。

导入的方法有以下几种：练声导入、故事导入、情境导入、创编歌词导入和游戏导入。学前儿童在进行发声练习时，应注意身体的姿态要正直，收腹并两肩放松，眼睛平视前方，双腿保持与肩同宽。发声时，教师要强调学前儿童轻声唱歌，要求学前儿童微笑且声音集中地唱歌，切忌大喊大叫。要根据学前儿童的心理特点，激发学前儿童的兴趣，让学前儿童主动参与发声练习，以学前儿童乐于接受的灵活多样的方式，让学前儿童快乐地达到练声的效果。

导入环节是唱歌活动的开端，良好的导入是活动成功的一半。在开展唱歌活动时，要根据歌曲的内容选择合适的导入方式，有效地激发学前儿童学习的兴趣，更好地为接下来的教学环节做铺垫。在介绍歌曲时，教师要选用多种方法使学前儿童对歌曲感兴趣，能够理解歌曲内容。教师可根据歌曲特点和学前儿童水平，灵活选用适宜的语言或教具、教法。

（二）引导学前儿童聆听感受

音乐是听觉的艺术，唱歌活动任务的完成有赖于学前儿童敏锐的听觉能力。聆听感受是让学前儿童在初步聆听歌曲旋律、节奏、歌词内容等基础上感知和初步了解歌曲。歌曲表现的是什么样的情绪、什么样的风格；是优美抒情的舞曲风格，还是强劲有力的进行曲风格，都要学前儿童通过聆听来感知。

学前儿童聆听感受主要包括对歌曲内容和情绪的感受、对歌曲旋律和节奏的感受以及对歌曲意境的感受。

帮助学前儿童通过对歌曲的聆听感受，获得相应的情绪体验，激发对歌曲的兴趣，同时促进音乐的感受力、理解力和想象力的发展，是这一环节的主要任务。正确地引导学前儿童聆听感受歌曲对激发学前儿童兴趣非常重要。在此环节中教师要给予学前儿童安静聆听和想象的空间，要让学前儿童对音乐的风格、情绪，所表达的意境和情感有一个自我感受的机会，要鼓励学前儿童想象并大胆表达自己对音乐的初步理解和感受，提高学前儿童对音乐的审美能力、感受能力和想象力，切忌对学前儿童的感知做先入为主的评价。

在欣赏歌曲时可采用教师范唱、播放视频音频等多种形式，让学前儿童对歌曲有初步的整体感知。教师范唱非常重要，教师要为学前儿童提供具有准确的音调、正确地吐字发音和带有正面情绪的范唱。教师范唱决定着学前儿童学唱歌曲的水平，所以教师的范唱要富有感情、精神饱满，来激发学前儿童唱歌的兴趣和唱歌时的情感，教师要以情绪感染学前儿童，起到给学前儿童示范的作用。

（三）帮助理解歌词与熟悉歌曲的节奏、旋律

歌词是歌曲的重要组成部分，学习歌词是学习唱歌的基础。运用多种形式，帮助学前儿童在理解的基础上，轻松愉快地记忆歌词内容，是这一环节的重要任务。理解歌词的方法有动作表演法、游戏法、故事表演法、节奏诵读法、图谱法。

学前儿童歌曲一般节奏鲜明、歌词朗朗上口、旋律流畅优美，当新授歌曲出现新的节奏时，教师可以为歌曲节奏难点配上一首朗朗上口的儿歌，使学前儿童通过朗诵儿歌掌握节奏。使儿童熟悉歌曲的节奏和旋律的方式还包括运用身体动作训练歌曲节奏和运用歌词训练歌曲节奏。

节奏是音乐的表现要素，是歌曲赖以生存的基础，是培养和发展学前儿童音乐才能的主要内容之一。因此，应重视学前儿童节奏感的培养。教师可以在学前儿童日常活动中，在拍拍、走走、跑跑、跳跳等简单的动作中自然地加入节奏的练习，为唱歌时掌握节奏打下良好的基础。

（四）教（学）唱新歌

整体教唱法，是指教师范唱后，学前儿童从头至尾学唱整首歌曲。这种教唱方法使学前儿童能够感受歌曲完整的艺术形象。运用这一方法时，教师应注意多给学前儿童提供欣赏歌曲的机会，在此基础上，教师和学前儿童一起唱。这种唱法要求学前儿童的记忆思维处于一种积极状态，以促进学前儿童学唱的主动性。

分句教唱法，是指教师范唱一句，学前儿童跟学一句。这种形式比较容易学唱，常用于歌曲中的重点和难点乐句。

在实践中，两种方法一般结合运用。小班学前儿童理解力较弱，教唱的歌曲比较短

小，宜以整体教唱法为主。中、大班学前儿童学唱新歌时，教师可以综合运用两种方法，在分句教唱后，再将一首歌曲整体教给学前儿童，以使学前儿童准确把握歌曲所表达的思想感情。

（五）复习歌曲

在教唱新歌的过程中需有反复练习的成分，在复习歌曲的过程中，也应有继续学习、不断提高、增加新要求的成分。教师要使学前儿童在愉快、有兴趣的状态下复习，避免单调重复。

复习歌曲的组织形式如下：第一是全体唱。齐声欢唱能够营造一种欢乐的气氛，提高学前儿童唱歌的兴趣。第二是部分学前儿童唱。组织部分学前儿童唱可以使学前儿童轮流得到休息，并养成仔细聆听别人唱歌的好习惯。第三是单独唱。教师应有意识地请学前儿童单独唱，促使每个学前儿童都具有大胆在别人面前唱歌的能力。

复习歌曲的方法可以是边唱边表演，也可以变换歌唱形式，或者是边用教具边唱，或者在唱歌活动中加入游戏让学前儿童在玩中学、学中玩。边唱边画也是一种方法，也可以为歌曲进行伴奏。总之，教师要善于观察学前儿童的表现，随时总结，并在音准、节奏、感情处理、速度和力度等方面对学前儿童提出恰当的要求。

四、游戏化的唱歌教学指导

怎样提高教育教学活动的趣味性，长期以来一直是学前音乐教师比较关注的问题。但是由于歌唱活动，特别是新歌教唱活动，需要学前儿童注意聆听教师的范唱，注意聆听和理解教师对歌词内容的讲解，努力记住和再现歌词和曲调，注意调控自己和歌声以及相关表演，所以即便是本身就与游戏相伴的游戏歌曲的教学设计，教师一般也都习惯于学会新歌之后再将游戏的内容累加上去。而在学习新歌的过程中，教师习惯于更多地使用新颖别致的教学和自身演唱的热情来激发学前儿童的学习兴趣。1997 年，美国教师约翰·马丁·费尔拉班德（John Martin Fairaband）来中国讲学时，提出应该关注学前儿童在自然游戏中的歌唱学习方式。这一观点给了国内教育界很大的启发，就此许多教师开始了各种以提高歌唱教学趣味性为目的的研究。

趣味性实际上是一个很难下定义的概念。通俗地讲，一个事物或活动的趣味性，是指它能够吸引人投入玩赏并沉浸于快乐中的性质，所以如果学前儿童在学习新歌的过程中能够有一些有趣的事情可以做，也就是说学前儿童做这些事时感觉很好玩，那就是在游戏，也说明新歌学习的过程具有趣味性，以下是一些相关的范例。

（一）从开始处进入的游戏

大部分教师都很熟悉的传统范例恐怕要数《丢手绢》了。以前孩子们很小的时候，就在街头巷尾、谷场和家院中玩丢手绢游戏，并在游戏过程中学会了唱《丢手绢》的歌曲。

在大部分学前儿童没有机会进现代学校读书的年代里，在没有任何教学程序与教学设计的条件下，仅是与同伴的玩耍活动中，一代又一代的学前儿童学会了这首歌曲和这个游戏，又将它们一代一代地传了下来。

新授歌曲《小蜜蜂》的活动设计就是借鉴了这种在玩的过程中顺带学习唱新歌的模式。与《丢手绢》稍有不同的是需要个别游戏者比较严格地按照音乐的节奏来点数其他游戏者。待歌曲快结束，唱最后一个"虫"字时谁被点到，谁就创造性地表演自己对被人称作懒惰虫的态度。在有的活动设计中，这种在传统上被称为"点兵点将"的游戏可以贯穿始终。但在另外一些活动设计中，在学前儿童初步学会唱歌以后，还可以变换唱的方式，如创编新歌词《黏黏虫》《糊涂虫》等。《小蜜蜂》曲谱如下所示：

小蜜蜂

1=G　2/4

唐浩东　词曲

活泼、欢快地

(11 ‖: 5 56 5 32 | 1 1 5 | 1 16 53 | 2 21 2 | 556 532 | 1 1 6 | 1 16 53 |

2 21 1 | 1 -) | 1 3 5 | 5 5 5 | 5 6 5 | 2 2 3 | 2 - | 1 1 1 5 |

1. 小蜜蜂　嗡嗡嗡，　飞到西　飞到　东，　飞到花里
2. 小蜜蜂　嗡嗡嗡，　飞到西　飞到　东，　飞到花海
3. 小蜜蜂　嗡嗡嗡，　飞到西　飞到　东，　飞到花丛

1 2 3 | 5 6 5 4 | 3 2 | 1 - :‖ 5 6 5 4 | 3 5 | 1 - ‖

采花蜜，　甜甜蜜蜜花　朵　中。　要把甜蜜人　间　送。
采花蜜，　辛勤劳作花　丛　中。
采花蜜，　要把甜蜜人　间　送。

新授歌唱游戏"森林中的小矮人"的活动也是借鉴了这种在玩"点兵点将"游戏的过程中顺带学习唱新歌的模式。游戏的具体玩法如下：

①全体学前儿童背对教师，跟随教师的演唱自由做动作。

②教师在歌唱期间，用大的衣服将其中一位学前儿童"偷藏"起来。

③教师在唱最后一句歌词时，按节奏一字一人地点数，最后由被点到的学前儿童来猜藏起来的学前儿童是谁。如猜错，教师重新唱最后一句，并点数猜谜的人，直到藏起来的学前儿童被猜出为止。

（二）从中间处插入的游戏

新授歌曲《小老鼠打电话》的活动设计也是借鉴了"点兵点将"的游戏模式。只不过

在这一设计中，游戏是从中间插进来的。具体程序如下：如一般常规歌曲教授程序一样，从范唱和讲解进入；专门学唱小老鼠拨电话号码的乐句；采用"点兵点将"的游戏模式，点到谁，谁就扮演猫；然后大家一起表演猫来拜访老鼠的情节；最后教师再独唱"马上就到你的家"。教师完整演唱并带领学前儿童完成表演和游戏，教师只需强调学前儿童努力唱清楚小老鼠拨电话号码的乐句，其他乐句任由学前儿童自由模仿唱（重复次数根据具体情况定）。《小老鼠打电话》曲谱如下所示：

小老鼠打电话

1 = D 2/4

活泼地

陆箴 词曲

（三）在结束处插入的游戏

许多学前音乐教师已经比较熟悉传统音乐游戏，认为真正被看作游戏的部分都是在歌曲结束处插入的。如歌曲《秋天》在结束处玩扫落叶、烧枯叶的游戏；《堆雪人》在结束处玩冰雪融化的游戏；《兔子和狼》《找小猫》《网小鱼》等，都几乎是在歌曲唱完后，安排一些大家已经比较熟悉的"追—逃"或"寻找—躲藏"的游戏情节。《网小鱼》曲谱如下所示：

网小鱼

1 = D 4/4

佚名 词曲

以下这些范例也许能提供一些新思路。

《除草歌》，在最后安排"苗好"和"苗死"两种结局。要求学前儿童仔细聆听教师或其他指定人员的朗诵和演唱，然后再做造型反应。

《蝈蝈蛐蛐》，在最后安排"点兵点将"的游戏，或谁动就"罚"谁的游戏。被"大公鸡啄到"的学前儿童需要对"要不要当爱吹牛的人"的问题进行创造性的"表态"。

《都睡着了》，在学会唱歌后进行分角色表演游戏。没有被要求担任特殊角色的学前儿童表演不要别人吵醒，自己也幸福安睡的情景。

《五只小猴子》，在活动快结束时，学前儿童离开座位表演，教师用即时贴给学前儿童贴上摔出的"大包"，最后还可以表演拨电话喊救护车。

《三只老虎》，最后可以让学前儿童表演情节：假装妈妈打屁股，假哭并假装说"打得不疼"，调皮地大笑。

（四）贯穿始终的游戏

有一些歌曲本身唱的就是一种游戏的过程。如《丢手绢》《动物猜谜歌》《猜拳歌》《老鹰捉小鸡》等。对这类歌曲，教师可以在整个新授设计的过程中，始终体现一种游戏的氛围。

例如《动物猜谜歌》的教学，曲谱及具体的教学程序如下：

①学前儿童猜简单的、比较容易得出唯一答案的谜语，同时感受歌曲结束处需要唱出的部分。

②学前儿童猜谜底稍开放的谜语，同时反复练习如何将不同歌词填入结束处，将需要唱出的部分唱出。

③学前儿童轮流独立创编新的谜面，并尝试用歌曲规定的方式朗诵出来。其他学前儿童猜出谜底，并尝试用歌曲规定的方式演唱出来。中间允许中断思考和讨论。

④教师鼓励并帮助学前儿童尽可能连贯地进行谜语问答。

动物猜谜歌

171

由此可见，提高歌唱教学的游戏性是需要创造性的。教师需要破除不必要的束缚，即认为唱歌就是以学会歌曲和提高声乐技巧为主要目的的活动，就是以倾听、模仿、练习为主要手段的活动转变思维，大胆创新。

第二节　学前儿童韵律活动的设计与指导

韵律活动在幼儿园的音乐活动中占有极为重要的地位。学前儿童韵律活动就是学前儿童随音乐而做出各种有节奏的身体动作。韵律活动可以使学前儿童在情绪上、心理上获得满足，让学前儿童获得一定的快乐。韵律活动可以促进学前儿童多方面的发展，这是因为：①韵律活动是通过动作来感受音乐作品节奏美的，因此能有效地培养与发展学前儿童的节奏感；②学前儿童正处在动作发展的重要时期，利用韵律活动学习和练习各种动作，能有效地提高平衡能力，使动作协调发展；③在随不同风格、特点的音乐做出相应的动作时，学前儿童辨别音乐性质的能力会大大提高，从而进一步理解音乐的表现手段；④学前儿童在随音乐形象有节奏地做身体动作时，头脑中便会出现相关事物的思维和想象，可以促进学前儿童想象力、表现力和创造力的发展。

一、学前儿童韵律活动能力的发展特点

韵律活动能力是指在音乐的伴奏下以协调的身体动作来表现音乐形象的能力。韵律活动能力的发展既依赖于一定的动作技能的发展，又需要一定的音乐感受能力、理解能力和表现能力。学前儿童韵律活动能力的发展有一定的过程，体现出一定的年龄阶段特点。

（一）小班

3岁初期，学前儿童听到自己喜爱或熟悉的音乐时，往往会自发地跟着音乐拍手、跺脚，但这种自由的身体动作并不能做到与音乐完全合拍，音乐常常只是一种背景。3岁以后，随着学前儿童音乐活动机会增多，特别是经过了幼儿园良好的教育，学前儿童逐步发展到能够根据音乐的特点，努力使自己的动作与音乐节奏相一致。大多数学前儿童能自如地运用手、臂、躯干做各种单纯动作，如拍手、摆臂、点头、踏脚等。由于受神经系统协调性发展的局限，小班学前儿童平衡及自控能力还较差，所以容易掌握幅度较大的上肢动作，而对细小的上下肢联合的动作掌握起来还有一定的困难。

3岁的学前儿童在韵律活动中的动作表现往往是以自我为中心的，他们不善于运用动作与同伴配合、交流共享。这时期的学前儿童能随音乐用自己想出来的动作模仿和表现日常生活中熟悉的具体事物，如动物、植物、自然现象、劳动工具、交通工具等，能用动作来表现自己的情感体验。

（二）中班

中班学前儿童能自如地随着音乐的变化调节自己的动作，如快、慢、轻、重等；能较

自如地做一些下肢的连续动作，如跑步、跳步等，上下肢联合的动作也逐步得到发展。这一年龄阶段学前儿童已经开始注意运用动作与同伴合作、交流。如在集体韵律活动中，他们会自动调节位置，不与他人碰撞而共享空间；会和同伴合作表演，还会主动邀请同伴共舞；能进行简单的创编活动，用动作表现他们熟悉的事物和情绪。

（三）大班

大班学前儿童动作进一步精细，可以做躯干动作，也可以做精细的手臂、手腕、手指动作，如"采茶"的动作、模仿成人缝衣服的动作等。上下肢配合协调，能做上下肢联合的较复杂的动作，如"新疆集体舞""绸带舞"。能随音乐的速度和力度的变化较灵敏地做动作，同时能自如地表现音乐的节奏、节拍，如八分音符、十六分音符、切分节奏及三拍子的节奏等。创造性表现音乐的能力进一步增强。如在同样的音乐、同样的主题内容活动中，他们会努力地用自己已有的表达经验尽可能创造与别人不同的动作，并追求姿态与动作的美感。

总而言之，学前儿童韵律活动能力的发展受到生理器官和心理过程相互作用的影响，并且每一个个体都表现出较大的层次类别和表现差异。因此，要针对不同年龄层次、不同发展水平、不同个性特点的学前儿童进行循序渐进的引导和教育，这可以更好地帮助学前儿童逐步积累一定的艺术动作语汇，体会并享受用基本的动作语汇进行自我表达的乐趣。

二、韵律活动的教学要求

学前儿童韵律活动的具体要求，是根据学前儿童艺术教育的目标、任务，学前儿童动作发展特点，以及韵律活动特有的教育规律提出来的。要了解韵律活动的教学要求，首先要把握幼儿园韵律活动的总体要求。

（一）幼儿园韵律活动的总体要求

能够感知、理解韵律动作所表现的内容、情感和意义，理解音乐、道具在韵律活动中的作用，知道如何运用空间因素进行创造性的动作表现。能够体验并努力争取做出与音乐相协调的韵律动作，喜欢探索和运用道具及空间知识，并在与他人合作的动作表演活动中获得交往、合作的快乐。能够自如地运用自己的身体动作进行再现性和创造性表现，并在合作的韵律活动中自然地运用动作、表情与他人交往、合作。

（二）幼儿园韵律活动的具体要求

1. 小班学前儿童韵律活动要求

能按音乐节奏做简单的上肢和下肢的大动作，并能随音乐的变化而变换动作。根据小班学前儿童韵律动作能力发展的特点，在为小班学前儿童选择韵律动作时，开始应分别以上肢或下肢的大动作为主，稍后再选用一些上下肢联合性的动作，但不能过于复杂。上肢的大动作如拍手、叉腰、挥动手臂等；下肢的大动作如走、跑、跳等；联合性的动作如边走边拍手，边跑边平举双臂做开飞机状等。

学会一些简易的基本动作、模仿动作。小班学前儿童应掌握的基本动作有拍手、点头、踏步等。模仿动作包括模仿日常生活的动作、模仿成人劳动的动作、模仿动物的动作，其他模仿动作如打鼓、吹喇叭、拍皮球等。

学习简单的歌表演，如边唱边表演，它实际上是指小班学前儿童的舞蹈。集体舞是学前儿童用来自娱和交谊的集体性的舞蹈形式，且不受队形限制，小班学前儿童可选择简单的集体舞。另外，为小班学前儿童选择的音乐游戏应角色鲜明、情节有趣、动作相对简单，是学前儿童易学、爱玩的，能吸引所有学前儿童的参与。

2. 中班学前儿童韵律活动要求

能够跟着音乐节奏做上下肢联动的小动作，并能随音乐变化较自如地改变动作。为进一步培养学前儿童对音乐的感受能力及动作的协调性，还可要求学前儿童能随音乐的明显变化甚至是逐渐变化而较自如地改变动作及动作的速度、力度。学会一些稍复杂的模仿动作、基本舞蹈动作和集体舞。喜欢参加音乐游戏，初步体验创编一些简单韵律动作的乐趣。中班学前儿童可掌握的模仿动作有洗手绢、摘果子等。稍复杂的基本舞步有踵趾小跑步、踏点步等。在歌表演方面，中班学前儿童在歌唱时要能配以形象的动作、姿态和表情，来表达自己对歌曲内容的理解和感受。

3. 大班学前儿童韵律活动要求

能较准确地按音乐节奏做一些较精细、稍复杂的韵律动作。在小、中班的要求基础上，要求大班学前儿童做一些比较精细的动作，如织渔网、缝衣服等。能比较随意地根据需要变化上肢和躯干的动作速度和幅度，如骑马、划小船等；还能做出更加复杂、更加协调的联合动作，如孔雀开屏、天鹅跳舞等。能学会一些复杂的舞步，如跑跳步、跑马步、华尔兹步等。

学习表演具有创造成分的、队形有变化的舞蹈及音乐游戏和韵律动作组合。对于大班学前儿童，教师可选择一些富有创造成分的、动作稍复杂并且队形有变化的舞蹈及音乐游戏、韵律动作组合供他们练习。

三、韵律活动的教育内容与组织

学前儿童韵律活动的教育内容一般包括四个方面：节奏活动、律动和舞蹈、歌表演、音乐游戏。

（一）节奏活动

节奏是音乐的骨骼和灵魂。德国作曲家、学前儿童音乐教育家奥尔夫提出"节奏第一"的理念，认为"音乐构成的第一要素是节奏，而不是旋律"，强调要结合语言节奏、动作节奏来训练和培养学前儿童的节奏感。

1. 语言节奏

通过语言活动来进行节奏训练，是韵律活动很重要的一种形式，它简便易做，很受学前儿童喜爱，一般有人名节奏、水果名称节奏、动物名称节奏、日常用品名称节奏、儿歌节奏等。

这里以人名节奏为例。利用人名可以进行多声部的节奏练习，以培养学前儿童的节奏感、协调能力和多声部听觉能力，以及注意力、记忆力。多声部节奏练习要由易到难、由简到繁，循序渐进地进行，要根据学前儿童的年龄水平及能力发展水平，灵活地组织二声部、三声部甚至四声部、五声部的人名节奏练习。

2. 人体动作节奏

在音乐活动中，学前儿童常常用身体动作来表现音乐作品，表达自己的情绪和情感。在学前儿童的韵律活动中，可以引导学前儿童通过人体这个天然的打击乐器，发出多种美妙的声音，如拍手、拍肩、拍腿、跺脚、捻指、弹舌等。有很多歌曲就可以通过这些形式帮助学前儿童进行人体动作的节奏练习。

除了用歌曲进行人体节奏活动外，最常用的人体节奏活动还有节奏模仿和节奏应答。节奏模仿是学前儿童模仿教师的人体节奏动作，或学前儿童之间相互模仿。节奏应答是人体节奏活动的另一种形式，它是由教师拍出一个节奏，学前儿童以拍出相同的另一种节奏来"应答"的活动。在节奏应答活动中，学前儿童既要看清教师的节奏动作，还要听清节奏节拍即兴应答。因此，在此项活动中学前儿童的观察力、记忆力、思维力、想象力和创造力都能得到相应的发展。

3. 节奏读谱

节奏读谱是匈牙利音乐教育家柯达伊在进行节奏训练时所发明和使用的一种工具。幼儿园的音乐教育活动可以借鉴使用一些代表节奏时值的音节，这些音节不是音名，而只代表时值，这样学前儿童就很容易按照正确的节奏来读唱音型。

（二）律动和舞蹈

1. 律动

在学前儿童音乐教育活动中，律动常常作为一种组织教学的手段，学前儿童律动的音乐要求应该节奏鲜明、形象性强，能引起学前儿童活动的兴趣和愿望，律动动作和律动音乐的关系密不可分，节奏鲜明、形象性强的音乐便于学前儿童用动作表现；学前儿童律动的音乐速度不宜太快；律动音乐不必一个动作固定一首曲子，可以交替使用情绪、风格相类似的曲子，以帮助学前儿童从整体上把握音乐的性质，提高对音乐的感受能力。

2. 舞蹈

学前儿童音乐教育中常见的舞蹈形式有集体舞、学前儿童自己创编的舞蹈、表演舞以及独舞。学前儿童舞蹈教材的选编原则包括：思想性与艺术性的原则、适宜性原则、民族性和地方性原则、科学性和系统性原则。学前儿童舞蹈教学的一般方法包括：启发法、练习法、游戏法、讲解、提示、口令法。在舞蹈教学中，教师对能力强、基础好和能力弱、基础差的学前儿童要因材施教，个别教练。

舞蹈教学的基本步骤是：先整体感受作品，即教师用简单明了、生动有趣的语言向学前儿童介绍舞蹈的名称，引导学前儿童熟悉、欣赏音乐，启发学前儿童根据自己对作品的理解创编动作。再教授舞蹈动作，即教师可根据学前儿童创编情况，进一步教授学前儿童舞蹈动作。简单动作整体教，复杂动作分解教，当把所分解的几部分分别教完后，再把这些动作配合起来练习。不同角色分别教，即在舞蹈中出现不同角色时，可把这些角色分开来教，然后再合起来随音乐练习。舞蹈中有队形变化的，一般在教授舞蹈动作时先不要考虑队形的变化，在学前儿童基本上掌握了舞蹈动作后再教授队形的变化，随音乐进行完整练习。

（三）歌表演

歌表演是学前儿童最初步的舞蹈，就是在歌曲演唱中配以简单而形象的动作、姿态和表情，表达歌词的内容和音乐形象，边唱边表演。通过表演可以帮助学前儿童加深对歌词的理解，加强动作与音乐之间的协调配合，提高对舞蹈动作的记忆力、想象力和表现力，为学习舞蹈打好基础。

歌表演有别于表演唱。表演唱是以唱为主并适当做一些动作来表达唱歌时的感情，而歌表演则是在学前儿童掌握歌曲旋律和歌词之后，在理解的基础上，用动作来帮助表达歌曲的内容和性质。因此，边唱边表演实际上是更适合于低龄学前儿童的舞蹈形式。

（四）音乐游戏

根据目前幼儿园音乐游戏活动的实践，可以对音乐游戏大致进行以下分类。

按游戏的内容和主题划分，可以分为有主题的和无主题的音乐游戏两类。有主题的音乐游戏一般有一定的内容、情节和角色，学前儿童在游戏中可以扮演不同的角色，模仿角色的形象，可以促进学前儿童思维和想象的发展，同时使学前儿童的动作得到协调发展。无主题的音乐游戏一般没有情节，只是随音乐做动作，相当于律动或律动组合，但这种动作含有游戏的规则。

按游戏的形式分，可以分为歌舞游戏、表演游戏和听辨反应游戏。歌舞游戏一般是在歌曲的基础上产生的，即按照歌词、节奏、乐句和乐段的结构做动作和游戏，游戏的规则通常在歌曲的结束处出现，它可以有较明显的游戏主题、内容，也可以没有专门表现情节和角色的音乐，相对比较侧重于学前儿童的创造性动作表现。表演游戏是按专门设计和组织的不同音乐来做动作或变化动作的游戏，从游戏内容上看一般有一定的情节和角色，从游戏的形式上看带有较强的表演性。听辨反应游戏比较侧重于对音乐和声音的分辨，对判断能力的要求，培养学前儿童对音乐的高低、强弱、快慢、音色、乐句等的分辨能力，一一般没有固定的游戏情节或内容，以对音乐要素的反应和理解为主。

四、韵律活动教学注意事项

（一）重视培养学前儿童的音乐感受力、想象力和创造力

音乐感受力是指学前儿童对音乐的高低、长短、强弱、快慢、音色的明暗及音乐所表达的思想感情等的感受力。在韵律活动中，教师应当让学前儿童多听音乐，培养学前儿童对音乐的理解能力和感受力，避免只重视传授知识技能而忽视能力的培养。在韵律活动中还要注重对学前儿童想象力和创造力的培养，如果忽略了这一点，会造成在韵律活动教学中学前儿童的学习只是生硬地模仿和照搬，这样很不利于学前儿童发散性思维的开发。因此，在教学中教师一定要启发学前儿童发挥想象力，利用各种手段如图片、教具等，激发学前儿童的创造力。

（二）重视对学前儿童兴趣的培养

兴趣是学习的动力。在韵律活动中，教师要注重对学前儿童兴趣的培养，而这种兴趣也可能会影响学前儿童的一生。因此，兴趣的培养在音乐教学中有很重要的地位。培养兴趣不仅能促进学前儿童积极地参加各项韵律活动，使他们认真、耐心、自觉地学习，也能丰富学前儿童的生活，开阔学前儿童的眼界，使他们经常保持愉快、欢乐的情绪，还能养成一些良好的行为品质。

（三）重视基本动作练习，防止专门化训练

无论是律动、舞蹈、歌表演还是音乐游戏，都是由基本动作组成的，如果学前儿童的基本动作掌握得好，学习律动、舞蹈，进行歌舞表演或音乐游戏就比较容易。所以，教师要重视对学前儿童基本动作的训练要防止形成专门化的训练。因为专门化的训练只注意动作技能的传授和规范，忽视了学前儿童的学习特点和教育规律，忽视了情感体验和趣味性，不利于学前儿童音乐感受力、想象力和创造力的发展。因此，在教学中一定要注意避免过多地进行动作的规范化和标准化的训练。

（四）处理好启发性"教"与创造性"学"的关系，提供良好的示范

在教学中，教师要给学前儿童提供大量的创造机会，激发创造热情，培养创造能力。这种创造机会是建立在启发式教学的基础上的，只有教师启发性地"教"，才会有学前儿童创造性地"学"。

模仿学习在韵律活动中占有重要的地位，因此教师的示范显得尤为重要。教师的动作要成为学前儿童的典范，不仅要做得合拍、自如、正确，还要注意自身的准备工作，如对教材的把握、对重点和难点动作的把握、表演动作的熟练程度、镜面示范的反方向动作练习等。

在教学活动中，教师要关注每一个学前儿童，对于能力较弱的学前儿童，必要时得手把手教一教，对于能力强的学前儿童，尽量发挥他们的才能，可以让他们当练习中的"小教师"。教师要面向全体，注重个体差异，使每一个学前儿童都能在原有的基础上得到发展。

（五）做到精讲多练，动静交替

在韵律活动中，教师应多用简洁、形象、具体生动的指导语言替代冗长、枯燥、乏味的讲解，以使学前儿童有更多的充分活动的机会。要多采用形象化的比喻，提高学前儿童学习积极性。要做到音乐为主，语言为辅。韵律活动是由音乐指挥动作而非语言指挥动作，因此教学中不要过多地靠口令或数拍子来做韵律活动，而是要让学前儿童尽快习惯于聆听音乐、感受音乐，提高对音乐的感受力。在韵律活动中，要注意做到有"动"有"静"，动静交替，这样可以对学前儿童在活动中身体的适应程度进行及时的调节，消除疲劳。同时，在内容上只有"动""静"结合，才能使学前儿童保持积极性，收到良好的教学效果。

五、游戏化律动教学

几乎所有的学前儿童音乐游戏都应该是包含身体运动的，因为学前儿童天生好动——神经的兴奋能力发展快于抑制能力发展，他们主要使用动作来感知、体验、思考和表达。因此，人们童年时经常与父母、祖父母以及小伙伴一起玩的许多手指游戏、身体接触游戏、"比大"游戏、传递游戏、追捉游戏、跳绳或跳皮筋游戏、"抓子儿"游戏等各种形式的游戏，只要加上了儿歌或音乐，就自然变成了律动游戏。尽管游戏和非游戏并不是那样界限分明，但为了便于理解，笔者还是做了大致区分。

（一）从开始处进入的游戏

有些游戏化的律动教学是从活动一开始就直接进入韵律游戏的，中间也许加入一些演唱歌曲活动或其他活动，但最后一般也以独立地玩律动游戏结束。以中班律动游戏童谣《蚊子》教学为例，学前儿童模仿教师将自己的双手相互叠加在一起，教师唱歌，大家一起随歌声有节奏地（一拍一次）教学轻轻左右摇摆身体。在教师唱最后一个音时，学前儿童模仿教师将被压在下面的手抽上来，轻轻用两个手指"捏"一下原先放在上面的手背，同时用嘴发出"啧"或打响舌的声音（可连续做两三次）。学前儿童尝试和教师一起唱这首新歌，然后尝试独立唱这首新歌，最后尝试独立边唱边玩上述某种难度的律动游戏。《蚊子》曲谱如下所示：

蚊 子

1=C 2/4

佚名 词曲

```
5  3   5  | 5  3   5  | 6 5  4 3 | 2  3   4  |
哎 哟   喂    咋 的  啦,    一 只 蚊 子   咬 我   啦,

5  1  1  1  | 1 2 3 4  5 | 5  2   2 4 | 3 2 1  1 |
快 快 快 快   爬 上  来,    啦 啦  啦 啦   啦 啦 啦。
```

（二）从中间插入的游戏

有些游戏化的律动教学在活动一开始并不直接进入律动游戏，而是配合律动的音乐，从中间逐步插入韵律游戏。以大班创造性律动活动外国民间舞曲《打鼓对舞》教学为例，学前儿童模仿教师做拍腿和拍手两种简单动作，感受 A、B 两段音乐的起止和节奏；尝试独立随音乐做上述两种动作，进一步感受 A、B 两段音乐的起止和节奏；模仿教师在 B 段音乐部分，将拍手的动作改成两人结伴对拍手，其他不变；再模仿教师在 B 段音乐部分将两人结伴对拍手改成一人用自己的双手假装成鼓面，给另一人拍（教师示范并启发鼓励学前儿童做出姿态不同的鼓的造型），其他不变。《打鼓对舞》曲谱如下所示：

打鼓对舞

（外国民间舞曲）

1=C 2/4

佚名 曲

```
3 4  5  | 2 2  1 | 2 3  4 | 3 2  1 | 3 4  5 | 2 2  1 | 2 3  4 | 3 2  1 |

1   1  | 4   3 | 2 2  1 | 2 3 1 | 1   1 | 4   3 | 2 2  1 | 2 3 1 |
```

（三）在结束处插入的游戏

也有游戏化律动教学是在活动快结束时才进入韵律游戏，教学前面部分都是熟悉与律动有关的故事或歌曲等，在熟悉了律动的背景知识后，学前儿童的情绪也都被调动起来了，最后的完整律动游戏将是活动的高潮。以大班律动游戏"司马光砸缸"为例，学前儿童看图片听教师讲述"司马光砸缸"的故事；模仿教师跟随音乐做简单的故事表演动作；

初步熟悉音乐的引子和歌曲的曲调以及三段歌词的内容；在教师引导下，创编或直接通过模仿学习将第一、二段歌曲的简单故事表演动作提升成为单圈上的圆圈集体舞；在教师指导下，将第三段歌曲的简单故事表演改为单圈上向相反方向跑的争先占位游戏，抢先占位者可以获得在下一次游戏中扮演司马光的机会。

（四）贯穿始终的游戏

有些游戏化的律动教学活动整体上就是以学会玩某个律动游戏为目的，律动的内容贯穿始终，特别是一些新授律动教学。以大班亲子律动游戏"喜羊羊与灰太狼"为例，学前儿童模仿教师双手随乐表演喜羊羊，初步熟悉音乐；模仿教师双手随乐表演灰太狼，初步熟悉音乐；模仿教师与家长两两结伴，一人扮喜羊羊，一人扮灰太狼随乐合作游戏，进一步熟悉音乐；模仿教师与家长两两结伴，每人一只手扮喜羊羊，另有一人扮灰太狼，随乐合作游戏（呈坐姿，只运动上肢）；每人一只手扮喜羊羊，另有一人扮灰太狼，围坐成一个单圈，每人同时与自己左右的人随乐合作游戏；某家长或幼儿单独扮演灰太狼，其他幼儿与家长两两结伴扮演羊，狼在前面走，羊在后面跟，狼回头看时，家长做保护孩子状，所有羊做静止造型（类似"木头人"游戏）。

第三节　学前儿童音乐欣赏活动的设计与指导

学前儿童的音乐欣赏，是指学前儿童通过聆听音乐对作品进行感受、理解和初步鉴赏的一种审美活动，是怀着欣喜之情反复聆听音乐的活动。音乐表现手段的节拍、节奏、速度、力度、音色等展现出了音乐作品丰富的情感魅力，使学前儿童能够从中获得多种多样的情绪体验和对美的感受，也是对学前儿童进行音乐教育的重要手段。音乐欣赏在开阔学前儿童音乐视野，丰富学前儿童音乐经验，发展学前儿童想象、记忆和思维能力的同时，也能培养学前儿童听觉的敏感性和良好的倾听习惯，以及对音乐稳定而持久的兴趣和初步的审美能力，最大程度地挖掘学前儿童的主动性、创造性及蕴藏的巨大潜能，促进其独立人格和个性的和谐发展。

一、学前儿童音乐欣赏能力的发展特点

音乐形象是通过各种音乐表现手段塑造出来的。音乐形象存在着不确定性和多义性，不同的听众，由于其文化素养、情绪和爱好的差异，对同一音乐形象的感受常常有所不同，但对于乐曲情绪的体验是基本相同的。学前儿童由于年龄的不同、生理心理的差异等，其音乐欣赏能力也各有特点。

（一）小班

小班学前儿童已经从周围生活环境中获得了较多的聆听体验和习惯，有较高的欣赏积

极性，音乐能够引起他们情绪上的共鸣。

小班学前儿童已经能够理解简单的、形象鲜明生动的乐曲，能很快识别如熊走、兔跳、鸟飞等动物活动的乐曲，也已经能够区别音乐作品的性质，且以动作表达对音乐感受的能力强于用语言表达的能力。例如，听到优美宁静的摇篮曲会自然地晃动身体，听到坚定有力的进行曲时，则会不由自主地踏步、跺脚。

该阶段学前儿童的音乐理解能力有限，对作品的性质等不易理解，往往只注意一些特征性因素，如模拟音色，但音乐记忆力正逐步形成。到了小班末期，学前儿童能借助想象、联想来理解性质鲜明的音乐情绪，并产生共鸣。在小班学前儿童音乐欣赏活动中，只需要求他们掌握音乐作品的基本性质和主要内容，引导他们通过动作表达对音乐的理解，有时可配以适当的直观教具帮助他们感受音乐。

（二）中班

4—5岁学前儿童听辨音的分化能力有所提高，逐渐能辨别音的细微变化，一般能欣赏内容较为广泛、性质风格多样的音乐作品，对不同体裁、性质、风格的乐曲的分辨能力有很大发展。

在对音乐的速度、力度、节奏、结构的把握上，中班学前儿童能够通过教师专门组织的音乐活动，初步感受到乐曲的结构，听出乐段、乐句之间的重复及乐曲在情绪性质上的明显差异；能基本理解音乐所表达的情绪和情感，并由此产生一定的想象和联想；能够借助于歌词及已有的生活经验、音乐经验基本理解音乐所表达的音乐形象。另外，他们在欣赏过程中的创造性表现能力也在不断提高。

总之，中班学前儿童已经有了初步的音乐概念，能够欣赏内容较为广泛、风格较为多样的音乐作品，能较快地寻找到音乐形象，能区别其中明显的力度和速度变化及不同的表情作用，但无法感知力度和速度的细微变化。系统的、科学的音乐欣赏活动可以使他们感知简单的曲式，发展他们对音乐的感受力、想象力、理解力和创造力。

（三）大班

大班学前儿童对音乐的感受和理解能力有了更大的提高。他们的听觉分化能力更加精细、听辨能力更强，能够感知音乐作品中的细节部分；而且能感受、辨别较为复杂的器乐曲结构、音色及情绪风格上的细微差别。

大班学前儿童用语言表达音乐感受的能力有所增强，能结合自己的想象和联想，用较完整的语言或一定的故事情节来描述音乐；对纯器乐曲的理解能力进一步增强，能在辨别和理解音乐作品速度、力度、音色、节奏等表现手段的变化过程中进行大胆的联想和想象。

大班学前儿童的创造性表现不仅体现在创造性表现的意识更积极主动，而且体现在创造性表现的形式更丰富多彩。他们的创造性表现形式主要有身体动作、嗓音表达、语言描述、图片再现等。大班学前儿童的音乐记忆力和审美能力有所发展，会表现出自己对某类音乐作品的爱好。

二、学前儿童音乐欣赏活动的教育内容

（一）倾听周围环境中的音响

倾听声音、培养听觉的敏感性是学前儿童欣赏音乐的前提和基础。

音乐是由声音构成的一门听觉艺术，人们要用听觉才能感知它。音乐听觉能力贯穿于一切音乐活动之中，是形成各种音乐能力的前提条件。要训练学前儿童的良好听觉，就应该特别注意对学前儿童倾听能力的培养。"倾听"与一般的"听"有所不同，倾听是一种有意识的、带有注意力的"留神听"，它不仅需要注意力的集中，有时候还需要有感情的参与。音乐的声音是在时间过程中流动的，如果不注意倾听，往往容易使音乐白白流失而在听觉上无所收益。

"音乐源于生活。"音乐的种种表现手段在现实生活中都有着客观的依据。在我们周围的环境中，无论是自然界还是现实生活中，都充满着各种音响，倾听能力的培养有许多途径，完全可以纳入日常活动计划之中。比如，可以和学前儿童一起听和讨论各种声音，如呼啸的北风、潺潺的小溪、滴答的小雨、轻舞的雪花等声音。引导学前儿童聆听生活中的声音，以生活化的方式激发学前儿童对音乐欣赏的兴趣，奠定其欣赏能力发展的基础。

倾听周围环境中的音响主要包括倾听人体的声音、日常用具的声音和其他周围环境的声音等。

在整个聆听游戏的活动过程中，当学前儿童对某一个聆听游戏厌倦了，表现出不耐烦的情绪时，教师要做的不是责备他们，而是及时改变游戏活动的内容和方式。学前儿童只有熟悉了现实世界中他们所感受过的、听到过的各种音响，才能够体会音乐是怎样通过对现实世界中各种音响的模拟和反映来表现这个现实世界的。

（二）欣赏音乐作品

优秀的中外学前儿童歌曲，如《嘀哩嘀哩》《摇篮曲》《铃儿响叮当》等，歌词形象具体，学前儿童可以借助歌词理解和记忆音乐。钢琴教材及其他器乐教材中，有一些旋律优美、体量短小，但音乐形象鲜明、有典型特点的小曲子，如《扑蝴蝶》《小鸟的歌》等。还有一些专门为学前儿童创作的音乐童话片段，用不同的乐器表现不同的角色形象，并随着丰富的乐队音响展开故事情节，如《龟兔赛跑》《彼得与狼》等。学前儿童可以在欣赏音乐的过程中，丰富自己的想象力。学前儿童可以借助情节和角色，分辨各种乐器的音色和音乐的表现手法，进而感受音乐，如中外著名音乐作品或其中的片段，具体有《动物狂欢节》《四小天鹅》等。也可以直接让学前儿童欣赏大型无标题的器乐作品。

（三）掌握音乐欣赏的简单技能

还应该让学前儿童了解音乐作品的名称、主要内容和常见表演形式，听出并理解作品的主要情绪、内容、形象及主要结构；认识常见的乐器，分辨常见人声和乐器的音色；根据音乐作品展开想象、联想，运用一定的媒介表达对音乐的感受。

三、学前儿童音乐欣赏活动材料的选择

音乐欣赏活动的材料包括音乐作品和辅助材料。因此，在为学前儿童选择音乐欣赏的材料时，也要分别从这两个方面来考虑。

（一）音乐作品

音乐作品必须具有较高的思想性和艺术水平，有较好的演唱演奏质量。音乐作品有声乐曲、器乐曲类别上的不同，又有题材、体裁、内容、形式、风格特点的不同。虽然欣赏教材可以不受学前儿童演唱、演奏和动作表达能力的局限，选材的范围可以广泛些，但仍需要考虑学前儿童的年龄特点、接受能力。

在为学前儿童的音乐欣赏活动选择音乐作品时，既要考虑作品的内容、形式、风格是否丰富多彩，比例结构是否合理，也要考虑学前儿童感知理解音乐的实际能力水平。在一般情况下，小班的音乐欣赏材料以歌曲为主，歌曲的内容生动，有情节、有角色，艺术形象特点鲜明，反映的生活是小班学前儿童能够理解的。刚入园的学前儿童都很喜欢听描写小动物的歌曲，歌曲里面会模仿小动物的叫声，音乐形象鲜明。小班学前儿童欣赏的器乐曲要形象单一、鲜明，有标题，富有描写性。

中、大班的音乐欣赏材料，如果选择的是歌曲，则歌曲的内容、性质、表现形式要比小班更多样化，也可以选用一些少儿歌曲和叙事歌曲作为欣赏材料。中、大班学前儿童欣赏的器乐曲要求比较宽泛，但在选择材料时，需要着重考虑的是结构单纯、工整，长度适中。例如，大量中外著名音乐作品以及一些音乐童话，在被选为学前儿童的欣赏材料之后，需要再进行一定的节选或改编工作，以使这些材料能够接近学前儿童的接受能力。如聂耳的《金蛇狂舞》，原作品的结构是"引子—A—B—A—B—A"，将其中的重复部分删去，就构成了"引子—A—B—A"的新结构。作品经压缩以后，结构变得单纯而清晰，长度也变得较为适中，也就更容易为学前儿童所接受了。

在为学前儿童选择音乐欣赏材料时，还应注意从总体上考虑材料的多样性和丰富性。从内容出发，应广泛包含反映社会、自然及学前儿童生活和内心世界的作品；从表演形式出发，应广泛包含各种形式的歌曲和各种不同的器乐曲；从材料的文化历史代表性出发，应广泛包含不同时代的中外优秀作品。

（二）辅助材料

在音乐欣赏过程中，学前儿童往往需要借助一定的辅助手段，如视觉、运动觉、语言

知觉等的协同活动，来丰富和加强听觉感受。所以，在学前儿童音乐欣赏活动中提供辅助材料，是一种自然的、必要的手段。辅助材料一般有动作材料、语言材料、视觉材料三种。

1. 动作材料

通过做动作的方式参与到音乐中去，这是学前儿童感知、理解和表现音乐最自然、最重要的途径之一。它与韵律活动不一样，它更侧重于反映音乐的性质，即动作与音乐在节奏、旋律、结构、内容、情感等方面的一致性。应经常让学前儿童有机会自己独立地选择动作，独立地对音乐做出反应。因此，在为音乐欣赏活动选材时，有时只需选择动作反应的性质，不需确定具体动作，如欣赏一首优美的抒情音乐，只需确定学前儿童所做动作的性质应是柔软、连贯、绵长、自由的即可。

2. 语言材料

语言材料特指含有艺术形象的有声文学材料，如故事、散文、诗歌、民谣等。在选择语言材料时，首要考虑是要从音乐出发，与音乐欣赏的要求相一致。不仅要求文学作品本身的结构、内容、情感和形象与音乐相一致，同时要求讲述或朗诵文学作品时，语言的音调、节奏、力度、音色、风格等因素与音乐相一致。另外，选择的语言材料必须语言优美、文学性强，能为学前儿童所熟悉、理解和喜欢。在音乐欣赏活动中，应经常让学前儿童有机会自己独立地选择语言，独立地对音乐做出反应。

3. 视觉材料

视觉材料是指形象具体地反映音乐形象、内容、结构及节奏特点的可视材料。这些材料既可在时空中静止又可在时空中流动，它们在线条、构图、造型、色彩、形象等方面必须与音乐的性质相吻合。若能运用现代教育技术手段，如多媒体课件等作为辅助，则更有利于学前儿童感受和欣赏音乐。在音乐欣赏活动中，有时可以让学前儿童自己独立地创作视觉艺术作品，以此来表达他们对音乐的感受。

四、学前儿童音乐欣赏能力的培养

（一）学前儿童音乐感受能力的培养

音乐感受能力包括音乐的听辨能力、记忆能力和形象思维能力，是在听、唱、奏等音乐实践中得到发展的，它反映了一个人从审美情感的角度和理性的角度去理解感受音乐的程度。学前儿童在音乐欣赏过程中是注意聆听音乐并且有鲜明的情绪反应，还是听而不闻、无动于衷，这是判断学前儿童音乐感受能力高低的一个重要标准。因为大多数有音乐感受能力的学前儿童，都会积极主动地去聆听音乐，并且有明显的与音乐内容相关的情绪反应。

1. 培养对音乐表现手段的感受能力

学前儿童在欣赏音乐时，对形象性强的音乐作品，常常会产生直接的情绪反应，但这种感受往往比较笼统。教师在指导学前儿童欣赏时，既要引导他们对音乐作品的整体有情绪反应，也要引导他们感受音乐中所采用的种种表现手段，并且使他们知道这些表现手段与情感表达之间的密切关系。音乐的表现手段一般有力度、节奏、速度、旋律、音色、结构形式等。对音乐表现手段感受能力的培养应贯穿于学前儿童的全部音乐活动之中，还可以有计划地组织学前儿童参与感兴趣的活动，以侧重于对某种表现手段的认识与感受。

2. 培养对常见的音乐演唱的了解、演奏形式的了解，感受其艺术表现特点

音乐是需要表演的艺术，作曲家将创作的音乐作品写在乐谱上，音乐形象还不算完成，必须由表演艺术家通过一定的表演形式，把写在乐谱上的音乐作品转化为生动的音响艺术，才能把音乐的思想感情传达给听众。引导学前儿童在听音乐的过程中了解独唱、独奏、重唱、重奏、合唱、合奏等常见的音乐表演形式，启发他们感知其中的音响特点，欣赏其中所体现的艺术表现力，是发展音乐感受能力的重要方面。

3. 培养听辨人声和乐器音色的听觉感受能力

人们歌唱的音色和乐器的音色丰富了音乐的艺术表现力。歌唱的声音类型有男声、女声、童声之分，从音域来看又有高音、中音、低音之区别。由于每个人发声器官的构造和发声方法不同，所以每个人的歌声各具特色，对于熟悉的人，听其声就可知其人。各种乐器因其构造、发声动力、共鸣腔体的不同而形成乐器音色的不同特点。音乐作品中常常用某种乐器演奏某一音乐主题，描写某一事物、人物、角色。各种乐器的音色不同，具有不同的、丰富的艺术表现力，给人以多方面的艺术享受。为了让学前儿童能够辨别乐器的音色，感受其艺术表现力，可以分别让学前儿童欣赏不同乐器演奏的乐曲，引导学前儿童感受作品的基本情绪，听辨乐曲音色的特点，尝试感受乐曲的艺术美。

（二）学前儿童音乐审美能力、创造力、想象力的培养

1. 选择最好的音乐作品

研究证明，学前儿童不仅喜欢自己能够理解的有歌词的歌曲作品，而且也喜欢不带歌词的器乐作品。许多世界著名作品已经应用于学前儿童音乐教育中，并取得了良好的效果。所以如果条件允许，教师应该尽力为学前儿童选择公认的优秀的音乐作品，让学前儿童直接与音乐大师对话，使学前儿童尽早开始发展对优秀音乐作品的敏感性。比如，可以让学前儿童欣赏一些优秀的大型无标题交响乐，让学前儿童用自己的方式和情感经验去理解音乐并自由地、充分地表达自己对音乐的理解。教师不应把自己的观点灌输给学前儿童，更不应要求他们按教师的观点去理解音乐，学前儿童对音乐作品往往有他们自己的理解。心理学家吉尔福（Guilford）在分析创新能力时，有一个维度是"独特性"，即个体产生新思想的能力。学前儿童的想象说明了他们在参与、在创新，教师不应用标准的、僵化的术语去束缚他们的想象力和创造力。

2. 让学前儿童有机会利用更多的感知觉通道进行对音乐的感知

人在认识一个具体事物的过程中，开放的感知觉通道越多，对该事物的认识就会越全

面、越丰富、越深刻，音乐认识也不例外。所以教师在音乐欣赏活动中，不仅要让学前儿童有听觉的参与，也要让学前儿童有视觉、运动觉、触觉甚至味觉的参与。同时还要让学前儿童有更多的机会表现音乐，让学前儿童在伴随音乐进行的表演过程中直接体验、感知音乐。

3. 启发学前儿童用多种形式表达对音乐的理解

心理学告诉我们，人的感受性和表达性活动经常是整体性的，相互不能分割的。人在运用不同的符号体系来表达对音乐的感知结果时，实际上已经是在表达更深一步的感知了。因而在学前儿童音乐欣赏活动中，教师可以启发学前儿童用语言、肢体动作、面部表情、美术作品表达对音乐的理解。

五、学前儿童音乐欣赏活动的设计与组织

（一）设计与组织音乐欣赏活动应注意的问题

学前儿童年龄尚小，缺乏对音乐的实践体验，需要依靠各种外部可见的音乐操作活动来感知和理解音乐，这也是最自然、最重要的方式。因此，教师在设计活动过程时，可以将欣赏活动设计成一连串游戏，当成串的游戏完成之后，学前儿童也自然地掌握了所欣赏的作品。音乐欣赏活动的过程，就是学前儿童应用已有的经验和各种感官，感受和表现音乐形象、内容的过程。

学前儿童参与音乐欣赏活动，是运用已有的经验体验音乐的过程，所以注意积累学前儿童的非音乐活动经验是十分必要的。围绕音乐欣赏内容，为了丰富学前儿童有关的生活经验，教师可以在日常活动和其他教育环节中，丰富学前儿童的有关知识和印象，从而帮助学前儿童在欣赏音乐时能够引发与音乐作品内容相关的联想和想象，深入、完整地感受音乐作品的内容和情感。

学前儿童的学习应该是主动的建构学习，而不是被动的机械学习。学前教育的基本原则是使学前儿童身心获得主动、全面、和谐的发展，因此教师在音乐欣赏活动中既要考虑到游戏性、活动性，又要注重活动的有效性。教师要在活动的指导策略上下功夫，多方创造条件，充分调动学前儿童学习的主动性与自觉性，把学习的主动权交给学前儿童。音乐欣赏活动的目的不是让学前儿童创作作品，而是让学前儿童能通过音乐作品把握形式所蕴含的意味，让学前儿童能用整个心灵去感受音乐的美。教师在音乐欣赏教育中，要让学前儿童能在聆听音乐的同时大胆想象、主动创造，让学前儿童充分表达自己对音乐的理解。教师不能把自己的观点强加给学前儿童，更不能要求他们必须按教师的观点理解音乐。

引导学前儿童自主创编动作和游戏。用动作或语言来表达是学前儿童欣赏音乐作品时最自然的情感流露方式。学前儿童会根据自己的生活经验创编出各种动作，教师可以让学前儿童边听音乐边表演自己创编的角色动作，并进行自主游戏。教师还可以让学前儿童根据自己对作品的理解，自由创编游戏情节，激发他们聆听音乐的兴趣，提高其创造力与想

象力。

鼓励学前儿童积极参与环境创设。在学前儿童音乐欣赏活动中，既要发挥教师的主导作用，又要发挥学前儿童的主体性作用，使学前儿童真正成为学习的主人。在音乐欣赏过程中，可以把布置游戏场地与制作道具的机会提供给学前儿童，让他们参与到设计者的行列中来，成为主动的学习者。教师让学前儿童先布置环境，然后再做游戏，这一过程可以让学前儿童有更多的机会发表自己独特的见解，培养他们的自信心与创造力。

总之，教师在设计和指导音乐欣赏活动时要注意以学前儿童为活动的主体，采用学前儿童喜爱的活动方式——表演和游戏，变单纯的"听音乐"为"操作音乐"，将音乐欣赏活动游戏化，帮助学前儿童打开尽可能多的感知通道，同时要尊重学前儿童的艺术表现。

（二）设计与组织音乐欣赏活动的一般过程

1. 分析教材

教师在组织学前儿童音乐欣赏活动之前，首先要对欣赏的音乐作品进行深入分析。在充分聆听音乐音响的前提下，分析教材所表现的内容、情绪情感及音乐的基本表现手段，如旋律的进行形态、节奏节拍、曲式结构、力度速度、乐器音色特点等。还要根据本班学前儿童的实际发展水平和以往的音乐欣赏经验，分析教材的难点和重点，即作为新的教材，作品在哪些方面是学前儿童感知理解比较困难的，哪些方面又是学前儿童必须通过倾听去理解和掌握的。

2. 教学准备

在学前儿童音乐欣赏活动前，教师要为本次活动做好充分的准备，如活动中需要的音乐及音乐播放设备等，并要在事先检查好。教学辅助用具如图片、实物、玩具、教具等也应该在事先准备妥当，放在易于取放的地方，不用时用布盖上，以免分散学前儿童的注意力。

3. 初步欣赏

介绍作品。使学前儿童获得一个初步的、完整的印象，了解音乐作品的主要内容及情绪性质，引起学前儿童对音乐作品的兴趣。

引导性谈话。教师通过讲解、说明和提示等语言的引导，有效地集中学前儿童的注意力，使他们在欣赏前做好一定的心理准备，把学前儿童的思想感情引向与作品内容相一致的方向，以便引起学前儿童有关的联想及想象。引导性谈话的形式、方法灵活多样，教师要根据音乐作品的内容和形式特点，根据学前儿童的年龄特点、接收能力及已有的音乐欣赏经验来组织，要尽量避免与音乐作品内容无关的或者会引起对音乐作品误解的介绍。

运用直观教具帮助学前儿童理解和感受作品内容。学前儿童的思维具有直观行动性和具体形象性的特点，运用直观教具可以帮助学前儿童更好地理解和感受作品的内容。

利用动画片。学前儿童非常喜爱动画片，有很多动画片的音乐适合学前儿童欣赏。动画片的故事情节及画面能帮助学前儿童较好地感受音乐所表达的内容。

教师演示。有些音乐作品反映了某种游戏活动，教师可以随着音乐的伴奏演示这种活动，帮助学前儿童较快地掌握音乐作品的内容及情绪特点。

总之，初次让学前儿童欣赏音乐时，各种教学手段的运用应该有明确的目的。要紧紧围绕乐曲主题，语言要简洁、生动、切题而富有启发效果，既要能引起学前儿童相关的联想及想象，又不限制学前儿童一定要想什么。引导性的介绍，以及玩具、教具、实物、图片等的运用，应该避免分散学前儿童对音乐作品本身的注意力。

4. 重复深入欣赏

学前儿童不仅要掌握音乐作品的主要内容和情绪性质，还应感受和理解音乐作品的表现手段，较为完整、全面地感知音乐作品，并能记忆和识别音乐作品的主要音调。重复深入欣赏常用的教学方法如下。

在重复欣赏音乐之前，对学前儿童提出具体的欣赏要求，如请他们感知音乐速度和力度的变化，感知乐曲结构上的重复与变化等。利用学前儿童生活中一切可以利用的因素及学前儿童已有的知识、生活经验等来帮助他们感受和理解音乐的表现手段。

进行对比和归类，有意识地让学前儿童进行对比，使学前儿童对不同的音乐性质产生较深的印象，帮助学前儿童区别音乐的不同情绪、性质。用对比分析的方法帮助学前儿童欣赏音乐，引导他们对相同体裁、风格的乐曲进行归类，以达到从对个别乐曲的感性认识，提高到对某一类型乐曲的理性的、概念上的认识。

引导学前儿童用动作来表达对音乐的感受。对于形象比较鲜明、节奏性较强的乐曲，教师可以教学前儿童做一些与音乐情绪一致的动作，帮助学前儿童体验音乐的不同特点。而有些乐曲，教师不必告诉学前儿童做什么动作，也不必要求动作严格合拍，可以让他们自己创造性地表演，只要求在情绪上与音乐一致，同样也能看出学前儿童是否理解了音乐。在运用这种教学方法时，教师应该注意使学前儿童的动作不影响音乐欣赏。

引导学前儿童注意音乐的主要部分及整体，而不是只注意音乐中的模拟因素。学前儿童一般比较容易注意作品中的模拟因素，如小鸟的叫声、火车的隆隆声、吹号声等。但仅仅让学前儿童注意这些是不够的，教师要利用学前儿童对这些模拟因素的兴趣，引导他们感受音乐作品中各种表现手段的丰富的表现作用。

总之，在学前儿童欣赏音乐作品的这一阶段要让学前儿童多听、反复听，使学前儿童能够完整地、全面地感知作品，并且不仅要感知音乐作品的概貌，而且要感受音乐作品的各个细节，深化审美效果。

5. 检验音乐欣赏效果

对于已经欣赏过的作品，可以经过一段时间以后再给学前儿童欣赏，一方面是为了复习，以巩固和加深他们对音乐作品的印象，另一方面是为了检验音乐欣赏的效果，包括检查学前儿童对作品的记忆力、对作品内容及音乐表现手段的感受和理解能力、对音乐作品抱有的态度（喜欢还是不喜欢、有什么评价等）。检验音乐欣赏效果可以采用以下几种方法。

不告诉学前儿童音乐作品名称，让学前儿童欣赏已经听熟的作品，观察学前儿童的反应。学前儿童对欣赏的乐曲感兴趣，能感受和理解，往往表现在他们能聚精会神地把音乐听完，也表现在他们的面部表情、身体的姿势及手和脚的动作上，还有他们情不自禁地说出的某些语句上。教师可以观察学前儿童的种种表现，从而了解学前儿童欣赏作品的情况。

欣赏熟悉的音乐作品，检查学前儿童能否说出音乐作品的名称、内容及最突出的表现手段。不要求学前儿童用音乐术语，只要他们用自己的语言和方式来表达对音乐的体验和感受即可。

重复欣赏熟悉的音乐作品的片段，让学前儿童辨认是哪部作品的哪一部分，说出表达什么内容或情绪。欣赏不带歌词的歌曲旋律，让学前儿童辨认是什么歌曲，说出歌曲名称。让学前儿童用动作辨认他们熟悉的音乐，检验音乐欣赏的效果。可以让中、大班学前儿童欣赏体裁、风格类似，但未曾听过的新作品，以检查学前儿童是否具有欣赏音乐的迁移能力。

例如，《迷路的小花鸭》小班音乐欣赏活动教学步骤如下：

首先，进行语言节奏练习。学前儿童念着"真呀真可怜""真呀真高兴""把它送回家""笑呀笑哈哈"，接着做发声练习。启发学前儿童观察教师快慢不同的动作，用相应的动作和感情表现出来。曲谱如下所示：

迷路的小花鸭

1=C 2/4　　　　　　　　　　　　　　　　　　　　　佚名 词曲

1	2	3	4	5	—	5	4	3	2
(教师)小	鸭	迷	路	了，(学前儿童)真		呀	真	可	
我	们	怎	么	办？		把	它	送	回

1	—	1 2	3 4	5	—	5 4	3 2	1	—
怜。		(教师)小鸭	回到	家，(学前儿童)真呀		真高	兴。		
家。		小鸭	见妈 妈，	笑呀		笑哈	哈。		

之后复习歌曲《快乐的小鸭子》。先让学前儿童听前奏回忆名称，再唱一遍；最后边唱边跳，启发学前儿童做出小鸭子快乐的动作和表情。

接着欣赏《迷路的小花鸭》。先听录音：（嘎嘎——，哭声）"谁在哭？"（小鸭子）"小鸭子为什么哭？"让学前儿童感受音乐的情绪。这时教师可以有表情地清唱。"听听歌曲，想想小鸭子为什么在哭？"（小鸭子迷路了）教师告诉歌曲的名称《迷路的小花鸭》，解释"迷路"的意思：就是不知道回家的路，找不到家了。"听听《迷路的小花鸭》这首歌，心情觉得怎么样？和前面唱《快乐的小鸭子》时心情有什么不一样？""《快乐的小鸭子》是怎么唱的？"（唱得很快，跳跃地）"心里觉得怎么样？"（心里很高兴，快乐地）"《迷路的小花鸭》是怎么唱的？"（唱得很慢，声音软软的，连起来唱）"心里觉得怎么样？"（心里很难过，很伤心）教师边表演边唱。教师发问："听完《迷路的小花鸭》这首歌，为什么觉得心里很难过？"学前儿童讨论后教师小结："这段音乐听起来很伤心，小花鸭找不到妈妈很难过。"让学前儿童感受歌曲的主要内容，体验离开亲人独自一人的悲伤心情。

然后，教师边演示贴纸活动图片边问："小鸭子在哪儿迷路的？迷路后它怎么样了？"学前儿童泛讲后教师用歌词唱出，并向学前儿童讲述故事。教师有感情地讲述故事："有一天，小花鸭在池塘边的柳树下玩呀玩，它迷路了，找不到家也找不到妈妈了。它哭了，到处喊妈妈。"教师有表情地演唱歌曲。

最后，教师边唱边表演，启发学前儿童随意跟唱。学前儿童参与表演，激发出关心迷路的小花鸭的情感。"小花鸭找不到妈妈怎么办？我们快帮帮小花鸭找妈妈吧！"教师引导学前儿童多次练习帮小花鸭向四周大声叫妈妈："妈妈，妈妈——你在哪里？"教师一边出示以玩偶制成的小花鸭，一边帮小花鸭叫："妈妈，妈妈——你在哪里？我想你呀！""小朋友，小花鸭迷路了，我们怎么帮它？"（把它送回家）"我们快点把它送回家吧！"教师抱起小花鸭边唱第二段边带领学前儿童把小花鸭送回家。另一位教师扮演鸭妈妈接过小花鸭："谢谢你们，把我的宝宝送回家。"学前儿童说："不用谢，鸭妈妈再见！"活动结束时在《快乐的小鸭子》的音乐伴奏下，学前儿童边唱边带着快乐的表情做着快乐的动作走出教室。

第四节　学前儿童打击乐活动的设计与指导

人们在敲敲打打的过程中，发展出各式各样的打击乐器。打击乐教学是学前儿童音乐教育活动的重要组成部分，既能激发学前儿童对音乐的兴趣，帮助学前儿童初步掌握打击乐器演奏的一般知识和技能，发展节奏感，又能发展学前儿童对音色、曲式结构、多声部组合表现力的敏感性，是大部分学前儿童比较喜欢的活动之一。

一、学前儿童打击乐器演奏能力的具体内容

打击乐器演奏能力主要包括操作乐器的能力、随乐能力、协调合作能力及创造性表现四个方面。理想的音乐教育能够全面地促进这些方面的发展。

打击乐器教学是学前儿童音乐教育的一个重要的组成部分。在学前儿童音乐教育活动中，教师可以利用打击乐器，或与学前儿童一起拍掌拍肩、唱节奏有效地刺激学前儿童的视觉、听觉，来激发学前儿童的学习兴趣，挖掘学前儿童内在的节奏感，提高学前儿童演奏打击乐器的能力，让学前儿童逐步学会舒适有效的、有表现力的演奏。打击乐教学可以培养学前儿童学习音乐的兴趣，提高学前儿童的乐感，满足他们的需要，并能培养他们的主动性，帮助他们发展节奏感，培养他们的合作意识、创造意识及与音乐交流、与他人交

流的能力。

打击乐器是人类最早掌握的乐器之一，在演奏时主要使用大肌肉，因此是学前儿童比较容易掌握的。学前儿童演奏打击乐器的能力包括以下几个方面。

（一）操作能力

乐器的操作能力主要是指运用乐器奏出特定音响的能力。对于 3 岁之前的学前儿童来说，操作乐器是他们以身体创造声音的一种自然而有趣的方式。这一年龄阶段的学前儿童已经表现出对打击乐活动的极大兴趣。这种兴趣来源于对发出声响的玩具的好奇和探索，他们渴望弄响它，并以此获得满足。逐渐地，学前儿童对声音探索的范围不断扩大，主动性也更强，能够自发地去敲击盒子、杯子等能发声的物品，以此来探索声音的高低、强弱、长短、音色。

人们根据 3—4 岁学前儿童主要运用大肌肉动作来演奏打击乐器的特点设计了一些打击乐器，如铃鼓、串铃、哑铃等。在这些乐器中，3—4 岁学前儿童最容易掌握铃鼓和串铃的演奏方法。不仅仅是因为这些乐器便于模仿，还在于这些乐器可以促使 3—4 岁学前儿童去探索同一乐器的不同演奏方法，使得奏出的音乐音量适度，音色较美。

4—6 岁学前儿童接受简单的打击乐器教育，能够熟悉更多种类的打击乐器，掌握多种打击乐器的演奏方法，并逐步使用小肌肉动作来演奏乐器。4—6 岁学前儿童能够而且喜欢用多种方式探索同一种乐器的不同演奏方法，在控制、调整用力方式和用力强度，以及奏出所需要的音量和音色方面，中、大班学前儿童也会更有意识，而且做得更好。

（二）随乐能力

随乐能力是指在演奏打击乐器的过程中使奏出的音响与音乐协调一致的能力。这里的协调一致是指在奏乐活动中按照音乐的节拍、旋律、速度等要求，熟练地运用打击乐器演奏，并与音乐的变化协调一致。3 岁左右的学前儿童在刚开始接受简单的随乐训练时，他们的随乐意识和随乐能力都很差，大多数学前儿童会出现不听音乐只顾玩弄手中乐器而忘记演奏要求的现象，很少一部分学前儿童能够基本合拍地随音乐演奏。5—6 岁的学前儿童由于在幼儿园期间接受过一些简单的训练，演奏打击乐器时的随乐能力会有比较明显的提高。在这一阶段，学前儿童不但能够自如地运用简单的节奏跟随音乐合奏，还会更加自觉地注意聆听音乐，并努力使自己的演奏能够与音乐的速度、力度变化相一致，且能够学会随着节奏较复杂的音乐演奏乐器；甚至在这一阶段的末期，还能学会看指挥手势的即兴变化随乐演奏。

（三）协调合作能力

乐器演奏活动中的协调合作主要是指在演奏过程中注意倾听自己、同伴、集体的演奏，并努力使每一个人、每一声部的演奏都能服从于整体音乐形象塑造的效果。构成乐器演奏的协调合作能力的基础主要是对各种音响关系（个人演奏音响、声部音响、整体音响）的倾听、判断、调节能力。

3—4 岁的学前儿童由于自控能力比较弱，在演奏的过程中要使奏出的音响与音乐协调一致是有困难的。但是，可以让他们看指挥的手势整齐地拿放乐器，通过同一种乐器的演奏，初步体会与别人同时开始同时结束的基本合作要求，不做与演奏无关的事情。

5—6 岁的学前儿童在打击乐演奏活动中的协调合作能力得到了很好的发展。他们不仅能够准确地演奏出自己的声部，在许多声部合奏活动中主动地关注整体音响效果，并努力保持整体音响的协调性，而且还能迅速理解各种指挥手势并积极准确地做出反应。教师在担任指挥时，要以明确的手势对演奏者做出指示，以面部表情和体态表情与演奏者进行积极的情感沟通，唤起全体参加者合作表现的热情。

（四）创造性表现

演奏打击乐器的创造性是指在进行打击乐器演奏的过程中运用节奏、音色、速度、力度的变化设计配器方案和进行演奏活动。进入幼儿园以后，在良好的教育影响下，尽管3—4岁学前儿童的演奏技能和随乐能力尚不完善，但是已表现出奏乐活动中初步的创造性。他们能够学会为熟悉的、性质鲜明的音乐形象选择比较合适的乐器和演奏方法。如为表现下大雨的音乐选择铃鼓的强奏，为表现下小雨的音乐选择串铃等。

在良好教育的影响下，5—6 岁学前儿童不仅能够自发积极地探索音乐，而且还能积极参与节奏型的选配；不仅能够为鲜明的音乐作品选择打击乐器，而且还能够学会用一些最基本的、简单的节奏型，用各种不同的音色配置方案来"装饰"这些节奏型。

事实上，在良好教育的影响下，学前儿童通过打击乐演奏活动，不仅能逐步产生对打击乐演奏活动比较稳定的热情，积累一定的打击乐作品、节奏、音色方面的语汇，而且也能初步掌握一些简单的、基本的运用打击乐器进行自我表现的知识。

二、学前儿童打击乐器演奏活动的教育内容

学前儿童打击乐器演奏活动的教育内容主要有打击乐作品、打击乐器演奏的简单知识技能、打击乐器记谱法、打击乐器演奏的常规。

（一）打击乐作品

学前儿童音乐教育活动中使用的打击乐作品一般可以分为两类：一类是纯粹的打击乐曲，即专门为打击乐器创作或仅由打击乐器来演奏的乐曲；另一类是特定的歌曲或器乐曲。目前学前儿童音乐教育中常见的打击乐作品为第二类。此类作品一般由两个部分组成：一个部分是歌曲或器乐曲；另一个部分是根据这首特定的歌曲或器乐曲专门创作的打击乐器演奏方案，即配器方案。这些配器方案有的是由专业音乐工作者创作的，有的是由教师创作的，也有的是学前儿童在教师的帮助下自己创作而成的。

（二）打击乐器演奏的简单知识技能

学前儿童可以学习的有关打击乐器演奏的简单知识技能主要包括乐器和乐器演奏、配器、指挥等方面。

1. 乐器和乐器演奏

学前儿童可以接触到的打击乐器主要有大鼓、铃鼓、圆弧响板、蛙鸣筒、沙球等，需要了解上述乐器的名称、形状、质地、音色特征及一般持握演奏方法等。由相同或相似材料制作的乐器，在音响、音色特点上具有很多共性，使用中可以相互替代。按照乐器的音响特点可分为强音乐器、弱音乐器、特色乐器、旋律乐器以及一些自制乐器。

2. 配器

在学前儿童的音乐学习中，"配器"主要是指教师引导组织学前儿童集体讨论，选择适当的节奏型及合适的乐器，并为学前儿童所熟悉的歌曲或乐曲设计伴奏的一种活动形式。与此有关的知识技能如下。

了解如何按乐器的音色给乐器分类。音色较明亮、柔和的通常分为一类，音色较干脆、坚实的通常分为一类，演奏时有一定的毛糙感、波动感的通常分为一类，带有音高的分为一类，音色沉着、厚实或音色较为尖锐、粗糙，带有撕裂感的通常单独使用。

选择配器方案。教师在选择配器方案时首先要考虑到学前儿童的实际能力，也就是说所选乐器及演奏方法必须是该年龄阶段的学前儿童所能掌握的，音乐节奏的变化频率及复杂程度也必须能够为该年龄阶段学前儿童所接受。所选择的音乐节奏要鲜明，结构要工整。所选择的配器方案要能够符合乐曲和旋律的风格特点，并需要注意配器方案的整体音响效果。

3. 指挥

学前儿童打击乐演奏活动中的"指挥"和"指挥演奏"内容的学习，对学前儿童的音乐成长和全面发展有着特殊的意义。这些意义与成人在专业音乐活动中的指挥意义有较大的不同。

在这种活动中，学前儿童学习的内容主要是如何与人沟通和与人合作，以及如何与人相互协调。因此，指挥者一般情况下可以不必学习专业性的起式、手势和划拍，而只需要学习如何自然地开始、结束、轮流、交替和击打出所要求的节奏型，必要时还可用相应乐器演奏方式的模仿动作作为指挥动作，知道如何用动作表示"准备""开始"和"结束"，并能使自己的动作清楚、明确，易于让被指挥者做出反应；知道如何用指挥动作表现节奏和音色的变化，并能使自己的动作与音乐协调一致；在声部转换之前，提前将自己的头部和目光转向下一个将要演奏的声部；在组织建立声音时，尽量使用手势和眼神。

（三）打击乐器记谱法

常用的打击乐器记谱法主要有图形记谱法、语言记谱法和动作记谱法三种。用图形、语言、动作符号记录设计的配器方案谱子比较直观，内容简单明了，因此目前被大多数的学前教育机构使用。

1. 图形记谱法

图形记谱法是用不同的图形来表示配器的记谱法，设计时可以使用几何图形、形象化图形或者其他图形、图片，需注意颜色的运用。如图7—1所示。

□——响板　　⊙——串铃、沙锤

图7—1　图形记谱法

2. 语言记谱法

语言记谱法主要是用语言表示配器的记谱法。所用的语言应该是能够激发学前儿童兴趣的、容易发声和记忆的词语或者句子。如图7—2所示。

喵——响板　　　　汪——串铃、沙锤

图7—2　语言记谱法

3. 动作记谱法

动作记谱法即通过使用不同动作来表示配器的记谱法。可以使用舞蹈动作、身体动作。在节奏较密集的节奏型上，应该安排简单的动作，这样学前儿童容易掌握。如图7—3所示。

拍手——响板　　　　拍腿——串铃、沙锤

图7—3　动作记谱法

（四）打击乐器演奏的常规

1. 活动开始和结束的常规

听音乐的信号，整齐地将乐器从座椅下面取出或放回。这些音乐信号可以由教师提出，也可以由教师和学前儿童共同商议而定。乐器拿出后，凡不演奏时须将乐器放在腿上，不发出声音，眼睛也不看乐器。开始演奏前，按指挥者的手势整齐地将乐器拿起，做好准备演奏的姿态。如看到指挥者双手向前伸出，手心向上就表示"拿起乐器做好演奏的准备"。演奏结束后，按指挥者的手势将乐器放回腿上。如看到指挥者两手手心朝下，缓缓地放下，就表示"演奏结束，将乐器放在腿上"。活动结束后，自己收拾乐器和整理场地。

2. 活动的常规

演奏时身体倾向指挥者，眼睛注视指挥者，积极地与指挥者交流，注意聆听音乐和他人的演奏，注意力要集中，不做与演奏无关的事情。交换乐器时，需先将原来使用的乐器放在座椅上（不要放在座椅下面），再迅速无声地找到新的座位，拿起新乐器，坐下后马上把新乐器放在腿上做好演奏准备。在交换过程中不与他人或场内的座椅相互碰撞，坐下时不使座椅发出声音或发生移动。

三、学前儿童打击乐活动的组织步骤和方法

学前儿童打击乐活动的组织步骤和方法如下。第一步，欣赏音乐。欣赏音乐主要是让学前儿童熟悉音乐要表达的主要内容和曲式结构特点，感受音乐的速度力度变化、节奏快慢的变化、音乐风格和情绪的变化。第二步，学习乐器的名称和使用方法。活动前学前儿童先观察乐器的外形特征，探索乐器如何发声、听辨乐器的声音特点之后，再由教师统一讲解各种打击乐器的使用方法。第三步，学习配器的简单知识。了解为乐曲配器的情况，如一首乐曲中共用了几种打击乐器，哪几种打击乐器在本首乐曲中起了支柱作用，分别演奏的是哪几种节奏型，在音乐中表现什么样的音乐形象；哪几种打击乐器在本首乐曲中起的只是辅助作用，如果没有这些起辅助作用的打击乐器会不会影响整首乐曲的实际演奏效果和音乐情绪等。第四步，空手练习。教师应该带领学前儿童以各种节奏动作（拍手、捻指等）练习各种乐器和各个声部的节奏型，帮助学前儿童尽快掌握各种节奏，待练习整齐之后再过渡到使用乐器阶段。需要注意的是，长时间空手练习会大大降低学前儿童学习的积极性、主动性，减少学前儿童在集体练习打击乐器过程中的乐趣，同时还会让学前儿童失去感受乐器不同音色、不同音响特点在合奏中会产生何种效果的机会。第五步，随音乐打击乐器。随音乐打击乐器主要可以从三个方面来练习。首先，可以分声部练习。即按照曲谱的各声部分组练习，掌握节奏后，再逐步逐次递增一个声部，直到各个声部都可以结合在一起练习。其次，可以分段练习。每首乐曲都是由不同的乐段构成的，可以让学前儿童分段掌握各个乐段的重点、难点节奏，一段一段地练习。最后，是整体练习。整体练习是在分声部练习和分段练习的基础上进行合奏。在合奏的过程中，学前儿童不仅要学会聆听自己的声部、别人的声部及整体的音响效果，还要让自己与整体配合协调。

打击乐最容易打动人心，能够亲自动手打击乐器，乐趣无穷。打击乐不仅是人类最早的音乐形式之一，也是最国际化、最便于沟通的音乐之一。学前教育工作者应充分利用这

一教育形式，提升学前儿童的音乐素质，培养学前儿童的音乐能力。

四、游戏化打击乐器演奏教学指导

学前儿童天生具有对外界物体探究的好奇心，会自由摆弄物体并研究不同的摆弄方式，如何制造出不同的声音等对他们具有强烈的吸引力。因此，能够占有和探究物体并弄出声响，对学前儿童来说本身就是一种有趣的游戏。当这些原始的奏乐冲动和律动游戏结合在一起时，就自然变成了奏乐游戏。

（一）从开始处进入的游戏

以大班奏乐游戏《切分音时钟》为例，可以由两名学前儿童配合完成游戏，也可以由一名学前儿童操作完成游戏，模仿教师一只手装作鳄鱼，一只手装作猴子，相互配合玩"猴子逗鳄鱼"的游戏。教师反复说"逮不着"时，猴子用食指快速在鳄鱼嘴里横向左右晃动；教师说"呜"时，鳄鱼咬猴子，猴子快速将食指抽出。也可实际使用三角铁或者其他的乐器玩上述游戏。曲谱如下所示：

切分音时钟

〔美〕安德森 曲

1 = D 2/4

```
 3
5 6 3 | 1  2 | 3  1 | 0 2  3 | 4  5 | 7  1 | 2  7 | 1·7 1 2 |

      3
3  5 6 7 | 1  2 | 3  1 | 0 2  3 | 4  - | 2  3 | 5  4 | 0 3  2 |

前 = 后
1  5·5 | 5  - | 5  5·5 | 5  - | 5  5·5 | 5  5 | 4  3 | 5  - |

5  3·3 | 3  - | 3  3·3 | 3  - | 3  3·3 | 3  3 | 2·1 2 3 | 2  5 |

（用原调）
      3
7  5 6 7 | 1  2 | 3  1 | 0 2  3 | 4  5 | 7  1 | 2  7 |

               3
1·7 1 2 | 3  5 6 7 | 1  2 | 3  1 | 0 2  3 | 4  - | 2  3 |

5  4 | 3  0 | 2  0 | 1 1 1 1 1 | 1 1 1 1 | 1  7 | 1 |
```

（二）从中间插入的游戏

以大班奏乐游戏外国民间舞曲《库乞乞》为例，学前儿童模仿教师用三种简单动作

（如拍腿、抖手腕、拍手）随乐感受和表现音乐的 A 段、过渡和 B 段三部分。

在教师鼓励和引导下，学前儿童将表现 A 段音乐的第一种动作（如拍腿）改成别的动作，其他不变（坐在座位上，个别学前儿童说出自己的创意，集体练习，重复 3—4 遍）。教师请所有学前儿童事先想好自己的动作，邀请到谁，谁就担当领袖，带领大家在音乐的 A 段部分做动作，其他不变（坐在座位上，音乐连续播放 2 遍，可重复 3—4 遍）。曲谱如下所示：

库乞乞
（外国民间舞曲）

1=C 2/4

佚名　曲

5.5 6.6 | 5.5 1̇76 | 5.5 432 | 3 - | 5.5 6.6 | 5.5 1̇76 | 5.3 2.2 | 1 - |

5.5 6.6 | 5.5 1̇76 | 5.3 2.2 | 3 - | 5.5 6.6 | 5.5 1̇76 | 5.3̇ 2.2̇ | 1 - |

5 #5 | 6 7 | 5 #5 | 6 7 | x x | x x x | x x | x x x ‖
库 库 库乞乞 库 库 库乞乞。

（三）在结束处插入的游戏

以中班奏乐游戏《拨弦》为例，学前儿童跟随教师的指点观察音乐地图，了解故事梗概和音乐的结构，在音乐的强音部分跟随教师拍手。全体学前儿童分成三个声部，跟随教师的指挥做动作，分别用不同乐器演奏音乐中的强音。教师邀请一名学前儿童担任指挥，其他不变。全体学前儿童扮演勇敢的小动物，用椅子围建三座城堡，教师扮演"强盗"，使用鼓或某种音色特殊的乐器，假装要去进攻小动物的城堡（实际上仍旧是教师通过动作和空间移动，指挥不同声部的学前儿童轮流演奏那些强音），小动物使用演奏的声音赶走"强盗"。如有条件，教师可邀请学前儿童担任指挥并表演"强盗"。曲谱如下所示：

拨 弦

〔德〕德立勃 曲

1=♭E 2/4

(4 - | i̇. · 0 | #4 - | #i̇. · 0 5 - | 5̇. ⌢0 | 1 5 5̲5̲)3

A段

① 5241 356i̇ | 7 2̇ 5 06 | 1574 672̇4 | 3̇ 3̇ 5 03 | 5241 356i̇ | 7 4 7 07

356i̇ 73#45 | 35#45 35♭4ᵛ3 | ② 5241 356i̇ | 7 2̇ 5 06 | 1574 672̇4 | 3̇ 5̇ i̇ 05

i̇5♭76 2̇6i̇♭7 | 3̇727 i̇234 | 5̇3̇4#4̇ 5#567 | i̇ 5̇ i̇ 0i̇ | ③ 7#456 7456 | 7 5 7 03

2̇67i̇ 2̇67i̇ | 2̇32̇6 i̇2̇i̇5 | 7174 676ᵛ3 | ④ 5241 356i̇ | 7 2̇ 5 06 | 1574 672̇4

3 5 i̇ 05 | i̇5♭76 2̇6i̇♭7 | 3̇727 i̇234 | 5̇3̇4#4̇ 5#567 | i̇ 5̇ i̇ 0 ‖

（四）贯穿始终的游戏

以小班奏乐游戏《大象和小蚊子》为例，全体学前儿童在手腕、脚腕（或其中之一）套上小串铃，听教师讲述简单故事：大象睡觉，蚊子叮大象，大象使用尾巴赶蚊子。大象再睡觉，蚊子再叮大象。大象生气了，一跺脚，蚊子晕倒。在讲到小蚊子飞出来的时候，教师请学前儿童离开座位，小碎步自由移动，同时抖动臂膀，振响小串铃。教师讲到大象使用尾巴赶蚊子的时候，引导学前儿童回座位表演害怕的样子。教师讲到小蚊子晕倒的时候，引导学前儿童回座位表演晕倒的样子。

第五节　4 岁儿童的 12 周音乐课程设计

♫　课程大纲

前面章节已经提出了一些基本原则，这些原则是幼儿音乐教育课程设置的理论基础。这些基本原则是：

①学前阶段是大脑快速发育的时期。

②环境的影响对学前儿童的大脑发育影响最大。

③丰富的学习环境可能会促进学前儿童的认知和身体发育。

④认知结构是随着儿童对环境的作用、吸收以及适应环境中的刺激而不断发展的。

⑤认知发展受到成熟、经验和社会互动的影响，并依赖于平衡过程来调节这些因素的影响。

⑥学前儿童有能力在适当的学习环境中发展各种音乐技能。

⑦音乐能力的发展依赖于经验和成熟度。

⑧学前音乐课程应该体现对音乐的实践、体验和探索的方法。

基于这些原则，可以制定学前音乐课程的系列目标。这些目标的类别为两个领域：发展目标、音乐目标。这种划分提供了发展的基本原理，同时包含特定的音乐重点。不可忽视的是，这是为音乐学习而设计的课程。然而，正如前面章节所说，应充分考虑和彻底理解什么是适合学前儿童发展的，这样，所进行的这些音乐体验活动才会更有利于儿童音乐技能的发展。

基于发展理论，可以为学前音乐教育制定一系列的发展目标。在为学前音乐课程选择活动时考虑这些目标，将有助于制定适合学前儿童发展的计划。

本节以 4 岁儿童的音乐教育活动为例，制定课程教学大纲（表 7－1）。

表 7－1　课程基本信息

课程名称	学前音乐教育活动设计与实施
适用年龄	4 岁
完成周数	12 周
课程计划	每周 1 课时，20 分钟/课时
总学时数	12 学时

♩ 课程目标

一、发展目标

1. 语言和非语言表达

①用语言和身体表达自己的思想。

②探索声音、乐器、单词和句子。

③培养观察力和创造力。

④通过语言和非语言表达，发展感知运动技能。

⑤培养语言和非语言表达的自信。

2. 知觉能力发展

对各种音乐刺激做出反应的感官意识发展。

3. 情感发展

①通过心理活动表达感知和态度。

②通过探索和表达各种情绪态度来发展和加强自我概念。

4. 社会发展

①沟通与合作能力的发展。

②培养分享和耐心的品质。

③团结友爱，培养对他人的权利、意见和感受的尊重。

④培养团队领导力和追随能力。

⑤培养爱党、爱祖国、爱人民的品质。

5. 智力开发

①培养解决实际问题的能力。

②发展语言技能，用于各种音乐体验的讨论。

③培养通过更复杂的思维过程做出决定的能力，比如如何进行音乐交流，如何演奏乐器，使用哪些乐器来发出特定的声音，如何模仿环境中的特定声音。

④通过创建代表先前形成的图像的声音、动作等来增强符号表达技能。

6. 身体发育（运动）

①发展身体意识和大小精细运动控制。

②通过精神运动活动了解身体各个部位的用途和潜力。

③发展方向性和侧向性的概念。

二、音乐目标

学前音乐课程的音乐目标部分是基于音乐发展领域研究提供的信息而定制的。这些研究的综合结果不仅提供了大量关于儿童音乐技能的信息来源，而且还指出了儿童音乐技能的种类，以及适合这个年龄段的音乐目标。针对这些音乐目标，学前音乐教育领域的课程规划者和教育者提出了中肯的建议。很多研究者认为，应该在听觉辨别领域进行技能培养。根据多年的学前音乐教育教学经验和以往学者研究的建议，笔者制定了以下的音乐目标。

1. 对比

①力度（更响亮和更柔和）。

②音高（高音和低音）。

③节奏（较快和较慢）。

④音色（更亮和更暗、更快乐和更悲伤等）。

2. 律动

①富有创造性和表现力的动作。

②唱歌、游戏、舞蹈。

③保持准确节拍。

④节奏准确。

3. 旋律

①无伴奏歌唱。

②音高匹配。

③对话式歌唱。

④旋律模式（唱歌、听觉识别、模唱）。

4. 节奏与节拍

①保持准确节拍。

②音符时值（持续时间、名称和符号）。

③节奏、乐器。

④模仿击掌。

⑤节奏模式识别。

⑥简单节奏模式的构建与表演。

5. 一般音乐技能

①学习乐器。

②用身体和乐器即兴创作。

③歌曲的创作。

以上发展目标和音乐目标为制定 3—6 岁儿童的音乐课程提供了框架，并且它们具备双重价值。首先，它们是基于实践的经验，这些经验提供了有关儿童如何学习和发展的见解，不管是在音乐教育领域还是其他教育领域。因此，此类课程提供了满足儿童的需求和能力发展的学习体验。正如前面章节所指出的，为学前儿童所做的教学选择在这一时期对音乐技能发展的影响可能比其他任何时期都大，这增加了根据经验数据做出合理教育决策的必要性。其次，从学前音乐领域的教育者那里获得的信息对于这个年龄段的课程制定非常有价值。事实上，并非所有对学前儿童音乐行为的洞察都是在实验室中形成的。在学前音乐教育领域，从业人员的经验作为宝贵的知识来源不应被忽视，因为他们提供了大量的实践信息和思想，这些信息和思想是音乐课程决策的基础。因此，本节设计的课程是以研究人员和学前教育从业人员提供的见解为基础的。

♫ 课程学习内容

主题一：《你的名字叫什么》《圆圈舞》《再见》

一、目标

1. 唱一首问候歌，为下一个活动做准备。（3分钟）

2. 通过歌唱打节奏的方式，了解孩子们的名字：《你的名字叫什么》。（5分钟）

3. 唱一首有关圆圈的歌，让孩子们围成一个圆圈，并向孩子们介绍各种音乐对比，进行各种模仿圆圈的动作表演：《圆圈舞》。（10分钟）

4. 唱一首告别的歌曲：《再见》。（2分钟）

二、技能发展

1. 比较

①动态（更响亮和更柔和）。

②音高（较高和较低）。

③速度（较快和较慢）。

2. 运动

①唱歌、游戏、跳舞。

②节奏稳定。

3. 旋律

①无伴奏的歌唱。

②音高准确。

4. 节奏与节拍

保持节拍的稳定。

5. 一般音乐发展

即兴创作歌词。

6. 社会发展

①沟通合作能力的发展。

②分享和耐心品质的培养。

三、设备材料

键盘或钢琴，适宜的场地。

四、过程（略）

五、进一步建议

1. 问候歌《你的名字叫什么》可以定期用作问候歌曲，以唱歌而不是说话开始课程。如果孩子们一开始不愿意自己唱歌，可以鼓励他们在鞠躬时说出自己的名字。渐渐地，可以让他们改进为有节奏地说出自己的名字，并对歌曲的节拍产生敏感。最终可以由孩子们演唱，并合唱。然而，在本课程中，这项活动仅开展一次，让孩子们以轻松愉快的方式开始第一堂音乐课。

2. 通过《圆圈舞》这首歌可以训练各种音乐的比较：高和低、快与慢、响亮与轻柔。定期使用该歌曲时，可以鼓励儿童在参加音乐活动时完善这些技能的表现，因为虽然儿童也许能够将这些概念用语言表达出来，但直到他们能够准确地执行这些概念时，他们才真正内化了这些概念含义。因此，这项活动可以非常有效地让孩子们在愉快的环境中提高音乐技能。这首歌也可以用作控制课堂的工具，因为它可以用来让孩子们在"音乐"音符上形成圆圈，而无须与他们交谈。孩子们会明白这首歌意味着一项活动的结束和另一项活动的开始，而无须老师口头要求这样做。

3. 歌曲《再见》的价值在于它提供了一个以音乐方式结束课程的机会。随着孩子们熟悉问答形式和自己的歌声，个性化活动会越来越复杂。例如，不是唱"再见，孩子们"，而是唱"再见，安迪"，安迪唱回应。这样可以加强歌唱技巧，并有助于建立孩子们的信心。

主题二：《Hello，你好吗》《泰迪熊》

一、目标

1. 唱一首已学的歌曲作为进入，并加强各种比较：《圆圈舞》。（2—3分钟）

2. 学习一首新的问候歌曲：《Hello，你好吗》。（5分钟）

3. 学唱一首新歌并参与律动：《泰迪熊》。（10分钟）

4. 唱一首告别歌曲：《再见》。（2分钟）

二、技能发展

1. 比较。

①动态（更响亮和更柔和）。

②音高（较高和较低）。

③速度（更快和更慢）。

2. 运动。

①创造性的、富有表现力的律动。

②歌唱游戏。

③节奏稳定。

3. 旋律。

①无伴奏的歌唱。

②对话式的歌唱。

③音高准确。

4. 节奏与节拍。

保持节拍的稳定。

5. 创造性。

即兴创作。

6. 社会发展。

①沟通与合作能力的发展。

②团结友爱，培养对他人的权利、意见和感受的尊重。

三、材料

泰迪熊玩偶，适宜的场地。

四、过程（略）

五、进一步建议

1.《Hello，你好吗》歌曲活动应该在每节音乐课中进行，最好是在开始时作为"声音热身"并鼓励在孩子们课程中参与声音。这首问候歌曲或它的一些变体可用于个人演唱、合唱、音高匹配和使用歌声。随着孩子们对这项活动越来越熟悉，随着上述技能的发展，问候歌曲会变得越来越复杂，并且可以期望孩子们做出更精细的反应。此活动也可用作诊断工具，以确定哪些儿童掌握了上述技能。没有表现出已经掌握这些技能的孩子可以从教师和相对轻松地执行任务的孩子那里得到一些额外的帮助。

2.《泰迪熊》这首歌具有柔和的旋律性，有利于促进合唱，因为它基于五声音阶，孩子们会觉得很容易唱。在旋律上，有许多的重复模式，这使儿童更容易听到和发声。为了促进个人与配合唱，可以将一个孩子作为"泰迪熊"放置在圆圈的中心。这首歌将由全班一起唱，中间的孩子唱"泰迪熊"短音（孩子们最容易听到和正确复制的音程），而全班其他人唱剩下的短音。教师必须时刻提醒孩子保持音高中心清晰稳定，只有在孩子对自己的音乐能力感到满意之后，才能进行这项活动。

3. 继续扩展歌曲中建议的动作，直到孩子们可以在唱歌时自如地表演。帮助孩子们逐渐完善这些动作，直到与节拍同步。另一种方法是让孩子们在没有教师任何建议的情况下自由移动。让孩子们以这种方式对音乐做出反应，会激发他们的想象力。但需注意，这可能会让孩子们更加全神贯注于动作，以至于忘记唱歌。如果活动的目的是鼓励唱歌，可以让孩子停止运动并唱歌。然而，如果目标是完全参与音乐活动，则可以让孩子们沉浸在他们的运动中，不要担心声音参与的减少。

4.《再见》参照"主题一"中的"进一步建议"。

主题三：《闹钟》《铃铛马》

一、目标

1. 唱一首大家都熟悉的歌曲以进入圈子，并加强各种比较：《圆圈舞》。（2—3 分钟）

2. 唱一首大家都会的问候歌曲：《Hello，你好吗》。（2 分钟）

3. 回顾一首带有动作的已学过歌曲：《泰迪熊》。（3 分钟）

4. 进行运动以强化快与慢的概念：《闹钟》。（3 分钟）

5. 通过运动学习一首新歌：《铃铛马》。（8 分钟）

6. 唱一首告别歌曲：《再见》。（2 分钟）

二、技能发展

1. 比较。

①动态（更响亮和更柔和）。

②音高（较高和较低）。

③速度（更快和更慢）。

④音色。

2. 运动。

①创造性的、富有表现力的律动。

②保持节拍。

③节奏稳定。

3. 旋律。

①无伴奏的歌唱。

②对话式的歌唱。

③音高准确。

4. 节奏与节拍。

保持节拍的稳定。

5. 创造性。

即兴创作。

6. 社会发展。

①沟通合作能力的发展。

②培养团队领导力和追随能力。

三、材料

闹钟，铃铛马图片。

四、过程（略）

五、进一步建议

1.《圆圈舞》参见"主题一"中的"进一步建议"。

2.《Hello，你好吗》参见"主题二"中的"进一步建议"。

3.《闹钟》这个故事代表了一种可以广泛用于学前音乐体验的活动，虽然这个特定的故事在本课程中只使用了一次。其目的是激发孩子们的想象力，鼓励他们参与活动，并加深对"快"和"慢"概念的理解。如果孩子们对这个概念的理解有困难，可以在以后的课程中使用它，但建议尽可能使用音乐刺激来达到目的。

4.《铃铛马》是一首发展各种音乐技巧的歌曲，这首歌可以用来培养孩子对动态变化、节奏、高低、协调的意识。此外，这首歌的旋律品质（基于 so-so-mi 重复模式）使其成为培养幼儿合唱技巧的绝佳工具。

主题四：《叶舞》《拍拍手碰碰脚》

一、目标

1. 唱一首大家都熟悉的歌曲以进入圈子，并加强各种比较：《圆圈舞》。（2—3 分钟）

2. 唱一首大家都会的问候歌曲：《Hello，你好吗》。（2 分钟）

3. 进行韵律活动，介绍高低音概念：《叶舞》。（8 分钟）

4. 进行歌唱律动，强化高低比较的概念：《拍拍手碰碰脚》。（5 分钟）

5. 唱一首告别歌曲：《再见》。（2 分钟）

二、技能发展

1. 比较。

①动态（更响亮和更柔和）。

②音高（较高和较低）。

③速度（更快和更慢）。

2. 运动。

①创造性的、富有表现力的运动。

②唱歌、律动。

③节奏稳定。

3. 旋律。

①无伴奏的歌唱。

②对话式的歌唱。

③音高准确。

4. 节奏与节拍。

①保持节拍的稳定。

②节奏乐器。

5. 创造性。

①学习课堂乐器的即兴演奏。

②歌曲的即兴创作。

6. 社会发展。

①沟通合作能力的发展。

②分享和耐心品质的培养。

③团结友爱，培养对他人的权利、意见和感受的尊重。

三、材料

叶子的图片/模型，铃铛。

四、过程（略）

五、进一步建议

1.《叶舞》在本课程中被用作创造一种特别的音乐体验，以加强孩子们对高低音的概念的理解。虽然《叶舞》在本课程中只使用了一次，但这种活动对于介绍和强化各种音乐概念是有效的，因为它让孩子们有机会在身体和智力上体验这些概念。这首特别的诗歌的学习可以四个步骤的方式来展开。首先，孩子们可以在词语中加入声音的变化来表明他们的方向。其次，可以由四个孩子用这些变化来表演这首诗，这不仅给他们提供了一个机会来表达对声音较高和较低的理解，也提供了一个在别人面前表达自己的机会。再次，围绕一个旋律，让孩子们有机会探索其中高和低的区别。最后，这个活动可以添加各种音调和非音调打击乐器，以加强孩子们对高和低的概念区分。这些建议可以在以后的音乐体验中实施，以强化本课程中已经制定的概念。

2.《拍拍手碰碰脚》这首歌在未来的音乐课上有很多潜在用途，因为这首歌很适合做一些变化。当儿童对歌曲更加熟悉时，它可以用作一项技能发展活动，以增强他们的各种音乐技能以及一般的身体意识和运动协调能力。例如：你能高声唱吗？你能低声唱吗？你能安静地唱歌吗？你能大声唱歌吗？你能点点头吗？你能眨下眼睛吗？等等。这项活动可用于培养儿童的即兴创作技能。可以让个别儿童演奏某种乐器；在唱到"碰碰碰"的时候，鼓励儿童用他们的乐器即兴演奏。

主题五：《打电话》《小鼓响咚咚》

一、目标

1. 唱一首大家都熟悉的歌曲以进入圈子，并加强各种比较：《圆圈舞》。（2—3分钟）

2. 唱一首大家都会的问候歌曲：《打电话》。（3分钟）

3. 进行歌唱游戏，以强化响亮和安静的概念：《小鼓响咚咚》。（10分钟）

4. 进行回声练习以提高节奏精度。（3分钟）

5. 唱一首告别歌曲：《再见》。（2分钟）

二、技能发展

1. 比较。

①动态（更响亮和更柔和）。

②音高（较高和较低）。

③速度（更快和更慢）。

2. 运动。

①创造性的、富有表现力的运动。

②唱歌、律动。

③节奏稳定。

3. 旋律。

①无伴奏的歌唱。

②对话式的歌唱。

③音高准确。

4. 节奏与节拍。

①保持节拍的稳定。

②回声运动。

5. 创造性。

①歌曲的即兴创作。

②学习课堂乐器的即兴演奏。

三、材料

玩具电话，小鼓。

四、过程（略）

五、进一步建议

1.《打电话》这首歌与课程中使用的问候歌曲具有许多相同的特点，它的音调有利于提高儿童合唱技巧。此外，它鼓励孩子们在活动中发挥他们的社会性，学会与他人沟通交流。

2.《小鼓响咚咚》这首歌可以反复使用，以强化响亮和安静的概念。它还可以用来鼓励和发展儿童的合声歌唱和个人歌唱技巧。例如，当唱到"我的小鼓咚咚咚"时，孩子根据小鼓的声音提示鼓励自己大声地唱出来，当唱到"妹妹睡在小床中"时，则提示自己轻轻小声唱。

3. 回声练习这项活动的目标是培养儿童对节奏线索做出准确反应的能力。随着对这类活动的接触增多，他们执行这项任务的动作会变得越来越精细。此时，儿童的节奏感和一般的音乐敏感性会增加，从而促进他们的音乐发展。有节奏的模仿最终可以演变成旋律模仿，以促进知觉的发展。运动模仿也可以纳入此类活动。随着孩子的反应和跟随能力变得更加精细，可以引入即兴创作，从而提高孩子通过音乐媒介进行交流的能力。

主题六：《什么乐器在歌唱》《谁得到了乐器》

一、目标

1. 唱一首大家熟知的问候歌曲：《打电话》。（2 分钟）

2. 歌唱一首歌曲，用动作来形成圆圈：《圆圈舞》。（2分钟）

3. 进行运动活动以培养节奏精确度。（3分钟）

4. 歌唱律动：《什么乐器在歌唱》。（5分钟）

5. 熟悉各种乐器及其名称：《谁得到了乐器》。（5分钟）

6. 唱一首告别歌曲：《再见》。（2分钟）。

二、技能发展

1. 运动。

①歌唱游戏。

②保持节拍。

③节奏稳定。

2. 旋律。

①无伴奏的歌唱。

②对话式的歌唱。

③音高准确。

3. 节奏与节拍。

①保持节拍的稳定。

②回声运动。

4. 创造性。

①歌曲的即兴创作。

②学习课堂乐器。

三、材料

手鼓，鼓的图片。

四、过程（略）

五、进一步建议

1. 运动活动可能会演变成一种创造性的、即兴的运动游戏。理想情况下，孩子们应该能够以他们认为合适的任何方式移动，并发展想象力和创造性思维技能来做出这样的决定。这项活动可以用于鼓励孩子们以不同的方式移动来适应不同的声音，培养他们对各种音符值和节奏模式的敏感度。当孩子们对这个游戏很熟悉后，他们可以开始以特有的方式移动到不同的音符值。

例如，他们可能设定四分音符走路，八分音符跑步，半个音符跳跃。这将使孩子们有机会亲身体验音符值的差异。当孩子们能够做到这一点时，可以向他们介绍这些音符值的持续时间符号和名称，从而增加孩子们运用音乐和通过音乐表达自己的潜力。

例如，教师可以说"ta ta ta ta"，而不是敲击四分音符来激励孩子们"走路"。教师还可以在黑板上写下符号：♩ ♩ ♩ ♩。这会给孩子们一个关于他们应该如何移动的视觉提示。因此，这项活动的作用非常大。此项活动在本课程中仅使用一次，但作为响应节奏和音色的动作介绍，它向孩子们介绍的技能将在整个附加课程中使用。

2.《如果我能玩》这首歌除了作为《谁得到了乐器》的有效引导外，还可以用来进一步培养孩子们的节拍感。活动中还可以使用其他乐器，将各种其他乐器引入儿童的词汇中。

主题七：《幸福拍手歌》《玩具进行曲》

一、目标

1. 唱一首学生的歌曲以进入圈子，并加强各种音乐比较：《圆圈舞》。（3分钟）

2. 用动作学唱一首新的歌曲：《幸福拍手歌》。（8分钟）

3. 乐器节奏训练：《玩具进行曲》。（7分钟）

4. 唱一首大家熟悉的歌曲：《再见》。（2分钟）

二、技能发展

1. 比较。

①动态（更响亮和更柔和）。

②音高（较高和较低）。

③速度（更快和更慢）。

④音色。

2. 运动。

①歌唱游戏。

②保持节拍。

③节奏稳定。

3. 旋律。

①无伴奏的歌唱。

②对话式的歌唱。

4. 节奏与节拍。

①保持节拍的稳定。

②节奏模式。

5. 创造性。

①歌曲的即兴创作。

②学习课堂乐器。

三、材料

手鼓，木块，铃鼓，肥皂泡吹具。

四、过程（略）

五、进一步建议

1. 幸福拍手歌活动是结合了歌唱、韵律、乐器演奏的综合音乐活动。教师要培养学前儿童歌唱结合律动，等学前儿童熟悉歌曲后，还应让他们参与乐器合奏的演奏，引导他们对歌曲进行即兴创作，例如"拍手"换为"拍腿"。

2. 玩具进行曲活动适合教师领唱前面一句，儿童接象声词"滴答答""滴滴答"，教师引导儿童有节奏地朗诵字词，培养其音乐的"节奏基石"。对于4岁儿童，教师可以引导他们讨论，用哪些乐器来演奏表现"滴答答""滴滴答"的声音。然后儿童结合嗓音和身体动作，演奏并表演，可以适当地变换演奏声音的大小、快慢，让歌唱和演奏变得更加有趣。

主题八：《大雨小雨》

一、目标

1. 唱一首歌曲进入圈子，并加强各种音乐比较：《圆圈舞》。（2分钟）

2. 唱一首问候歌曲：《你的名字叫什么》。（3分钟）

3. 进行歌唱律动：《大雨小雨》。（8分钟）

4. 进行节奏游戏：复习四种乐器。（5分钟）

5. 唱一首熟悉的歌曲：《再见》。（2分钟）

二、技能发展

1. 比较。

①动态（更响亮和更柔和）。

②音高（较高和较低）。

③速度（更快和更慢）。

2. 运动。

①歌唱游戏。

②保持节拍。

③节奏稳定。

3. 旋律。

①无伴奏的歌唱。

②对话式的歌唱。

③音高准确。

4. 节奏与节拍。

保持节拍节奏的稳定。

5. 创造性。

①歌曲的即兴创作。

②学习课堂乐器。

三、材料

手鼓、木块、铃鼓，大雨小雨声音效果。

四、过程（略）

五、进一步建议

参考前面主题的"进一步建议"。

主题九：《我在这里》

一、目标

1. 唱一首歌曲进入圈子，并加强各种音乐比较：《圆圈舞》。（2分钟）

2. 唱一首问候歌曲：《你的名字叫什么》。（3分钟）

3. 用一个音乐故事介绍旋律方向的概念：《我在这里》。（10分钟）

4. 用动作唱一首已知的歌曲：《铃铛马》。（3分钟）

5. 唱一首熟悉的歌曲：《再见》。（2分钟）

二、技能发展

1. 比较。

①动态（更响亮和更柔和）。

②音高（较高和较低）。

③速度（更快和更慢）。

2. 运动。

①歌唱游戏。

②保持节拍。

③节奏稳定。

3. 旋律。

①无伴奏的歌唱。

②对话式的歌唱。

③旋律模式。

4. 节奏与节拍。

保持节拍节奏的稳定。

5. 创造性。

学习课堂乐器。

三、材料

一组3个楼梯的可安装图片，可在楼梯上移动的大圆形芯片或盘子，铃铛，木块，三步楼梯。

四、过程（略）

五、进一步建议

《我在这里》活动的目的是向儿童介绍旋律方向的概念。尽管通常使用小三度的旋律音程来教授这个概念，但这种方法侧重"do re mi"旋律模式来教授。根据研究人员的经验，这种方法已被证明在教 4 岁儿童旋律方向上更有用和更成功。研究人员有以下建议。

首先，当孩子们能够在视觉上区分旋律模式并能够准确地唱出来时，他们也可以被引导通过听觉特征来识别旋律模式。例如，教师在高音打击乐器上演唱或演奏一种模式，孩子们可以识别它是哪种模式。

其次，孩子们可以在他们自己的打击乐器上探索演奏这些模式。除了三个小节之外，所有的小节都可以从乐曲中删除，并且教师可以鼓励孩子们自己去发现如何演奏他们所学到的旋律模式。这些旋律模式也可以作为视唱练耳的入门，引导孩子们感受。如当孩子走上来的时候，他唱的是"do re mi"；当他走下去的时候，唱的是"mi re do"；当他站在最下面的台阶上时，唱着"do do do"；当他站在中间的台阶上时，唱着"re re re"；当他站在最上面的台阶上时，唱着"mi mi mi"。

随着时间的推移，这些图案可以从楼梯转移到五线谱上，教师从而向孩子们介绍阅读音乐和符号的概念。此外，当孩子们熟悉这些模式的记谱方式时，他们可以用相同程序来试验旋律形式。

最后，这项活动可能会引出其他旋律模式。例如，"笑脸跳房子"可以使用以下旋律和图表"跳上"或"跳下"（图 8—4）。

我在这里

1=C 4/4

佚名 词曲

| 1 | 3 | 5 | — | 1 | 3 | 5 | — | 1 | 3 3 | 5 | 5 | 1 | 3 3 | 5 | — ‖ |

我　来　啦，　　跳　房　子，　　大　步地跳　跳　到　楼梯　顶。

| 5 | 3 | 1 | — | 5 | 3 | 1 | — | 5 | 3 3 | 1 | 1 | 5 | 3 3 | 1 | — ‖ |

我　来　啦，　　跳　房　子，　　向　下面跳　跳　到　楼梯　底。

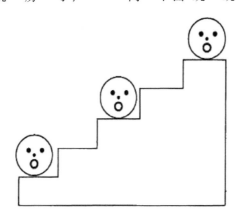

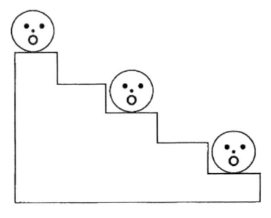

图 8—4 "笑脸跳房子"图案

主题十：《学做解放军》

一、目标

1. 唱一首歌曲进入圈子，并加强各种音乐比较：《圆圈舞》。（2 分钟）

2. 唱一首大家都会的问候歌曲：《Hello，你好吗》。（2 分钟）

3. 通过动作学习一首新歌：《学做解放军》。（10 分钟）

4. 复习"主题九"中介绍的旋律模式。（5 分钟）

5. 唱一首大家熟悉的歌曲：《再见》。（2 分钟）

二、技能发展

1. 比较。

①动态（更响亮和更柔和）。

②音高（较高和较低）。

③速度（更快和更慢）。

④音色。

2. 运动。

①创造性的、富有表现力的律动。

②保持节拍。

③节奏稳定。

④歌唱游戏。

3. 旋律。

①无伴奏的歌唱。

②对话式的歌唱。

③音旋律模式识别。

4. 节奏与节拍。

①保持节拍的稳定。

②节奏模式识别。

5. 一般音乐技能。

①学习课堂乐器。

②即兴创作。

6. 社会发展。

①团结友爱，培养对他人的权利、意见和感受的尊重。

②培养团队领导力和追随能力。

③培养爱党、爱祖国、爱人民的品质。

三、材料

解放军帽子，一组 3 个楼梯的可安装图片，可在楼梯上移动的大圆形芯片或盘子。

四、过程（略）

五、进一步建议

《学做解放军》这首歌被用作帮助儿童树立保家卫国思想，获得模仿创造的体验。除此之外，它未来有许多使用的可能性，特别是与运动有关的教学。随着孩子们对歌曲的熟悉，可以引入越来越复杂的动作，以此来增强孩子们对音乐的反应。孩子们也可以使用打击乐器等外在物体进行运动，以实现这一目标。应注意与伴随歌曲演奏动作相关的节拍的准确演奏。

主题十一：《国旗多美丽》

一、目标

1. 唱一首已学过的歌曲以进入圈子，并加强各种音乐比较：《我们可以做一个圈子吗》。（3 分钟）

2. 用动作表演歌唱歌曲：《学做解放军》。（3 分钟）

3. 通过动作学习一首新歌：《国旗多美丽》。（7 分钟）

4. 查看旋律模式并在有音调的打击乐器上演奏。（5 分钟）

5. 唱一首大家熟悉的歌曲：《再见》。（2 分钟）

二、技能发展

1. 比较。

①动态（更响亮和更柔和）。

②音高（较高和较低）。

③速度（更快和更慢）。

2. 运动。

①创造性的、富有表现力的律动。

②保持节拍。

③节奏稳定。

④歌唱游戏。

3. 旋律。

①无伴奏的歌唱。

②对话式的歌唱。

③音旋律模式识别。

4. 节奏与节拍。

①保持节拍的稳定。

②节奏乐器。

③节奏模式识别。

5. 一般音乐技能。

①学习课堂乐器。

②即兴创作。

6. 社会发展。

①团结友爱，培养对他人的权利、意见和感受的尊重。

②培养爱党、爱祖国、爱人民的品质。

三、材料

国旗动态图，打击乐器，三步楼梯。

四、过程（略）

五、进一步建议

《国旗多美丽》这首歌是一首具有爱国教育意义的儿童歌曲，曲子呈一段式。教学中，教师教导儿童热爱自己的祖国，热爱美丽的国旗，帮助儿童从小树立国家荣誉感，树立正确的世界观、人生观、价值观，让幼儿身心健康，快乐成长。演唱时，要求唱准节奏和音高。这首歌还有几个潜在的用途。第一，它可以作为发展和扩展儿童语言和想象力的练习。第二，这首歌有利于儿童合唱的发展，因为它情绪激昂、明亮，大多数基于小三度（so — mi）的音，这是儿童最容易准确接受的间隔。第三，可以在后期当儿童能够自己唱出完整的旋律时，鼓励儿童情绪激昂地演唱，敲击打击乐器打节奏，这不仅能增强儿童唱歌的自信，而且能培养创造力和即兴演奏技巧。第四，可以通过鼓励他们在歌唱时在身体任何部位敲击节拍，来加强和发展儿童的节拍技能。这种保持节拍能激发儿童对音乐的热情和积极参与，增强他们的体验。在这门课程中，这首歌只使用一次，以加强儿童在新的和不同的环境中保持节拍的技能。然而，在此年龄段的后续课程中，也可以实施上述建议以进一步学习。

在节奏上，这首歌有二分音符、四分音符和八分音符。因此，儿童应该能够用鼓掌表现其节奏模式，从而使这首歌可以用作辨别和标记四分音符和八分音符（分别为 ta 和 ti — ti）名称的工具。

主题十二：《滴答》

一、目标

1. 唱一首学过的歌曲以形成圆圈，并加强各种音乐比较：《这样一个圆圈》。（3分钟）

2. 唱一首大家熟悉的问候歌曲：《你的名字叫什么》。（3分钟）

3. 通过玩一个学过的歌唱游戏来复习各种乐器：《谁得到了乐器》。（5分钟）

4. 学习一首新歌：《滴答》。（5分钟）

5. 创作并演奏一首有节奏的作品。（7分钟）

6. 唱一首告别歌曲：《再见》。（2分钟）

二、技能发展

1. 比较。

①动态（更响亮和更柔和）。

②音高（较高和较低）。

③速度（更快和更慢）。

④音色。

2. 运动。

①保持节拍。

②节奏稳定。

③歌唱游戏。

3. 旋律。

①无伴奏的歌唱。

②对话式的歌唱。

4. 节奏与节拍。

①保持节拍的稳定。

②节奏乐器。

③节奏模式识别。

5. 一般音乐技能。

①学习课堂乐器。

②歌曲曲目的创作。

6. 社会发展。

①沟通合作能力的发展。

②分享和耐心。

③团结友爱，培养对他人的权利、意见和感受的尊重。

三、材料

国旗动态图，打击乐器，三步楼梯。

四、课程组织

该课程的课程设计以 4 岁年龄段儿童为对象，课程计划在三个月内每周进行一次。然而，这并不是说学前儿童的音乐教育应该在三个月后停止。事实上，以上课程中介绍的活动就给出了一些后续建议。后续活动在每个主题最后的"进一步建议"部分进行了概述，该部分旨在为在幼儿园音乐活动中规划进一步的音乐体验奠定基础。建议在这 12 周课程之后再增加两个 12 周课程，从而为 3—6 岁每个年龄段儿童提供 36 周的音乐学习。

该课程建议由音乐专业教师或学前教育专业音乐技能比较好的教师教授。如果是受过音乐专业训练，同时也是接受过学前教育专业训练的教师，将能更有效地完成这一任务。笔者认为，只有为学前儿童提供详细的课程计划时，才可能向他们传达基本的音乐理念。而该课程的教师不仅要了解教什么，还要了解如何教以及为什么要教。这些技能也有助于深入了解音乐课程如何为学前儿童提供最佳音乐发展的方向，并将最终为学前儿童带来更有效的音乐教育。

十二个详细的、连续的课程计划构成该课程的主体，这些课程在 20—25 分钟的时间内完成，这个时间框架是根据皮亚杰（1974）关于 4—5 岁儿童的平均注意力持续时间的建议而确定的。

这些课程中使用的活动是根据前面列出的发展和音乐目标而选择的。并且，贵州省某幼儿师范专科学校的儿童研究中心进行的为期 12 周的研究，根据上述发展和音乐目标选择这些课程中使用的活动，对一组 4—5 岁儿童进行了测试，已确定其实用价值。

该课程中的每一课都旨在为学前儿童提供各种音乐技能的同步发展机会，尽管某一特定技能领域在某一课中可能比在另一课中受到更多的关注。其目的是通过各种各样的音乐体验发展学前儿童一般的音乐技能，并制定一个基本的曲目。这些技能领域包括歌唱（调子、音高匹配等）、动作、节奏、节拍和比较音（较高和较低、较快和较慢、较硬和较软、音色）。课程中建议的大多数活动都旨在促进儿童音乐发展的某些方面，这些活动中的每一项音乐发展性质（特别是与音乐技能的发展有关，而不是与一般技能的发展有关）都应得到体现。

与音乐发展性质有关的其他建议在每个主题最后的"进一步建议"部分以及后面的"活动设计案例"中提出。在某些情况下，所使用的活动被设计为独立的音乐体验，并没有逐课扩展。

五、进一步建议

参考前面主题的"进一步建议"。

♩ 附：活动设计案例

主题一

一、目标

1. 唱一首问候歌，为下一个活动做准备。（3分钟）

2. 通过歌唱打节奏的方式，了解孩子们的名字：《你的名字叫什么》。（5分钟）

3. 唱一首有关圆圈的歌，让孩子们围成一个圆圈，并向孩子们介绍各种音乐对比，进行各种模仿圆圈的动作表演：《圆圈舞》。（10分钟）

4. 唱一首告别的歌曲：《再见》。（2分钟）

二、技能发展

1. 比较。

①动态（更响亮和更柔和）。

②音高（较高和较低）。

③速度（较快和较慢）。

2. 运动。

①唱歌、游戏、跳舞。

②节奏稳定。

3. 旋律。

①无伴奏的歌唱。

②音高准确。

4. 节奏与节拍。

保持节拍的稳定。

5. 创造性。

即兴创作歌词。

三、设备材料

键盘或钢琴，适宜的场地。

四、过程

（一）问好

弹钢琴唱一首问候歌，与小朋友们打招呼，引导小朋友一起唱歌、拍手律动。

问好歌

1=C 2/4

黄圣尧 徐梓露 词曲

5 3 | 1 1 5 | 1 1 | 3 - | 5 3 | 1 1 5 | 1 1 | 1 - |
He- llo 小朋友 你好 吗 He- llo 小朋友 你们 好

5 3 | x x | 3 1 | x x | i 6 | x x x | 6 5 | x x x |
He- llo He- llo He- llo He- llo

x x x | x x x | x x x | x x x | 2 1 2 3 | 5 6 | i - ‖
小眼睛 看老师 小耳朵 认真听 我们一起 上 课 啦!

提示：在有休止符的地方拍手，孩子们说出的语言和节奏，必须同时来自各自即兴游戏的说辞。

（二）名字游戏

1. 教师唱歌《你的名字叫什么》，拍手进行有节奏的自我介绍。然后请孩子们依顺序，边拍手边进行有节奏的自我介绍，在介绍到自己名字时站起来，然后给大家鞠躬敬礼。后面的小朋友介绍时，前面的小朋友继续按照节奏拍手。

你的名字叫什么

1=C 2/4

佚名 词曲

3 5 | 3 5 | 1. 2 | 3 - | 3 5 | 3 5 | 1. 2 | 3 - |
你的 名字 叫 什么? 你的 名字 叫 什么?

x x | x x x | x x | x x x | 5. 6 | 5 3 | 2 2 | 1 - ‖
我 叫 我叫 x x 你的 名字 真 好听。

| 我 叫 | x x | ' | 我 叫 | x x x | ' | 我 叫 | x x x x |

提示：孩子们说出的语言和节奏，必须同时来自各自即兴游戏的说辞。

2. 当每个孩子站起来念自己的名字时，让他们分别唱出自己的名字，唱完后鞠躬。继续这个过程，直到所有的孩子都有机会唱歌或唱出他们的名字并鞠躬。

3. 孩子们一起唱打节奏，同时拍手和拍腿交替"击拍"。

（三）《圆圈舞》

圆圈舞

1=C　2/4

佚名 词曲

| 1 1 | 1 - | 2 2 | 2 - | 3 4 | 5 1 | 7̣ 1 | 2 5̣ |

小　朋　友　　　快　快　来　　　接　起　小　手　围　成　圆　圈
小　朋　友　　　快　快　来　　　拉　起　小　手　围　成　圆　圈

| 1 1 | 1 - | 2 2 | 2 - | 3 4 | 5 1 | 2 7̣ | 1 - ‖

小　朋　友　　　快　快　来　　　我　们　一　起　唱　起　来
小　朋　友　　　快　快　来　　　我　们　一　起　走　起　来

（1）教师开始唱《圆圈舞》这首歌，与旁边的小朋友手牵手，向全体小朋友表示希望形成圆圈，告诉全班小朋友手牵手，这样才能形成一个圆圈唱歌。

（2）小朋友们围成一圈，并学会歌曲，随后教师引导他们唱出更多的情绪。

提示：①当圆圈拉得大点的时候，大声地唱。

②当圆圈拉得小点的时候，小声地唱。

③当小朋友们慢慢地走起来的时候，唱慢点。

④当小朋友们快步走起来的时候，唱快点。

（3）引导小朋友创造性地想象用身体怎么形成一个圆（比如大拇指和食指圈起来、两个手圈起来等），唱最后一句歌词时用自己的身体做成各种圆形。

（四）再见歌

1. 教师说完自己的话，让孩子们成为"回声"。例如：

师：再见孩子们

幼：再见孩子们

师：再见老师

幼：再见老师

师：我们今天玩得很开心

幼：我们今天玩得很开心

师：下周见

幼：下周见

师：再见孩子们

幼：再见孩子们

师：再见老师

幼：再见老师

再见

1=C 2/4

佚名 词曲

5. 6 5 4 | 3 4 5 | 5. 6 5 4 | 3 4 5 | 3 4 5 |
师：再 见 再 见　小 朋　友　幼：再　见 再 见　李 老　师　师：下 周　见

3 4 5 | 2 5 | 3 1. | 2 5 | 3 1. ‖
幼：下 周　见　师：下　周　再见　幼：下　周　再见

提示：让孩子们模仿教师的歌声，同时多听听自己的歌声，在他们在感到舒适的范围内歌唱，并结束活动。

五、进一步建议

1. 问好歌《你的名字叫什么》可以定期用作问候歌曲，以唱歌而不是说话开始课程。如果孩子们一开始不愿意自己唱歌，可以鼓励他们在鞠躬时说出自己的名字。渐渐地，可以让他们改进为有节奏地说出自己的名字，并对歌曲的节拍产生敏感。最终可以由孩子们演唱，并合唱。然而，在本课程中，这项活动仅开展一次，让孩子们以轻松愉快的方式开始第一堂音乐课。

2. 通过《圆圈舞》这首歌可以开始训练各种音乐的比较：高和低、快与慢、响亮与轻柔。定期使用该歌曲时，可以鼓励儿童在参加音乐活动时完善这些技能的表现，因为虽然儿童也许能够将这些概念用语言表达出来，但直到他们能够准确地执行这些概念时，他们才真正内化了这些概念意义。因此，这项活动可以非常有效地让孩子们在愉快的环境中提高音乐技能。这首歌也可以用作课堂控制的工具，因为它可以用来让孩子们在"音乐"音符上形成圆圈，而无须与他们交谈。孩子们会明白这这首歌意味着一项活动的结束和另一项活动的开始，而无须老师口头要求这样做。

3. 歌曲《再见》的价值在于它提供了一个以音乐方式结束课程的机会。随着孩子们熟悉问答形式和自己的歌声，个性化活动会越来越复杂。例如，不是唱"再见，孩子们"，而是唱"再见，安迪"，安迪唱回应。这样可以加强歌唱技巧，并有助于建立孩子们的信心。

主题二

一、目标

1. 唱一首已学的歌曲作为进入，并加强各种比较：《圆圈舞》。（2—3分钟）

2. 学习一首新的问候歌曲：《Hello，你好吗》。（5分钟）

3. 学唱一首新歌并参与律动：《泰迪熊》。（10分钟）

4. 唱一首告别歌曲：《再见》。（2分钟）

二、技能发展

1. 比较。

①动态（更响亮和更柔和）。

②音高（较高和较低）。

③速度（更快和更慢）。

2. 运动。

①创造性的、富有表现力的律动。

②歌唱游戏。

③节奏稳定。

3. 旋律。

①无伴奏的歌唱。

②对话式的歌唱。

③音高准确。

4. 节奏与节拍。

保持节拍的稳定。

5. 创造性。

即兴创作。

三、材料

泰迪熊玩偶，适宜的场地。

四、过程

（一）课前音乐游戏

唱一首《圆圈舞》，按照"主题一"中的程序，让孩子们围成一个圆圈。等他们进入这个队形，唱出其余的句子，鼓励孩子们按照歌词建议的方式移动。例如：

我们可以让它更高吗？（使用更高的歌声）

我们可以让它更快吗？（加快节奏）

我们可以让它更安静吗？（使用安静的歌声）

（二）《Hello，你好吗》

当圆圈站得"恰到好处"，让孩子们在他们的圆圈里坐下，成为教师的"回声"。

例如：

师：Hello，Hello，你好吗

幼：Hello，Hello，你好吗

师：Hello，Hello，你们好

幼：Hello，Hello，你们好

让孩子们只说"Hello，老师"。当他们执行此操作时，请向不同的孩子唱"你好"并要求他们做出回应。最后，让全班幼儿用他们的歌声回应教师。可以用很多的小三度的音程构成这首歌的旋律。

Hello，你好吗

佚名 词曲

1=C 2/4

3 3 | 1 1 | 3 3 | 5 - | 2 2 | 7̣ 7̣ | 2 2 | 4 - |
He- llo He- llo 你 好 吗 He- llo He- llo 你 好 吗

3 3 | 1 1 | 3 3 | 5 - | 2 3̲4̲ | 3 2 | 1 1 | 1 - ‖
He- llo He- llo 你 们 好 快 快来 一 起 做 游 戏

提示：歌词"你好吗"可以换成任意一个孩子的名字，第一遍教师唱，后面幼儿跟随唱；教师与幼儿敬礼握手，然后所有的幼儿都参与，与其他幼儿用歌曲问好敬礼并握手。如果孩子们已经很熟悉了，就为不同的人唱"你好"，并让他们用自己的歌声来回应彼此。这将给教师提供一个机会来确定哪些孩子能够唱准音高，哪些孩子不能。

（三）《泰迪熊》（伯肯肖，1977）

1. 将一只泰迪熊放在一个袋子里。给孩子们一些线索，让他试着猜一猜袋子里有什么。例如："它是棕色的、蓬松的，和你一起睡觉很舒服很舒服，它的名字是什么？"向孩子们展示泰迪熊，指出它的手臂、腿、耳朵、脸、衣服等，问孩子他们的身体是否有相同的特征。当教师移动泰迪熊身体的部位时，让孩子们移动他们的身体部位。

2. 告诉孩子们，有一首特别的歌曲，讲述了泰迪熊一天做的所有事情。带领孩子们唱歌并与泰迪熊一起做转圈、摸地、捏鼻子、碰碰脚趾等动作。

3. 告诉孩子们，需要他们一起帮助才能唱这首歌。重复多次地唱这首歌，让孩子们回应教师唱的歌，并且最终能和教师一起唱。

4. 一起唱这首歌，让其中一个孩子和泰迪熊一起做这些动作。执行此步骤一两次，直到孩子们能边唱边做动作。

5. 如果孩子们对这项任务感到开心，请他们假装自己是泰迪熊，并发挥想象：泰迪熊除了会做这些动作，它还会做什么动作。可以据此编成歌词替换"转转圈""摸摸地"等歌词，并用动作表示。

泰迪熊

（巴塔木儿歌）

伯肯肖 词曲

1=D 2/4

| 1 2 3 | 3 2 1 | 3 4 | 5 - | 5 4 3 | 4 3 2 |

Ted-dy Bear　Ted-dy Bear　转　转　圈　　Ted-dy Bear　Ted-dy Bear

Ted-dy Bear　Ted-dy Bear　我　爱　你　　Ted-dy Bear　Ted-dy Bear

| 3 3 1 | 5̣ - | 1 2 3 | 3 2 1 | 3 3 4 | 5 - |

摸　摸　地　　Ted-dy Bear　Ted-dy Bear　捏捏鼻　子

真的　爱　你　　Ted-dy Bear　Ted-dy Bear　把灯关　上

| 1 2 3 | 3 2 1 | 2 2 1 7̣ | 1̣ - |

Ted-　dy Bear　Ted-　dy Bear　碰 碰 脚　趾

Ted-　dy Bear　Ted-　dy Bear　一 起 说 晚　安

（四）《再见歌》

1. 唱着歌让孩子们回到圈子里。为了巩固他们刚刚所学，在坐下之前让圆圈转得更快或更慢。

2. 按照"主题一"的建议唱再见歌曲。对个别儿童唱道"再见"并让他们做出回应。

再见

佚名 词曲

1=C 2/4

| 5.6 5 4 | 3 4 5 | 5.6 5 4 | 3 4 5 | 3 4 5 |

师：再 见 再 见　王 安 迪　安迪：再 见 再 见　李 老 师　师：下 周 见

| 3 4 5 | 2 5 | 3 1. | 2 5 | 3 1. |

安迪：下 周 见　师：下 周　再 见　安迪：下 周　再 见

提示：让所有的孩子在歌声中和同伴说再见，并结束活动。

五、进一步建议

1. 《Hello，你好吗》歌曲活动应该在每节音乐课中进行，最好是在开始时作为"声音热身"并鼓励在孩子们课程中参与声音。这首问候歌曲或它的一些变体可用于个人演唱、合唱、音高匹配和使用歌声。随着孩子们对这项活动越来越熟悉，随着上述技能的发展，问候歌曲会变得越来越复杂，并且可以期望孩子们做出更精细的反应。此活动也可用作诊断工具，以确定哪些儿童掌握了上述技能。没有表现出已经掌握这些技能的孩子可以从教师和相对轻松地执行任务的孩子那里得到一些额外的帮助。

2.《泰迪熊》这首歌具有柔和的旋律性，有利于促进合唱，因为它基于五声音阶，孩子们会觉得很容易唱。在旋律上，有许多的重复模式，这使儿童更容易听到和发声。为了促进个人与配合唱，可以将一个孩子作为"泰迪熊"放置在圆圈的中心。这首歌将由全班一起唱，中间的孩子唱"泰迪熊"短音（孩子们最容易听到和正确复制的音程），而全班其他人唱剩下的短音。教师必须时刻提醒孩子保持音高中心清晰稳定，只有在孩子对自己的音乐能力感到满意之后，才能进行这项活动。

3. 继续扩展歌曲中建议的动作，直到孩子们可以在唱歌时自如地表演。帮助孩子们逐渐完善这些动作，直到与节拍同步。另一种方法是让孩子们在没有教师任何建议的情况下自由移动。让孩子们以这种方式对音乐做出反应，会激发他们的想象力。但需注意，这可能会让孩子们更加全神贯注于动作，以至于忘记唱歌。如果活动的目的是鼓励唱歌，可以让孩子们停止运动并唱歌。然而，如果目标是完全参与音乐活动，则可以让孩子们沉浸在他们的运动中，不要担心声音参与的减少。

4.《再见》参照"主题一"中的"进一步建议"。

主题三

一、目标

1. 唱一首大家都熟悉的歌曲以进入圈子，并加强各种比较：《圆圈舞》。（2—3分钟）

2. 唱一首大家都会的问候歌曲：《Hello，你好吗》。（2分钟）

3. 回顾一首带有动作的已知歌曲：《泰迪熊》。（3分钟）

4. 进行运动活动以强化快与慢的概念：《闹钟》。（3分钟）

5. 通过运动学习一首新歌：《铃铛马》。（8分钟）

6. 唱一首歌曲：《再见》。（2分钟）

二、技能发展

1. 比较。

①动态（更响亮和更柔和）。

②音高（较高和较低）。

③速度（更快和更慢）。

④音色。

2. 运动。

①创造性的、富有表现力的律动。

②保持节拍。

③节奏稳定。

3. 旋律。

①无伴奏的歌唱。

②对话式的歌唱。

③音高准确。

4. 节奏与节拍。

保持节拍的稳定。

5. 创造性。

即兴创作。

三、材料

闹钟，铃铛，铃铛马图片。

四、过程

（一）课前音乐游戏

按照"主题二"中的过程实施。

（二）《Hello，你好吗》

1. 遵循第二课中的过程，并添加以下内容：对着一个儿童唱第一句，让他唱着回应你。尽量使每个孩子的音高准确，鼓励他们唱歌。例如：

Hello，你好吗

$1 = C$ $\frac{2}{4}$　　　　　　　　　　　　　　　　　　　　　　　　　佚名 词曲

3	3	1 1	3 3	5 -	2 2	7̣ 7̣	2 2	4 -
He-	llo	He- llo	安 迪	好	He- llo	He- llo	小 明	好

3	3	1 1	3 3	5 -	2	3 4	3 2	1 1	1 -
He-	llo	He- llo	你 们	好	快	快 来	一 起	做 游	戏

（三）《泰迪熊》（伯肯肖，1977）

1. 请孩子们在他们的圈子里站起来。让一名儿童走到圆圈中间，并向全班同学展示如何转身。请所有的孩子都这样转身，按照此程序触摸地面并展示自己的鞋子。问孩子们知道谁能做所有这些动作。答案应该是"泰迪熊"。边做动作边唱这首歌。

2. 告诉孩子们需要一只泰迪熊来帮助其他所有人，泰迪熊会记住如何做他们的动作。请小组中的一名儿童进入圆圈中心并成为这只泰迪熊，用动作表达这首歌。

3. 以不同的孩子作为"中心"泰迪熊，重复此活动一两次。确保孩子们在做动作时唱歌。也可以只让中间的孩子做动作，而全班其他人唱歌。

（四）《闹钟》（Morningstar，1986）

教师背诵以下叙述，并鼓励儿童按照声音提示移动：

你见过闹钟吗？嗯，这就是它的样子（给孩子们看一个闹钟）。你能听到它说"滴答、滴答、滴答"吗？现在我要把闹钟设置一分钟或两分钟。

一会儿它就会发出响亮的铃声。让我们轻轻地一步一步，把膝盖抬得高高的，在房间里走一走，同时它会滴答滴答地响。

当它响的时候，让我们跳到空中，挥舞我们的手臂，晃动我们的头。请准备好，铃声马上要来了。一步一步不停地迈——记住要把你的膝盖抬得很高——任何时候都要抬起来（快速摇动铃铛）。它慢下来了（放慢摇铃的速度）。它停了！你停下来了吗？

问孩子们在时钟滴答作响时他们是如何移动的，是快还是慢；闹钟响的时候他们是怎么移动的，是快还是慢。

（五）《铃铛马》（Choksy，1974）

1. 问孩子们是否见过马。请一位儿童描述一匹马的样子。问孩子们其他问题：马喜欢吃什么？马跑得快还是慢？马能发出声音吗？哪些小朋友也可以发出这些声音呢？引导幼儿发出马的叫声，先做大声的，再做小声的。

2. 准备一张铃铛马的图片，告诉孩子们教师有一首关于问铃铛马时间的歌要分享给他们，请他们听教师唱。

铃铛马

1=C 2/4

Choksy 词曲

5 5 3 | 5 5 3 | 5 5 6 | 5 — | 5 5 3 | 5 5 3 | 5 5 6 | 5 — ‖

铃铛 马　铃铛 马　几点 钟　啦?　　一点 钟　两点 钟　三点 钟　啦!

3. 拿着铃铛马的图片引导孩子们跟着教师唱两遍，随后第三遍让他们一边跟教师唱歌，一边像马一样走路，用手指比出一点钟、两点钟、三点钟的数字。

4. 当孩子们能够唱完整首歌，并且习惯了在腿上保持节拍时，就让他们站起来，在一个单独的句子中，随着歌曲的演唱，跟着节拍走。提醒孩子们，他们的脚必须抬得很高，否则会"陷入泥里"。这将使孩子们更容易准确地走节拍。当歌曲结束时，让孩子们模仿一些马的声音和动作（嘶鸣、用一只脚扒地等）。

5. 让孩子们像快马一样走路（♩=108），再试着像慢马一样走路（♩=60）。

6. 让孩子们用他们高亢的歌声像"高"的马一样高声唱歌。当他们以这种方式唱这首歌时，告诉他们用脚尖走路。

7. 让孩子们用他们低沉的歌声像"矮"马一样低声唱歌。告诉他们以这种方式唱这首歌时要蹲下。

（六）再见歌

再见

1＝C $\frac{2}{4}$

佚名 词曲

| 5.6 54 | 3 4 5 | 5.6 54 | 3 4 5 | 3 4 5 |

师：再 见 再见 　王 安 迪　安迪：再 见 再见 　李 老 师　 师：下 周 见

| 3 4 5 | 2 5 | 3 1. | 2 5 | 3 1. |

安迪：下 周 见　师：下 周 再 见　安迪：下 周 再 见

提示：让所有的孩子在歌声中和同伴说再见，并结束活动。

五、进一步建议

1.《圆圈舞》参见"主题一"中的"进一步建议"。

2.《Hello，你好吗》参见"主题二"中的"进一步建议"。

3.《闹钟》这个故事代表了一种可以广泛用于学前音乐体验的活动，虽然这个特定的故事在本课程中只使用了一次。其目的是激发孩子们的想象力，鼓励他们参与活动，并加深对"快"和"慢"概念的理解。如果孩子们对这个概念的理解有困难，可以在以后的课程中使用它，但建议尽可能使用音乐刺激来达到目的。

4.《铃铛马》是一首发展各种音乐技巧的歌曲，使用这首歌可以用来培养孩子对动态变化、节奏、高低、协调的意识。此外，这首歌的旋律品质（基于so-so-mi重复模式）使其成为培养幼儿合唱技巧的绝佳工具。

第八章 学前儿童音乐教育的评价

第一节 学前儿童音乐教育评价的意义和原则

学前儿童音乐教育的评价是指在幼儿音乐教育活动中，对教师的活动设计、活动组织、活动指导和活动效果进行价值判断的过程。对学前儿童音乐教育的评价是一个整体性过程，不仅包括对学前儿童音乐学习结果和发展状况的评价，还包括对音乐教育活动的价值和音乐教育活动中教师的观念态度、活动内容选择的恰当性、活动的组织形式、教学目标制定的适宜性、活动中的师幼互动等方面的综合评价。作为一名准幼儿园教师，不仅要了解学前儿童音乐教育评价的意义和原则、内容和方法，还应该知道如何评价一个音乐教学活动。当然，评课的能力不是一蹴而就的，需要有大量练习的机会，需要在不断的反思中逐步提高。

一、学前儿童音乐教育评价的意义

教育部《幼儿园教育指导纲要（试行）》中明确指出："教育评价是幼儿园教育的重要组成部分。教师应自觉地运用评价手段，了解教育活动对学前儿童发展的适宜性和有效性，以期调整、改进工作，提高教育质量。"从这段论述可以看出幼儿园教育活动的评价应该凸现其发展性，即提高教育质量，促进每一个学前儿童的发展和教师的专业成长。学前儿童音乐教育评价的意义也体现在这三个方面。

（一）发现和反馈学前儿童音乐教育中存在的问题

幼儿园音乐教学活动的评价应该要有诊断的作用，能诊断出教师在教学中存在的问题或者学前儿童在学习的过程中遇到的问题，进而分析问题，找到解决问题的办法，以期改进教学活动的效果。学前儿童音乐教育活动评价主要是为教师调整和改进现有的音乐教育活动提供客观依据，使教师能将最有价值的音乐教育活动呈现给学前儿童，保证学前儿童音乐教育目标的实现，最大限度地促进学前儿童的发展。

（二）促进教师专业能力的发展

通过评价还可以帮助教师提高自身教育水平，促进专业成长。2012 年教育部颁布的

《幼儿园教师专业标准（试行）》中对"教师评价幼儿园教育活动"这一专业能力做出了明确的说明："有效运用观察、谈话、家园联系、作品分析等多种方法，客观地、全面地了解和评价学前儿童。有效运用评价结果，指导下一步教育活动的开展。"《幼儿园教育指导纲要（试行）》中也提出："评价的过程是教师运用专业知识审视教育实践，发现、分析、研究、解决问题的过程，也是其自我成长的重要途径。"对于幼儿园教师来说，对音乐教育活动进行评价既是一个实践过程，也是一个自我反思的过程。幼儿园教师通过对已经开展的音乐教育活动进行反思、审视和分析，可以改进自己在教育过程中的不足之处，不断提高自身的教育教学水平。反思的过程实际上是将评价与活动统一起来，努力提升评价的有效性的过程。因此，在学前儿童音乐教育活动中，评价是一个持续不断的过程，与音乐教育活动本身是联结在一起的。

（三）促进学前儿童的发展

如上所述，学前儿童音乐教育评价能够及时发现教育中存在的问题，优化教育过程，提高学前儿童音乐教育的质量，促进教师专业素养的提升，从而能够真正促进学前儿童的发展。学前儿童音乐教育评价可以帮助教师做出与学前儿童发展水平相适宜的教育决策。例如，教师制订和实施活动计划的重要依据就是学前儿童的现有发展水平和潜力。教师在记载和查阅学前儿童档案袋的过程中，就可以具体而深入地从中了解到学前儿童随着时间而发展变化的各种信息，如学前儿童的思维特点、所取得的成就、能力和薄弱之处，这样就可以使教师的教育决策更加符合学前儿童的发展状况，从而能更加有效地促进学前儿童的成长。

二、学前儿童音乐教育评价的原则

在评价学前儿童音乐活动时，应该把握以下五个原则。

（一）计划性原则

学前儿童音乐教育评价工作是一个长期系统的工程。为了更好地确保评价的效果，学前儿童音乐教育的评价要有计划，并按计划实施。大到教育行政部门对幼儿园的教育评价，小到教师之间的专业交流，都要建立一个评价机制，在每学期的开学之初都要制订评价的计划，就像制订教育教学计划一样。例如，教育行政部门每学期都会到幼儿园进行教育教学的督导和指导，幼儿园教师定期会参加园内外的音乐教研活动，定期会对学前儿童的音乐能力发展做评估，等等。每位幼教工作者都要树立评价的意识，把评价工作纳入日常工作中。

（二）针对性原则

学前儿童音乐教育评价应该要有针对性，要围绕当前存在的问题来进行，这样评价的结果就可以用于对存在问题的解决和改善。评价要有实在的积极的价值，如果每次评价都是流于形式的泛泛而谈，那就失去了评价的意义。例如，幼儿园实施课题要求教师在实施音乐教学时要注重引导学前儿童体验，在教学的各个环节都要强调学前儿童对音乐的体验，因此在每次评课的时候都会围绕教师在教学中运用了哪些策略来引导学前儿童体验、策略使用的效果如何等来评价。

（三）全面性原则

《幼儿园教育指导纲要（试行）》中指出对学前儿童教育工作的评价应重点考察以下五个方面：教育计划和教育活动的目标是否建立在了解本班学前儿童现状的基础上；教育的内容、方式、策略、环境条件是否能调动学前儿童学习的积极性；教育过程是否能为学前儿童提供有益的学习经验，并符合其发展需要；教育内容、要求能否兼顾群体需要和个体差异，使每个学前儿童都能得到发展，都获得成功感；教师的指导是否有利于学前儿童主动、有效地学习。可见，幼儿园教育评价不再是单纯地评价学前儿童的发展状况，而且还包括了对整个教育过程和各个教育环节的评价。不仅要对教育计划和活动的目标进行考察，还要评估教育的内容、方式、策略、环境条件、过程、教师的指导及对个体差异的关注程度等方面。同样，对学前儿童音乐教育活动的评价也要全面，要综合考虑教育教学过程各个方面的因素。在对学前儿童的音乐能力发展进行评价的同时，也要对教师的教学进行评价；在对音乐教育活动的目标、内容进行评价的同时，要评价教师的教学方法、师幼互动；在评价班上大多数学前儿童音乐能力发展、兴趣、情感发展的同时，要关注学前儿童的个体差异，对个别学前儿童的发展做出有针对性的积极评价。

（四）客观性原则

对学前儿童音乐教育的评价要遵循客观性原则，即要实事求是，这是一个最基本也是最重要的评价原则。评价者不仅要客观评价教学活动每一个环节的安排、教师的教学方法、教学准备等，还要客观公正地评价学前儿童的表现。只有坚持客观性原则，评价才有意义，才能真正发挥评价的功能和作用。

（五）多元化原则

对学前儿童音乐教育的评价要多元。对多元的理解可以从三个层面展开，即评价主体多元、评价内容多元、评价方法多元。① 学前儿童音乐教育评价注重多主体参与。评价主体的多元化是幼儿园教育评价发展的新趋势，《幼儿园教育指导纲要（试行）》提出"管理人员、教师、学前儿童及其家长是幼儿园教育评价工作的参与者"。家长的参与不仅改变了教师对学前儿童发展的单一性评价，还能从多重视角出发对教育活动进行更为全面、

---

① 欧志文. 以发展为本，树立新型的发展性教学评价观［J］. 邵阳学院学报（社会科学版），2006（12）：114-116.

客观、科学的评价，以提高教学质量。此外，学前儿童也是多元评价主体中重要的一员，让学前儿童参与评价之中，改变其一直处在的被评价的被动地位，不仅有利于激发学前儿童内在的学习动力，也能够满足他们的表现欲望。评价内容的多元更多地表现在评价时既要评价最后的活动结果，又要关注学前儿童和教师在活动过程中的表现。评价方法的多元体现在除了用传统的观察、访谈、问卷等形式进行评价，还有更为人本主义、关注学前儿童发展过程的"档案袋评价"的方法。

第二节　学前儿童音乐教育评价的内容和形式

一、学前儿童音乐教育评价的内容

对于准幼儿园教师而言，无论是在校内进行的模拟课堂教学活动，还是工作后参加的各种教研活动，评课这个环节是必不可少的。可以从以下方面评价学前儿童音乐教育活动。

（一）从教师的角度进行评价

在音乐教育活动中对教师的评价，既涵盖了对教师的学前儿童观、教育观这些观念层面的评价，也涵盖了对教师的教学基本功的评价，对活动设计本身的评价，如活动目标、活动内容等方面的评价。

1. 对活动目标的评价

活动目标是指教师期望通过活动达到的教育结果。活动目标可以从以下几个方面进行评价：一是活动目标是否以《幼儿园教育指导纲要（试行）》和《3—6 岁学前儿童学习与发展指南》艺术领域的要求作为指导，是否符合学前儿童的年龄特点、已有经验和发展需要。每个音乐活动目标都应是幼儿音乐教育总目标、年龄阶段目标的具体化，所以在评价目标时可以分析该目标与上一级目标的关系，以此评价目标确定的合理性。活动目标的制定还应建立在了解本班学前儿童现状的基础上，根据本班学前儿童的经验提出目标要求，对学前儿童现有水平、个性特点以及活动内容中所蕴含的价值进行深入的分析。因此，在评价活动目标时还要看教师制定的目标是否与本班学前儿童的实际水平和发展特点相一致，是否考虑到了学前儿童的音乐能力发展和身心发展的个体差异，是否考虑到不同班级、不同学前儿童之间存在着个体差异。二是从活动目标构成的角度来说，要有机整合情感、态度、知识、技能等方面的发展要求。但要注意的是，并不是每一个音乐教育活动都能提出这几个方面的目标，不能为了凑目标而提目标，而要根据所选内容的特点和学前儿童的实际发展情况来制定目标。三是从活动目标的语言表述来说，语言要统一、具体、清晰、可操作。在评价目标时要看目标的提出是否具体，切记不要提"万金油"目标。例如，对于大班音乐游戏《讨厌黑夜的席奶奶》，教师设计的活动目标为：①根据故事情节和音乐旋律，感受音乐 A、B、C 段不同的音乐风格。②与教师共同讨论游戏的玩法，并能用动作创造性地表现出不同乐段音乐的特点。③愿意遵守游戏规则，体验音乐游戏的快乐，克服害怕黑夜的心理。该活动的三条目标涵盖了认知、技能和情感目标，难度适中，符合该年龄阶段学前儿童的音乐能力发展水平。

2. 对活动内容的评价

活动内容的选择可以从以下几个方面进行评价：一是要看活动内容的选择是否有助于实现音乐教育活动的目标，是否符合学前儿童身心发展的年龄特点、学习音乐的特点、经验水平与兴趣，是否能够调动学前儿童学习的积极性，能否兼顾群体需要和个体差异，使每个学前儿童都能得到发展，都获得成功感。教师所选的活动内容要来自学前儿童生活，是学前儿童感兴趣的，又有助于拓展学前儿童经验的。活动内容可以依据《幼儿园教育指导纲要（试行）》中所提到的三个原则来选择：①既适合学前儿童的现有水平，又有一定的挑战性；②既符合学前儿童的现实需要，又有利于其长远发展；③既贴近学前儿童的生活来选择学前儿童感兴趣的事物和问题，又有助于拓展学前儿童的经验，开阔学前儿童的视野。内容的选择，一是要在学前儿童的"最近发展区"之内，让学前儿童"跳一跳就能够到果子"；二是活动内容的选择要有审美性，教师为学前儿童选择的音乐活动的材料要具备音乐的表现特性，使学前儿童在活动过程中获得美的熏陶；三是活动内容的容量要合理，突出重点，体现学科性、可行性。

3. 对活动准备的评价

教学活动的准备包括材料准备和前期经验准备。活动的材料、环境与活动目标达成是相互影响的。在评价教学活动准备的时候可以从以下几个方面进行：是否在质和量两个方面最大程度地支持学前儿童的学习，满足学前儿童探索操作和交往等活动的需要；材料的提供是否能体现音乐教育活动目标的达成，是否适合学前儿童的实际发展需要和操作能力水平，提供的材料和道具是否有一定的音乐性和表现性。

4. 对教学方法的评价

教学方法是实现活动目标的有力手段。在评价教学方法时可以从以下几个方面进行：一是评价教学方法是否与活动目标的实现相适应。二是评价教学方法是否适合该年龄阶段学前儿童的发展水平和接受能力。例如，在小班的韵律教学中，教师采取了让学前儿童用小组讨论创编动作的教学方法，结果在实施的过程中发现小班儿童很难进行小组讨论的学习，就是没有考虑到学前儿童的年龄特点。三是评价教学方法能否体现学前儿童的自主性，能否体现出学前儿童的自主学习。

5. 对活动过程的评价

活动过程可以从以下几个方面进行评价：一是教学结构层次是否分明，是否突出重点难点，是否每个环节都能相对应地达成一个目标，主要环节的重难点是否突出。评价时要看是否注意到每一个环节和步骤之间的层次性、递进性，是否体现了动静交替的原则。二是语言环境的创设是否有利于学前儿童积极表现。教师要创设一个宽松的语言环境，让学前儿童在音乐教育活动中敢说、想说、喜欢说，并且能够得到教师的积极应答。三是注意各领域的相互渗透，是否能在丰富多彩的活动中扩展学前儿童的经验，是否注重综合性、趣味性、灵活性。四是能否恰当运用多元化的教学方法和手段，采用适当的指导策略，形成有效的师幼、幼幼互动。要注意教师是否创设了一定的情境以引发学前儿童的主动学习，是否注意到与学前儿童的情感交流，为学前儿童之间的互动提供机会和条件，等等。

6. 对教师教学基本功的评价

教师的教学基本功可以从以下几个方面进行评价：一是能否用亲切的态度和灵活的活动形式建构安全、平等、温馨的学习环境。二是教态是否自然，精神是否饱满，普通话是否标准。只有教师的教学语言生动活泼，简洁准确，表达流畅，富于启发性和感染性，才能激发学前儿童主动学习的兴趣和热情。三是教师的提问是否清晰，语言是否简单扼要、切中重点，让学前儿童能很直接地从提问中明白教师的意思，提问的语言是否符合该年龄阶段学前儿童的特点。这点对准幼儿园教师们来说有点难，由于准幼儿园教师缺少对学前儿童语言发展水平的了解和长期接触学前儿童的经验，有的时候准幼儿园教师常常不知道在提问中使用的语言是学前儿童不易理解的。四是教师的示范表演是否具有艺术表现力和感染力。充满表现力和感染力的示范可以引起学前儿童学习的兴趣。五是教师在讲述音乐作品时是否正确，作品内容是否具有童趣。教师所讲述的作品要符合学前儿童的年龄特征，并保证讲述作品的正确性，让学前儿童在学习音乐的同时增长音乐知识。例如，在对小班学前儿童开展的一节歌唱活动"大猫小猫"中，教师范唱完之后提问："大猫叫的声音有什么特点？小猫叫的声音有什么特点？"教师觉得如此简单的问题小朋友不会答不出来，可在上课的全班小朋友都不明白教师在问什么，还有的小朋友问教师"特点是什么意思"。所以，准幼儿园教师要了解学前儿童已有的生活经验，"特点"这个词对于大人来说很简单，但是对于小班学前儿童来说却很抽象。教师的提问要有重点，有价值。什么样的问题是有价值的呢？当然是开放性的问题。在教学中多提开放性的问题可以拓展学前儿童的思维。虽然大家也知道封闭性问题不好，但教师在教学中经常提出封闭性问题，如"大猫的声音是不是大大的？""小猫的声音是不是小小的？"究其原因，是教师对学前儿童的已有经验了解不够，总担心问了开放性的问题学前儿童答不上来而影响教学效果。五是环节要求是否明确，活动组织是否有条理。环节要求明确是活动有条理的重要保证。教师在进行每个环节时要把该环节可以做什么、不可以做什么交代清楚，并且要检验学前儿童是否已经理解、明确了环节的要求。

（二）从学前儿童的角度进行评价

从学前儿童角度进行的评价主要是从活动效果角度进行的评价。可以从三个方面进行：一是学前儿童在活动中的态度。学前儿童能否积极、有序地参加活动，在活动中能否注意力集中，主动参与探索、操作、讨论等，能否大胆、清楚地表达自己的想法和感受，与同伴分享合作。二是学前儿童在活动中的情感。学前儿童是否感觉轻松、愉快，是否乐于参加活动。三是学前儿童在活动中的收获。学前儿童能否获得与活动内容相关的新经验和新体验，对于活动目标中提到的新知识和新技能是否已经掌握。

二、学前儿童音乐教育活动评价的形式

（一）终结性评价和过程评价相结合

从评价的内容上说，评价分为终结性评价和过程评价。终结性评价是按照一定的程序和规范进行的，是指对学前儿童最后的学习结果进行的评价，结果的呈现表现出一定的功利性质。在评价学前儿童音乐教育活动时，除了要评价学前儿童在活动中有关音乐方面的知识技能的获得和表现，更要关注学前儿童在音乐活动中的情感，关注学前儿童在学习中的主动性、独立性、专注程度和努力程度等学习品质方面的表现，这些关于过程的评价对学前儿童的可持续发展更为重要。在集体教学中，面对复杂多变的教学情况，教师需要及时地对学前儿童的学习行为表现进行评价或者反馈，通过各种方式搜集学前儿童学习的各种资料进行分析、总结。因此，在注重结果评价的同时更要看重过程评价。

（二）自评和他评相结合

从评价的对象上来说，评价分为自评和他评。所谓自评，就是授课教师自己进行的评价；他评，主要指的是听课的同行、领导、专家进行的评价。在具体的实践中，通常是自评在先，即由授课教师先介绍自己整个活动的设计思路和意图，反思在教学中存在的问题，在此基础上其他听课的同行、专家、领导进行评价。教师自我反思的能力非常重要，这是促进教师专业成长的重要手段。具有良好自我反思习惯的教师专业成长的速度更快，进步的空间也会更大。但是，自我反思有时也会有局限性，"旁观者清"，其他人对这节课的评价往往可以帮助授课教师解决教学中存在的困惑，特别是对于刚走上工作岗位的新手教师来说，在他评中可以收获别人的教学经验，也可以让自己的教学少走弯路。

（三）书面评价和口头评价相结合

从评价结果的呈现方式上来说，评价分为书面评价和口头评价。书面评价是让评价者客观填写评价记录表、收集他人对教学活动的看法。口头评价的方式可以方便大家交流，每个人对这节课的看法都可以很快反馈给授课教师，各种问题和意见可以及时交流、讨论，授课教师可以及时收集较为全面的评课资料。为了方便授课教师在评课之后将大家的意见、建议进行分析、综合，结合自己的思考撰写一个较为全面的教学反思以便以后查阅学习，现在在幼儿园进行评课时通常都会用录音笔先进行录音，后期再进行整理。

第三节　学前儿童音乐教育评价的主要方法

一、观察法

观察法就是教师按照一定的目的和计划，对学前儿童在音乐活动中的表现进行系统、连续的直接观察，并进行准确、具体而详尽的记录，最后对观察结果进行评估的方法。通过观察，教师能够更直观地了解学前儿童音乐能力发展的水平，同时为教师反思自己的教学提供分析的依据，以便教师能够及时认识到自己教学中存在的利弊，不断调整自己的教学。由于这种方法便于操作，所以观察法是一线幼儿园教师使用最多的一种方法。观察法可以在自然的环境中进行，也可以根据观察内容的需要人为地创造一个环境进行观察。

记录是观察法中的一个重要环节。观察记录的资料决定了后期对记录结果的分析和使用，所以教师要力求全面、系统、准确地进行观察记录。记录的语言要具体、清晰，避免用一些文学性比较强的词语，要以"其他人根据你的记录准确知道你所观察的内容"为基本要求。观察记录的过程中不能添加个人情感的因素，要用白描的方式进行记录。

二、谈话法

谈话法就是根据研究的目的，教师选择一定数量的访谈对象，通过谈话的方式了解有关学前儿童音乐教育方面的信息。这种评价方法不是科学的定量分析，只能作为学前儿童音乐教育活动评价的辅助性方法。

教师在谈话之前最好设计一个简单的谈话提纲，便于教师围绕提纲对学前儿童或者家长、幼教同行等进行提问。谈话的形式也可多样一些。访谈的对象如果是学前儿童的话，教师可以在日常生活中有意识地与一些选定的访谈对象进行随意的、自然的交谈，了解他们的真实想法。

三、问卷法

问卷法就是在学前儿童音乐教育中，把教师、领导、同行、家长等作为调查的对象，收集书面文字的一种评价方法。用问卷调查的方法，可以客观地收集到同行、领导、家长等对学前儿童音乐教育的看法，同时能了解学前儿童音乐兴趣和爱好的发展、家长的音乐教育观等。问卷法最大的特点是收集资料比较及时、便捷。

问卷的设计要合理，教师要围绕调查的目的设计问卷。从问卷编制的形式上来说，既要有封闭式问题也要有一定的开放性问题。在正式使用前，应先进行预试，考查题目的分类、难度是否适当，以防止调查时出现问题。

四、测试法

测试法是通过标准化的测量工具或自行设计、编制的音乐能力测验，对儿童的音乐能力发展做出科学评价的一种方法。这种方法的优势在于其科学性与有效度较强，适用于不同儿童或个别儿童音乐能力发展水平、特点、趋势及差异的评估，还可用来收集儿童音乐教育前后发展变化的资料，从而做出正确的评价。

五、综合等级评定法

综合等级评定法是针对音乐教育活动而设计的一种有综合评价指标体系的评价方法。通过综合等级评定，可以对音乐活动的各个有关因素进行静态的分析和评价，得到综合的评价信息。评价的结果以一种等级表述的形式来反映，便于定量分析和定性分析，便于教师之间的互评和教师的自我评价。

六、档案袋评价法

"档案袋评定"是一种典型的质性评价方法，源自 20 世纪中期美国中小学教育实践，现在已在我国基础教育领域引起了广泛的关注。"档案袋评定"，又称为"文件夹评价"，是指收集学前儿童在学习过程中有代表性的作品和典型的表现记录，以学前儿童的现实表现作为判断学前儿童学习质量的依据的一种评价方法。档案袋评价法尊重学前儿童个体的发展差异，关注学前儿童纵向的学习与发展过程。这种评估活动从多种渠道收集资料，旨在提供反映学前儿童学习实际水平的各种材料，重视学前儿童发展的过程，能从多角度、多侧面进行评价。档案袋评价法是幼儿音乐教育评价的重要方式，它不仅注重学前儿童音乐学习的结果，还重视他们音乐学习的探索过程。在目前幼儿园的音乐教育评价中，它是一种比较适宜的重要评价方式。档案袋评价法强调学前儿童学习中真实材料的收集，强调学前儿童学习的过程，能真实、全面、动态地评价学前儿童。

使用档案袋评价法对学前儿童音乐教育进行评价应注意以下两个方面。

（一）档案袋中作品的选择

档案袋评价过程中，应如何选择学前儿童的音乐作品？对档案袋中学前儿童的音乐作品又应如何进行评价？如果学前儿童、教师和家长对学习的反思是档案袋评价的"心脏"，那么学前儿童的作品就是档案袋评价的"脊椎"。持续收集和评价学前儿童的作品，可以反映出学前儿童的进步情况。[①] 档案袋中学前儿童作品的收集是有目的、有计划的，而不是随意的。因此，对学前儿童音乐作品的选择本身就体现了评价主体的价值观，这也是评价的一个重要部分。学前儿童音乐成长档案袋中的基本成分是学前儿童参加音乐活动的图片，包括对学前儿童在音乐活动中（如小舞台）的描述和记录，以及对学前儿童在集体音乐教学活动中表现的描述和评价（如学前儿童创编的动作造型）。除此之外，档案袋评价中也有文字记录，如学前儿童在歌唱活动中创编的歌词等。收集的资料应及时注明学前儿

---

① Elizabeth，Cathy Graee. 学前儿童学习档案：真实记录学前儿童学习的历程 [M]. 何厘琦，译. 南京：南京师范大学出版社，2004：52.

童的名字、创作日期，补充、记录学前儿童在创作过程中的典型事例和学前儿童对自己作品的解释。这些记录可以帮助阅读者了解作品产生的背景，更加清楚地知道作品的意义，从而增加学前儿童被正确理解的可能性。

（二）档案袋评价结果的呈现

档案袋评价反对传统的量化测量，反对简单化地把学前儿童还原为一组数字的做法。量化的等级或分数虽然看起来简洁、明晰，却不能全面深刻地解释复杂多样的教育活动。因此，档案袋评价的结果除了以等级或数字来表示学前儿童的发展水平外，还要运用描述性的文字评价学前儿童的发展特点、倾向和速度。

档案袋评价具有动态性、个别化、真实性、多元化的特点，它强调在学习过程中对学前儿童音乐学习状况的评价，强调学前儿童的个体成长；同时强调评价内容、评价手段的多元化。可见，将档案袋评价运用到学前儿童音乐教育中能较全面、系统地评价学前儿童音乐能力的发展。使用档案袋评价的方法来评价学前儿童音乐能力的发展是一个亟需深入探讨的课题。

参考文献

[1] 彭丽. 学前儿童的音乐教育研究 [J]. 女报（家庭素质教育），2019（10）：176.

[2] 王倩倩. 学前儿童音乐教育研究 [J]. 戏剧之家，2019（10）：193.

[3] 范盈. 对学前儿童音乐教育的研究 [J]. 时代报告（学术版），2012（12）：351.

[4] 谢佳芸. 学前教育儿童音乐研究 [J]. 教育现代化，2020（17）：145－146，150.

[5] 郝丽洪. 学前儿童奥尔夫音乐教育在家庭中的实践研究 [J]. 艺术评鉴，2020（5）：121－122.

[6] 卢点点. 学前音乐教育中民族民间音乐文化传承的意义 [J]. 中国文艺家，2019（7）：178.

[7] 胡多歌. 多元智能理论与学前儿童音乐教育的整合研究 [J]. 艺术评鉴，2019（6）：107－109.

[8] 牛志梅. 学前音乐教育促儿童个性发展策略研究 [J]. 女报（家庭素质教育），2019（11）：195.

[9] 陶丽娟. 学前儿童音乐教学活动研究：评《学前儿童音乐教育与活动指导》[J]. 新闻与写作，2018（3）：119.

[10] 刘靖靖. 学前音乐教育课程理论与教学方法研究：评《学前儿童音乐教育的理论与实践》[J]. 教育发展研究，2018，38（24）：2.

[11] 李亚楠，徐国帅，王艳丽. 满族非遗音乐资源在学前儿童音乐教育中的应用研究 [J]. 现代职业教育，2020（36）：30－31.

[12] 杨冯圆. 学前儿童音乐教育研究 [M]. 延吉：延边大学出版社，2018.

[13] 符丽琴. 学前儿童音乐教育理论与实践研究 [M]. 北京：北京工业大学出版社，2019.

[14] 孙华，李雁，王飞. 学前儿童音乐发展与教育研究 [M]. 长春：东北师范大学出版社，2016.

[15] 刘晓燕，苏娅. 学前儿童音乐教育活动的理论与实践研究 [M]. 长春：吉林大学出版社，2017.

[16] 高晓辉. 学前儿童音乐教育理论与实践研究 [M]. 北京：中国时代经济出版社，2013.

[17] 赵静. 音乐学前教育的教学理论与实践指导 [M]. 北京：中国书籍出版

社，2018.

[18] 柳阳辉. 全国学前教育专业（新课程标准）"十三五"规划教材新编学前儿童游戏 [M]. 上海：复旦大学出版社，2017.

[19] 郭亦勤，王麒主. 学前儿童艺术教育活动指导 [M]. 上海：复旦大学出版社，2014.

[20] 张洋. 现代教育哲学理念在"乐学儿童音乐教育"中的体现 [D]. 西安：西安音乐学院，2016.

[21] 王蕾. 奥尔夫音乐教学法在农村学前儿童音乐教育中的实践性研究 [D]. 赣州：赣南师范学院，2013.

[22] 郭溢洋. 儿童音乐教育的价值与手段的拓展 [D]. 乌鲁木齐：新疆师范大学，2011.

[23] 李林林. 从奥尔夫与铃木镇一教学法的比较中看我国学前儿童音乐教育 [D]. 济南：山东大学，2010.

[24] 贾秀峰. 音乐教育的早期开发与策略研究 [N]. 中国文化报，2016－06－27（7）.

[25] 侯建成. "莫扎特效应"的认知神经科学研究 [J]. 中国特殊教育，2007（3）：85－91.

[26] 黄瑾. 学前儿童音乐教育 [M]. 武汉：华东师范大学出版社，2011.

[27] 王秀萍. 歌唱教育活动 [M]. 苏州：苏州大学出版社，2015.

[28] 王秀萍. 一种经验的学前儿童音乐教育 [M]. 合肥：安徽文艺出版社，2011.

[29] 埃里奥特. 关注乐实践：新音乐教育哲学 [M]. 齐雪，赖达富，译. 上海：上海音乐出版社，2013.

[30] 王秀萍. 中小学音乐教育应重视审美性与实践性的融合：基于对杜威"审美经验"的内涵的理解 [J]. 教育研究，2015（5）：133－140.

[31] 胡卓琳. 钢琴教育在学前教育教学中的重要性研究 [J]. 小品文选刊：下，2019（11）：102.

[32] 蔡佳. 学前儿童钢琴教学中的改革与发展规划 [J]. 艺术评鉴，2018（11）：109－110，120.

[33] 贺艳姣. 论述学前教育中幼儿艺术能力的培养 [J]. 音乐大观，2014（12）：116.

[34] 崔娅楠. 民族民间音乐文化在学前音乐教育中的应用 [J]. 产业与科技论坛，2018，17（13）：187－188.

[35] 史静. 浅谈民族民间音乐文化发展 [J]. 新教育时代（学生版），2017（22）：212，209.

[36] 冯婉燕，徐莹莹. 3—6岁幼儿歌唱音域发展研究 [J]. 幼儿教育：教育科学，

2007 (11)：36—39.

[37] GARDNER H，HATCH T. Educational implications of the theory of multiple intelligences [J]. Educational researcher，1989，18 (8)：4—10.

[38] GARDNER H. The theory of multiple intelligences [J]. Annals of dyslexia，1987：19—35.

[39] LEBLANC A. Effects of style，tempo，and performing medium on children's music preference [J]. Journal of research in music education，1981，29 (2)：143—156.

[40] SNYDER S. Developing musical intelligence：Why and how [J]. Early childhood education journal，1997，24 (3)：165—171.

[41] DOWLING W J. Development of Musical Schemata in Children's Spontaneous Singing [J]. Advances in psychology，1984，19：145—163.

[42] PRUSKY K A. Developmental preschool music education：a proposed rationale，philosophy and 12-week curriculum for 4-year-old children [D]. University of British Columbia，1989.

[43] SANDVOSS J. A study of the musical preferences，interests，and activities of parents as factors in their attitude toward the musical education of their children [D]. University of British Columbia，1969.

后 记

  本书是关于学前儿童音乐教育内容的研究，笔者历经 13 年研究学前音乐教育并参与教学实践工作，投身幼儿园实地考察，搜寻国内外相关资料并加以分析论证，投入了大量的时间与精力。因此，在撰写工作结束之时有着很多的不舍之情。如果本书能够为学前儿童音乐教育活动提供一定的帮助，笔者对于本书的撰写工作便是有意义的。同时，本书在创作过程中得到了社会各界的广泛支持，在此表示深深的感谢！

  在本书撰写与研究的过程中，笔者一是通过科学的收集方法，确定了主题的基本概况，并设计出研究的框架，从整体上确定了本书主要内容的走向，随之展开层层论述；二是对学前儿童音乐教育的论述有理有据，先提出问题，多角度进行解读，进而给出合理化的建议；三是深度解析学前儿童音乐教育活动中存在的问题，结合各章节内容，通过理论与案例分析，试图找到解决问题的办法，找到推进学前儿童音乐教育活动发展的方法。

  学前儿童音乐教育需要经过不断的探索，才能找到真正适合教育教学的方法和内容。因此，笔者由衷地期待全社会共同努力，帮助学前儿童音乐教育活动不断优化改善。

  再次感谢在创作过程中铜仁幼儿师范高等专科学校给予的支持，感谢每一位朋友、同仁给予的帮助和鼓励。文章中难免存在不足之处，希望得到各位读者、同行及专家的批评指正。

笔 者

2023 年 2 月 18 日